中国经济哲学评论

Chinese Economic Philosophy Review

2024·数字经济的哲学大视野

● 主编 / 张雄　鲁品越

社会科学文献出版社

SOCIAL SCIENCES ACADEMIC PRESS (CHINA)

编　委　会

主编寄语（代序）

　　"数字化生存"是人类长期追求自由、创造历史活动的产物。严格地说，"数字化生存"既是技术向度深究的问题，更是哲学向度追问的问题。任何对宇宙自然密码的解读，都是宇宙的理性化、真理化的哲学认知过程。冰冷的数字逻辑运动，改变了人类传统的生产方式、生活方式、交往方式，人的认识世界、改造世界的能力获得极大提升。但数字化生存也给我们带来了新的生存忧患："人类的形式化"存在、人的感知能力衰减、数字化崇拜等认识幻象值得反思。马克思主义哲学的出场和在场势所必然。

　　首先关涉存在论追问。千百年来，哲学存在论的追问，是人类精神自觉的内省状态，也是人类为了追求自由和解放所持有的深刻反思素养。它本质地反映了"寻求命运打击不到领域"是人类永恒的生存主题。

　　中国古代早期哲学思想的存在论追问，是从《易经》开始的。"易"代表圣贤对原始混沌世界的存在论思考。"易"的追问，衍生出知变、应变、策变的人文规则意识。从自然规则追问到人的规则，生成了先秦文化的"礼乐"讨论。

　　在西方，古希腊哲人巴门尼德关于存在范畴的思考，圣哲亚里士多德BEING AS BEING 的命题提出，标志着西方哲学似乎开始了存在论追问的历史。这里有三个存在论追问的内涵。其一，在古代，存在与变化的追问。哲学即形而上学之问，主要讨论：本体论与实体论，存在与非存在，抽象与想象，存在的东西就是有思想的东西，万物变形的、共有的、永恒的本源是什么等。从这些形式中产生用以认识自然的、具有永恒价值的范畴。其二，在近代，存在与绝对的追问。哲学即绝对精神的自我反思、自我否定、自我实现的思想追问。黑格尔认为，"一个有文化的民族"，如果没有哲学，"就像一座庙，其他方面都装饰得富丽堂皇，却没有至圣的神那样"，比喻人类生活与哲学两者之间的关系是不可分的。在黑格尔看来，哲学不仅仅是一种慎思明辨的理性，而是一种体会到的真切的情感；哲学不仅仅是一系列的概念的运动和发展，而且蕴含着极其深刻的生活体验。因此，黑格尔在《逻辑学》中，将存在论作为整个逻辑体系的出发点，在存在论阶段，纯粹概念的辩证运动经历了质、量、度三个阶段。所以，黑格尔的存在论哲学，主要阐述观念的自我运动、自我否定、自我实现的历史与逻辑相统一的存在论辩证法。其三，在当代，存在与虚无的追问。哲学即心理原始意向的解构。存在即虚无，虚无与虚空的同构互渗的原理。后世海德格尔等人虽然对"存在"范畴解析很深，但多少有所偏离亚氏当初使用此词的原意。形而上学主要探索隐藏于心灵的表象与逻辑之下的，对世界的直觉认识。或者按照康德的说法，是去解决理性由于对自身统一性要求而提出的问题。而科学则主要探索表象与逻辑之间的问题。

从古代本体论追问到近现代认识论追问，从笛卡尔式的思中之物追问，到当代西方哲学的思中无物的追问。今天，人类正由本能时代向智能化时代跨越，哲学有了新的追问：21 世纪数字智能化生存世界到来，人类将如何生存在"真实世界"和"虚拟世界"的双重境遇中？数字化生存将会给人类带来何种命运？

哲学家海德格尔说过，哲学就是用范畴和思想去追问一个时代。今天，我们用"数字经济"范畴去追问数字化生存时代的"时代精神"内涵。它有着更为宏大的哲学视野。它不是就技术谈技术，就算力谈算力，而是从人本主义角度论述数字化生存，与人类的当下境遇和未来命运关系的问题。问题式思考、知识论批判、存在论追问，是哲学叙事的理性工具。

"数字化生存"有着三个鲜明的哲学特征：虚拟世界与真实世界共存、比特与原子同在、理性计算与非理性情感共生。它直接关乎人类生存境遇以及未来命运的多个哲学问题：一是数字化生存，二是数字劳动与新质生产力，三是数字资本主义的批判等。

对上述问题进行形而上学追问，去批判、去预测。数字经济就不再是一个未加反思的范畴，也不仅仅是单纯经济技术演算问题，而是一个以什么样的姿态来迎接新的时代精神到来的问题。知变、应变、策变。关涉到人们在数字经济时代的世界观定位、方法论思考及各种道说。对这样一个崭新的时代精神的到来，我们应当持有批判意识、对策意识、忧患意识、建构意识。这才是数字经济时代的哲学思考的问题定位。正如哲学家康德指出的，越出经验范围却正是形而上学这门科学最本质的意图和抱负。

　　本书仅仅是一种探索，也是目前国内自觉用马克思主义哲学原理，深度分析和阐释数字经济的哲学大视野解读文本的最新尝试。考虑到本书暂不关涉 AI 研究领域的具体技术哲学问题，我们在本书中暂时搁置普适性教育功能。书中涉及的马克思主义哲学原理、观点，如有不妥之处，请学界同仁批评指正。

　　是为序。

张　雄

2024 年 9 月 5 日于上海

目　录

数字化生存

数字劳动与新质生产力

数字资本主义批判

数字化生存

数字创生与文明起源的逻辑

董必荣

文明起源离不开数字，四大文明古国的形成与发展都离不开数字、数学的发展创造。如古巴比伦发明 60 进制，至今仍是我们计时的方法之一，古印度发明十进制意义更大，中国推出的二进制，更是成为今天的计算机语言的起源。

一　古埃及人的数字崇拜

伽利略曾说，大自然这本书是用数学的语言写成的。同样，人类文明的进步与发展也离不开数学，离不开现实生活的观照。古埃及人的原始思维、原始艺术、原始宗教都离不开数学思维、数字符号。

1. 数字的广泛运用

恩格斯认为："数和形的概念不是从其他任何地方，而是从现实世界中得来的。"[①] 古埃及人将数学大量应用于实际生活，他们在纸草、陶片上记载了大量期票、抵押契约、待发款以及商业利润等事项，算术、代数被用于商业交易，几何公式用于推算土地、粮仓、房屋面积等；金字塔以及大型水利工程的兴建都离不开数字、数学。金字塔底每条边的长度几乎完全相等，而每个基底直角都非常接近 90 度。人的精神生活也离不开数字，因为古埃及人坚信，按照精确的数学规则去建造陵墓，对于死去的生活非常重要。宗

---

① 《马克思恩格斯全集》第二十卷，人民出版社，1971，第 41 页。

教与艺术同样如此，古埃及著名的卡纳克太阳神庙，在夏至那天正面对太阳，阳光直接投射到庙宇中，照亮了大殿的后墙。这一景观给后来的柏拉图以无限的想象，也让我们感受到黑格尔所说的"宗教作为对绝对本质一般的意识"的宏大！

英国学者斯科特总结了古埃及人对数学的主要贡献如下。

（1）他们完成了基本的算术四则运算，并且把它们推广到分数上；他们已经有了求近似平方根的方法。

（2）他们已经有了算术级数和几何级数的知识。

（3）他们已能处理包括一次方程和某些类型的二次方程的问题。

（4）他们几何知识的主要内容是关于平面图形和立体图形的求积法。

（5）他们在求圆面积以及把圆分为若干相等部分的问题上，已经有了正确的知识。

（6）他们已经熟悉比例的基本原理，某些人还从其中看到了我们今天应称之为三角函数的那种观念的萌芽。①

埃及的数学成就不但被广泛运用于各方面，而且还影响到周边地区，开枝散叶。据历史记载，泰勒斯曾运用几何学知识测量金字塔的高度；毕达哥拉斯"问学于祭司与先知，自学每一种可能的主题，不疏忽最优秀的士师所能传授的任何一条信息，不漏掉任何一个以学问著称于世的人……就这样，他在埃及各地的神殿度过了 22 年，追求天文学和几何学……他在算术、音乐及其他学问分支上获得极高的声望"。② 文明的互鉴与交流开始发挥作用。

2. 历法与数字的神秘性

数学是自然科学中最古老的学科之一，"自然本身成为——用现代的方式来表达——一种数学的集"（胡塞尔）。至于天文学与数学的关系，恩格斯在他的《自然辩证法》一书中提出："首先是天文学——游牧民族和农业民族为了定季节，就已经决定需要它。天文学只有借助于数学才能发展。因此数学也开始发展……后来，在农业的某一阶段上和在某些地区（埃及的提水灌溉），特别是随着城市和大型建筑物的出现以及手工业的发展，有了

---

① 〔英〕斯科特：《数学史》，侯德润等译，广西师范大学出版社，1980，第 9～10 页。

② 〔英〕托马斯·希思：《希腊数学史：从泰勒斯到欧几里得》，秦传安译，上海三联书店，2022，第 4 页。

力学。不久，力学又成为航海和战争的需要……力学也需要数学的帮助，因而它又推动了数学的发展。可见，科学的产生和发展一开始都是由生产决定的。"①

在缺少科学仪器观察的前提下，天文历法充满神秘感，但凭借数字的助力，古埃及已经有人知道太阳年约为 365 天，并且知道每年的季节。他们观察到，每年天狼星出现在黎明的天空，就表明尼罗河的洪水到达开罗了。所以早在公元前 4241 年，祭司们就建立了每年 12 个月，每月 30 天，另外再加 5 天节日年历。根据天象所显示的时间从事播种、打猎、捕鱼、跳舞等宗教仪式。但古埃及的数学是被祭司与僧侣垄断的，他们并不是为天下苍生，"但故意不让一般民众知道这种知识。僧侣们知道洪水是按期到来的，但他们却佯称，因为他们举行了宗教仪式而带来了洪水，并使水按期退下去。这样，迫使可怜的农民为僧侣们的仪式支付报酬。数学和科学知识在当时也和在今天一样，是某种权力"②。这种崇拜不同于黑格尔的"偶像崇拜"，它是一种"自然崇拜"，而且与数字有着神秘的关联，宗教仪式或巫术尽管带有浓厚的神秘色彩，但就像法国结构主义大师列维-斯特劳斯所说："我们最好不要把巫术与科学对立起来，而应当把它们比作获取知识的两种平行的方式"③，正因为二者都包含着数学思维，客观上还是促进了古代文明的发展。

艺术源于生活，也离不开数学。黑格尔在他的《美学》一书中论述金字塔时提出："埃及是一个象征流行的国家……他们的作品是秘奥的，沉默的，无声的，寂然不动的"，最典型的就是狮身人面像，"到了这个顶峰，象征就变成谜语了"，狮身人面像"提出过一个有名的谜语：什么东西早晨用四条腿走路，中午用两条腿走路，傍晚用三条腿走路？"答案是人！"意识的光辉就是这样一种明亮的光"④。数字与艺术是同频共振的，象征、神秘都是人为制造的，只有通过人本身，才能把它们揭示出来！

所以，文明起源离不开人的自我意识觉醒，尽管人类早期文明还不能自觉熟练地运用数学的逻辑思维，处在所谓"感性的确定性"认识阶段，人们只是被动地感知、意识所存在的事物，就像列维-布留尔所说："在集体

---

① 《马克思恩格斯文集》第九卷，人民出版社，2009，第 427 页。
② 〔美〕克莱因：《西方文化中的数学》，张祖贵译，商务印书馆，2020，第 30 页。
③ 〔法〕列维-斯特劳斯：《野性的思维》，李幼蒸译，商务印书馆，1987，第 18 页。
④ 〔德〕黑格尔：《美学》第二卷，朱光潜译，商务印书馆，1979，第 77 页。

表象中，数及其名称还如此紧密地与被想象的总和的神秘属性互渗着，以至与其说它们是算术的单位，还真不如说它们是神秘的所在"①。这种神秘终将被世俗化所打破，自从有了数字、数学，人类才有了具象体验、形象感知、抽象思考、逻辑推理等思维能力，进入理性确定性阶段，主动探究未知的科学知识，最终进入真理性阶段，它不但能帮助人类认识世界，而且能帮助我们按照美的原则型塑与改造世界。

二　先秦时期《易经》与道家宇宙观的数字密码

哲学的启蒙离不开自然观与宇宙观的生成，伽利略曾说"真正的哲学是写在那本经常在我们眼前打开着的最伟大的书里面。这本书就是宇宙，就是自然本身，人们必须去读它"。② 面对未知的自然与茫茫宇宙，作为文明古国的中国，很早就通过数字去破解大自然的密码，关注数字与自然的联系。

1. 中国古代数字的起源及影响

中国五千年文明史离不开数字的发明与使用，仰韶文化时期出土的陶器上已刻有表示 1234 的符号。原始公社末期，我国的先民已开始用文字符号取代结绳记事。据《易．系辞》记载："上古结绳而治，后世圣人易之以书契。"③ 甲骨文卜辞中有很多记数的文字。从一到十，及百、千、万是专用的记数文字，共有 13 个独立符号，记数用合文书写。无独有偶，山西发掘的陶寺古观象台遗址也出现了类似埃及卡纳克太阳神庙在夏至观察太阳的场景，它由 13 根（数 13 首先是两社会集团之和，右与左、北与南、冬与夏之和，因而它是具体地加以规定和逻辑地加以发展的）④ 夯土柱组成，呈半圆形，半径 10.5 米，弧长 19.5 米。从观测点通过土柱狭缝观测塔尔山日出方位，再通过中华先民制造的圭尺等工具，确定冬至、夏至、春分、秋分准确时间，再建立四季与节气等，从而"敬授民时"，进行农业生产。

商代中期，又有十进制的记数法，出现最大的数字为 3 万。算筹是中国古代的计算工具，而这种计算方法称为筹算。算筹的产生年代已不可考，但

---

① 〔法〕列维-布留尔：《原始思维》，丁由译，商务印书馆，1981，第 202 页。
② 〔法〕吕埃勒：《数学与人类思维》，林开亮等译，上海世纪出版集团，2002，第 152 页。
③ 三国时代吴虞在其《易九家义》一书中解释："事大，大结其绳；事小，小结其绳。结之多少，随物众寡"。
④ 〔法〕列维-斯特劳斯：《野性的思维》，李幼蒸译，商务印书馆，1987，第 164 页。

可以肯定的是筹算在春秋时代已很普遍。与此同时，殷人用十个天干和十二个地支组成甲子、乙丑、丙寅、丁卯等 60 个名称来记 60 天的日期；在周代，又把以前用阴、阳符号构成的表示八种事物的八卦发展为六十四卦，表示 64 种事物。公元前一世纪的《周髀算经》提到西周初期用矩测量高、深、广、远的方法，从而运用冬至、夏至来推算地球与太阳之间的距离，并举出勾股形的勾三、股四、弦五以及环矩可以为圆等例子。这在今人看来都是深奥莫测的，尽显东方智慧；《礼记·内则》篇提到西周贵族子弟从六岁、九岁开始便要学习数目和记数方法，（"六年教之数与方名，……九年教之数日"）他们要受礼、乐、射、驭、书、数的训练，作为六艺之一的数已经开始成为专门的课程。这在《论语》中也有记载。

由于当时没有真正意义上的数学，所以数字充满着神秘性，但《黄帝内经》中已经提出："一以法天，二以法地，三以法人，四以法时，五以法音，六以法律，七以法星，八以法风，九以法野"，用数字完整概括了人与自然、人与社会、人与人之间的秩序；对照黑格尔提出"对于数，古代人和近代人，还有刻卜勒在他的'世界的和谐'里曾费了很多力气去探讨，但是没有人对它真正地了解。了解数，这意味着两方面：一方面是认识数的思辨的意义、数的概念……另一方面，由于它们是数，所以它们仅可以表达体积的区别、感性事物的区别"。[①] 中国古代先人已经开始试图揭示数字的二元性。

对于中国古代数字的作用与影响，由于当时缺乏近现代的科学与技术，只能凭借数字来经天纬地。李约瑟认为："从数目字的使用方式，很可以看出中国的宇宙观的歧见。当然，欧洲也有毕达哥拉斯学派，而在中国也有很多令人赞赏的数学成就。但是中国人的关联式思考却极自然地运用一种数目的神秘性（numer-ology 数目论），为现代科学所不取的（亦如对金字塔作数目的想象的不科学）……它对中国科学是无丝毫贡献的。"[②] 其次，李约瑟认为，道家鄙视发明与技术[③]，的确，在自然经济占统治地位的时代，封建统治者目光短浅，如明代科举考试取消数学，国家教育亦无数学，八股取士，一定程度上限制了数学等自然科学的发展；最后，中国古代的数学主要为农业经济服务，造成"高水平陷阱"，产生所谓的"内卷"，最终没有走

① 〔德〕黑格尔：《哲学史讲演录》第二卷，贺麟等译，商务印书馆，1978，第 233 页。
② 〔英〕李约瑟：《中国古代科学思想史》，陈立夫译，江西人民出版社，1980，第 384 页。
③ 〔英〕李约瑟：《中国古代科学思想史》，陈立夫译，江西人民出版社，1980，第 148 页。

上资本主义道路。这也是所谓李约瑟之谜的原因之一。

策勒尔在他的《古希腊哲学史纲》中提出"希腊哲学在最早时期的显著特点是哲学和科学的完全融合"①。事实上中国古代的数学并不仅仅是服务于科学，更多的是来揭示人与自然、人与社会、人与人的诸多关系。而且较早运用数字去揭秘未知的宇宙，力主哲学与数学结盟的怀特海就说："在那个时代，数学是关于静止的宇宙的科学。"②春秋战国以来，中国人的宇宙观已基本形成，《庄子》中就有"外不观乎宇宙，内不知乎大初。是以不过乎昆仑，不游乎太虚"③之句，天地四方谓宇，代表空间，古往今来为宙，代表时间。此外，道家提出的"太虚"（极端虚无之境）用来形容宇宙的博大空灵，宋代学者张载认为"太虚无形，气之本体，其聚其散，变化之客形尔"，把太虚理解为庞大的气场，对我们今天更好地理解数字经济的应用也有启发。

2.《易经》的神秘意义

黑格尔认为"易经包含着中国人的智慧"，"伏羲哲学，说其中也是用数来表达思想。但中国人对于他们的符号也还是加了解释的，因此也还是把它们的象征的意义说明白了的。普遍、单纯的抽象概念是浮现于一切多少有一些文化的民族里的"。④但他对《易经》中的数字与符号评价不高，"那些图形的意义是极抽象的范畴，是最纯粹的理智规定。〔中国人不仅停留在感性的或象征的阶段〕我们必须注意——他们也表达了对于纯粹思想的意识，但并不深入，只停留在最浅薄的思想里面"，⑤然后黑格尔认为"简单初始的图形和数字可以随心地用来作为象征符号，然而这些符号对于思想却是一种低级的和残缺的表达"⑥，尽管他也承认，中国人的阴阳思想是一种"地球精神"（Erdgeist），"地球精神在它形态变化过程中，一方面变为沉静的充满力量的实体，但另一方面又变成了精神酵素；前者变为养育万物的阴性原则，后者又发展为有自我意识的存在的富于自身推动力的阳性原则"⑦，中国人也思考过"地、水、风"，"但是这种考察是缺乏思想的，没有系统

---

① 〔德〕策勒尔：《古希腊哲学史纲》，翁绍军译，山东人民出版社，1992，第25页。
② 〔英〕怀特海：《思维方式》，刘放桐译，商务印书馆，2010，第77页。
③ 曹础基：《庄子浅注》中华书局，1982，第336页。
④ 〔德〕黑格尔：《哲学史讲演录》第一卷，贺麟等译，商务印书馆，1978，第95页。
⑤ 〔德〕黑格尔：《哲学史讲演录》第一卷，贺麟等译，商务印书馆，1978，第131页。
⑥ 〔德〕黑格尔：《哲学科学全书纲要》，薛华译，上海世纪出版集团，2002，第158页。
⑦ 〔德〕黑格尔：《精神现象学》下卷，贺麟等译，商务印书馆，1979，第237页。

的", 结论是中国古代哲学"沦于空虚", 这些或多或少受到西方中心论的影响 (黑格尔认为: "东方的思想必须排除在哲学史之外……真正的哲学是自西方开始"[①])。

《易经》主要由象数符号系统构成, 其中"象"出现 485 次, "数"出现 15 次。列维-布留尔在他的《原始思维》中提出: "每个数都有属于它自己的个别的面目、某种神秘的氛围、某种'力场'。"[②] 我们到底如何评价所谓的东方神秘主义? 首先, 朱熹为《易经》作序中指出: "是故极其数以定天下之象", 即借助于"数"来探究天地人之间的关联。所谓"参五以变, 错综其数, 通其变, 遂成天地之文, 极其数, 遂定天下之策"。表面上易经把占卜数字化, 看似有迷信的成分 ("谬言数有神理"[③]), 但也蕴含着辩证性、科学性。其次, 《易经》特别强调变化, 所谓"变动不居", "六十四卦, 三百八十爻, 皆所以顺性命之理, 尽变化之道也"。"天地革而四时成", "易穷则变, 变则通, 通则久", "易"随象动、"易"随数变。再次, 易经看似研究天象, 实则偏重于人世, "观乎天文以察时变, 观乎人文以化成天下", 通过知识与文化参透"天时""地利"而达到"人和", 所以说"《易》之为书, 推天道以明人事也", "圣人以神道设教而天下服矣"。最后, 《易经》还提出"天行健, 君子以自强不息""君子豹变, 其文蔚也""止而巽, 动不穷也""日新之谓盛德, 生生之谓易"的积极上进的精神, 日后成为中华民族精神的重要组成部分。所以冯友兰把《易经》称为中国的《精神现象学》!

康熙是中国封建帝王中少有的数学爱好者, 他曾说: "夫算法之理, 皆出自《易经》, 即西洋算法亦善, 原系中国算法, 被称为阿尔朱巴尔。阿尔朱巴尔者, 传自东方之谓也。"谈到中华优秀传统文化对世界的贡献, 有必要关注《易经》的国际化, 1701 年莱布尼茨通过与传教士白晋的通信, 了解到中国的易经。他发现易经中的结构和他的二进制有着相同的规律, 进一步研究两者一致性来证明其二进制理论。(乾 111 兑 110 离 101 震 100 巽 011 坎 010 艮 001 坤 000)。比特就是二进制数字[④], 而计算机用比特作为计量单位表示数据信息。从 1679 年到 1703 年, 莱布尼茨已经记录下了几乎所有

---

① 〔德〕黑格尔:《哲学史讲演录》第一卷, 贺麟等译, 商务印书馆, 1978, 第 106 页。

② 〔法〕列维-布留尔:《原始思维》, 丁由译, 商务印书馆, 1981, 第 201 页。

③ 徐光启:《几何原本序》, 商务印书馆, 1939。

④ 比特 (bit)。英文 bit 是合并 binary digit (二进制数字)。

现代计算机都在使用的二进制算术。人工智能先驱诺伯特·维纳（Norbert Wiener）认为：实际上，计算机的整体概念不过是莱布尼茨的推理演算的机械化。数学机器化推动了计算机时代的来临！

3.《道德经》中关于数字的所指

数字作为一种特殊的符号，具有所指与能指的两大功能。原来只是指代具体事物的数量，转变成本身就自带意义，从能指转化至所指，就是人的认知与精神的跃迁，其中数字"一"具有特殊重要意义，《道德经》中有"是以圣人抱一、为天下式"，从而把"一"置于一个非常重要的位置。这有以下几层含义。①"一"是所有万事万物的样式。是由"道"直接派生的，所以圣人坚持"一"，用来御万事万物，统摄天下一切。古人驾驭自然以及万物的能力有限，故而首先确立一个标准或原则，所谓"多言数穷，不如守中"。"万物之所一也，得其所一而同焉"①　②庄子认为"一心定而万物服"②。"万物虽多，其治一也"，"通于一而万事毕"；这成为道家驾驭万物的方法论。③"圣人故贵一"而轻万物。在道家看来，"一"为数之始而物之极也，作用特别大，"天得一以清，地得一以宁，神得一以灵，谷得一以盈，万物得一以生"，③　这与古希腊哲学把"一"主要理解为事物本质略有不同。宋代学者沈作吉所著《寓简》总结了道与数的关系，"物之成败皆寓乎数。知数者以数知之，知道者以道知之。物不能离乎数，数不能离乎道。以数知之则通矣，以道知之则玄矣"。深刻说明了"数"与"道"的关系。

道家思想体系中的数字还有以下重要意义。

道家把数字从世俗的计数演变成探究宇宙自然的基点，用数字解读宇宙万物生存规律，用量的无限性再现神秘的宇宙。

（1）"天人合一"："天地与我并生，而万物与我为一"④，宇宙是我，我是宇宙，人不是被动地适应自然与宇宙，人同时还是万物的尺度。这样就最终达到"人与天一也"之境，即相互融合、合二为一。所以中国古代数学家秦九韶认为"数与道非二本也"。通过数字，道家建构了自己的宇宙观。

（2）"天一、地二、人三"（《易本命》）：这里用数字规定了天地人之秩序，还表述了人与自然的关系。

---

①　曹础基：《庄子浅注》，中华书局，1982，第311页。
②　曹础基：《庄子浅注》，中华书局，1982，第188页。
③　楼宇烈：《老子道德经注校释》，中华书局，2008，第106页。
④　曹础基：《庄子浅注》，中华书局，1982，第30页。

（3）虚实相融，变幻无穷：道家思想中包括丰富的朴素辩证法思想，如庄子提出"或使则实，莫为则虚。有名有实，是物之居；无名无实，在物之虚"①的观点，他的"物化"思想是"万物变化之理也"，进一步发展了老子"万物将自化"的观点，主张"万物皆化生""千转万变而不穷""以空虚不毁万物为实"，前提当然还是明道。最为著名的就是"庄周梦蝶"的典故，蕴含着庄子"同乃虚，虚乃大"，以致无穷的重要思想。"庄子之梦"至少有两层含义：其一，按照现代精神分析学说，梦是人的潜意识的再现，"梦蝶"意味着庄子获取自由的一种信念与方式；其二，这也是庄子人生观的再现，因为"梦是死亡冲动的蛹化蜕变之地"②。这种"物化"不同于西方的"物化"，由于中国传统文化强调"厚德载物"，不存在西方意义上的"物对人的统治或遮蔽"，所谓"圣人载物，不为物使"，指的是不同对象间的相互转化。在方法论上，庄子借惠施名号，提出"一尺之捶，日取其半，万世不竭，辩者以此与惠施相应，终身无穷"③的观点，用现代数学语言表示，即对于任何的自然数 n，都有 $\left(n\frac{1}{2}\right) \neq 0$，从而形成其"夫物，量无穷，时无止，分无常"④的思想，接近于现代极限理论。道家的物化以及无限的思想不但影响到中国古代文艺创作，而且对今天人类发展人工智能、元宇宙等数字技术也有启发！

（4）似有还无，无中生有：中国古代朴素唯物主义思想关注有形事物（"万物以形相生""万物生于有，有生于无"），"道"即是"无"，万物是通过"道"的数字化而衍生的，所谓"道生万物"的思想。道家也讨论无形对象，而且与数字相勾连，庄子云："无形者，数之所不能分也；不可围者，数之所不能穷也"⑤，《老子》中说："常无，欲以观其妙；常有，欲以观其徼。此两者同出而异名，同谓之玄"，《庄子》云："不形之形，形之不形……此之谓大得""万物出乎无有。有不能以有为有，必出乎无有，而无有一无有"⑥。特别值得关注的是，道家没有把有与无相对立，而是认为二

---

① 曹础基：《庄子浅注》，中华书局，1982，第403页。
② 〔瑞士〕方迪：《微精神分析学》，尚衡译，生活·读书·新知三联书店，1993，第147页。
③ 曹础基：《庄子浅注》，中华书局 1982，第510页。
④ 曹础基：《庄子浅注》，中华书局 1982，第240页。
⑤ 曹础基：《庄子浅注》，中华书局 1982，第242页。
⑥ 曹础基：《庄子浅注》，中华书局 1982，第354页。

者相辅相成，相互统一，即"有无相生"，并且把这一观点延伸到对宇宙观的探究中，所以，道家"无形"的思想与其宇宙观密切关联，所谓"大象无形"，因为无形，所以混沌，然而它既是混沌的（普安卡雷从数学上定义了混沌），又是有秩序的。《吕氏春秋》记载："混混沌沌，离则复合，合则复离，是谓天常。"混沌是表象，有序是本质。有形无形是常态，大道之行是根本。所谓"因无而生有，因有而立空，空无之化虚生自然"①，魏晋玄学更是提出"贵无"的思想，这些都是受《易经》的"神无方易无体"思想影响。维特根斯坦也认为："一个想象的世界，无论它这样不同于实在的世界，必有某种东西——一种形式——为它与实在的世界所共有。"② 抽象的目的是还原与重构真实世界！所以冯友兰认为："道家哲学是世界上唯一从根本上不反科学的神秘主义体系。"③

三　"万物皆数"——希腊哲学的数学化特征

如果说古埃及与巴比伦的数学主要源于生活、用于生活，具有明显的数学生活化特征④，与之相对，古希腊数学更与人们的精神文化生活相勾连，数学由此具有了逻辑推理（演绎与归纳）与理性特征，其逻辑性表现为：（1）数学概念能通过明确的定义从逻辑概念中导出；（2）数学定理能通过纯粹的逻辑演绎从逻辑公理中推导出来，⑤ 真正成了科学，并且呈现为数学哲学化的特征。"大多数历史学家都同意，古希腊数学与其他古代传统显著不同的是其对于确切结果、逻辑一致性、公理化和证明的突出强调"⑥，以此来解释大自然的演化、运动与秩序，并赋予自然现象以规则与定理，这些对后来西方现代性生成与发展有重要影响。

罗素认为："构成文明的大部分东西已经在埃及和美索不达米亚存在了好几千年，又从那里传播到了四邻的国家。但是其中却始终缺少着某些因

---

① 转引自陈碧《周易象数之美》，人民出版社，2009，第 140 页。
② 〔奥〕维特根斯坦：《逻辑哲学论》，贺绍甲译，商务印书馆，1996，第 27 页。
③ 〔荷〕科恩：《科学革命中的编年史研究》，张卜天译，商务印书馆，2022，第 762 页。
④ 克莱因认为：希腊时代以前存在的数学，都以经验的积累为其特征。《西方文化中的数学》，张祖贵译，商务印书馆，2020，第 37 页。
⑤ 黄秦安：《数学哲学新论》，商务印书馆，2013，第 152 页。
⑥ 转引自黄秦安《数学哲学新论》，商务印书馆，2013，第 47 页。

素，直等到希腊人才把它们提供出来……他们首创了数学、科学和哲学。"①
希腊人的创造性表现在数学与天文学方面，而这与毕达哥拉斯学派密切关
联。但罗素认为毕达哥拉斯学派提出的"万物皆数"在"逻辑上是全无意
义的，然而毕达哥拉斯所指的却并不是完全没有意义的"②；亚里士多德进
一步解释了"万物皆数""他们并不把数从事物中分离出来；他们却把数当
成事物本身"。"数是事物的原则与原料，也是事物的性质与力量。"③"能
够认知的一些事物都有数；因为，如果没有数，任何东西都既不可能想象，
也不可能被认知。"④ 考虑到同时代阿那克西曼德提出"无限"、留基伯提出
"原子论"、巴门尼德提出"存在"等概念范畴，百家争鸣，莫衷一是，毕
达哥拉斯从事物的数量关系上升到事物本质，巧妙地用"数"化解了许多
争论，用"万物皆数"来定一尊，不管是实体还是虚空、有限还是无限、
具体与抽象都能用数来表述。这是值得肯定的，但后世评价不一，文德尔班
认为："在这同一时期，毕达哥拉斯学派在一旁占有一种特殊地位"，各种
学派"希望借助于数学去寻求解答，并利用他们的数论为思想进一步发展
提供了许多最重要的因素"，"哲学所探索的永恒存在在数中找到了……特
别是在数中找到了世界永恒的本质"⑤，"毕达哥拉斯学派最有影响，它决定
了希腊数学的本质与内容"⑥。而英国学者斯塔斯认为："我们诚然可以断定
数为宇宙最重要的，并且最根本的现象。只是毕达哥拉斯不免说得太过，他
们好像以为世界便是由数造成。这个结论实在令人骇异。"⑦ 这种争议丝毫
不影响其在古希腊早期思想史上的领导地位。

　　毕达哥拉斯如何把生活化的数字哲学化？首先，毕达哥拉斯把它的数字
观与宇宙观相连接，"用数构成了全宇宙，他们所应用的数并非抽象单位，
他们假定数有空间量度"⑧，毕达哥拉斯从球形是最完美几何体的观点出发，
提出大地是球形的，他还把音乐与天文学相互印证，太阳、月亮、星辰的轨

① 〔英〕罗素：《西方哲学史》上卷，何兆武等译，商务印书馆，1976，第21页。
② 〔英〕罗素：《西方哲学史》上卷，何兆武等译，商务印书馆，1976，第43页。
③ 〔德〕黑格尔：《哲学史讲演录》第一卷，贺麟等译，商务印书馆，1978，第257页。
④ 〔英〕托马斯·希思：《希腊数学史：从泰勒斯到欧几里得》秦传安译，上海三联书店，
2022，第60页。
⑤ 〔德〕文德尔班：《哲学史教程》上卷，罗达仁译，商务印书馆，1987，第45、67页。
⑥ 〔美〕克莱因：《西方文化中的数学》，张祖贵译，商务印书馆，2020，第56页。
⑦ 〔英〕斯塔斯：《批评的希腊哲学史》，庆泽彭译，华东师范大学出版社，2006，第27页。
⑧ 〔英〕托马斯·希思：《希腊数学史：从泰勒斯到欧几里得》，秦传安译，上海三联书店，
2022，第61页。

道和地球距离之比，分别等于三种协和的音程，即八度音、五度音、四度音。对他来说，天文就是倾听"天籁"，这些在当时来说是非常大胆及创新的；古人的宇宙观受各种条件限制，处于蒙昧时代，认为宇宙是混沌的，借助于数学，人类首次对宇宙的认识进入启蒙阶段，即用理性来解释宇宙。其次，数对毕达哥拉斯来说，既是本体，又是认识世界的方法与工具。希腊哲学独创的"一与多"的认识论更多来自毕达哥拉斯学派，美国学者克莱因认为"主导毕达哥拉斯学派工作的一般观点或许可概括如下：他们认为，世间万物的真实基础就在于它们的可数性，因为作为一个'世界'的条件主要取决于一种有序安排的存在。（反过来说，任何）秩序基于有序事物彼此制约而可数这样一个事实"[1]。再次，数具有和谐之美。数字凭借其严密性和简洁性，用符号表示数量关系与空间形式，赋予物体与对象以和谐圆融；上到宇宙的完美秩序、下到音乐的和声，都离不开数字[2]。最后，毕达哥拉斯把"二"看成对立与否定，文德尔班认为"毕达哥拉斯学说的重大意义在于它的哲学体系的二元论"，这直接影响西方二元论思想的形成。

毕达哥拉斯把"数"理解为事物的关系与本质，这一思想直接影响到柏拉图，他提出"有非常重大和崇高的作用，它迫使大脑去对抽象的数进行推理，不让那些可见的可接触的对象进入论证之中"，从而提出"理念论"。在柏拉图看来：认识成千上万的繁多事物既无必要，也不可能，只有抓住事物的"共相"才是正道，"杂多"是为"一"而存在的；他还提出"整个算术和计算都要用到数……这就是我们追求的那种学问，它有双重用途——军事上的和哲学上的……哲学家也要学，因为他必须跳出茫如大海的万变现象而抓住真正的实质，所以他必须是个算术家"[3]。对柏拉图来说，数学是人们为了寻求必然性所必需的纯粹理智，它对于哲学，有三方面意义：①数学中的直观要素；②数学更准确地将定义概念化；③数学的程序方法[4]。它可以很好地回应"高尔吉亚之问"，即：无物存在，即使有物存在也无法认知，即使有所认知也无法言表，"数学将我们从对所有那些事物的

---

①　〔美〕卢克·希顿：《数学思想简史》，李永学译，华东师范大学出版社，2020，第 33 页。

②　《礼记·乐论》中亦有"乐者，天地之和也"。

③　三国时代吴虞在其《易九家义》一书中解释："事大，大结其绳；事小，小结其绳。结之多少，随物众寡。"

④　〔美〕欧文·艾尔加·米勒：《柏拉图哲学中的数学》，覃方明译，浙江大学出版社，2017，第 5 页。

根本无知中解放出来"，所以数学是回应古希腊哲学不可知论的最佳工具。最后，柏拉图借助于数学阐发了他的"辩证法"思想史，其要义就是"一与多""有限与无限"等思想。"这乃是一种纯逻辑的、最深奥的研究……在他看来这种研究是哲学的最高点"①。这就进一步丰富了他的"理念论"。

亚里士多德把数学与形而上学并列为"第一哲学"，他首先指出毕达哥拉斯与柏拉图的区别："（柏拉图）认为数在感觉之外，而（毕达哥拉斯学派）则认为数就是感觉的事物本身。"② 然后就数字提出了自己独到的见解，他在其《范畴篇》中把数字归并为"数量"范畴，关于数量，亚里士多德提出以下几点重要观点：①语言是一种数量，它是一种分离的数量（这一观点对我们今天发展数字经济至关重要）；②数量没有相反者，也许有人会说，"多少"不是相反吗？但亚里士多德认为，这不是数量方面的而是关系方面的；③数量不容许有程度上的不同③；④总之，针对柏拉图把"理念"与"数"相勾连，亚里士多德认为，首先理念和数不是事物的原因，至少不是动因。其次，理念和数本身是没有广延的（因为它是抽象的），数不能成为一个系列的动因或形式因④；他用数量涵盖数目，进一步扩展了人们对数字的理解，这不但在希腊哲学史上，而且在西方思想史上有着重要意义。最后，在意大利学者维柯看来，"柏拉图和亚里士多德两人往往运用数学论证来说明他们在哲学上所讨论的问题"⑤，这印证了希腊哲学数字化的特征。另外，亚里士多德又正确地责备毕达哥拉斯派（恩格斯语）："用他们的数'他们并没有说明运动是怎样发生的，没有说明运动和变化怎么会有生成和灭亡或天体的状态和活动'"⑥。因此毕达哥拉斯的"数"就是一个"完全抽象的贫乏的原则"，尽管这是个人见解，但毕达哥拉斯毕竟是人类历史上第一个著名数学家！

美国学者克莱因认为："数学决定了大部分哲学思想的内容和研究方法……而且为我们必须回答的人和宇宙的基本问题提供了最好的答案。"⑦的确，丰富多彩的古希腊思想是人类的瑰宝，但其中大多数受时代的限制，

① 〔德〕黑格尔：《哲学史讲演录》第二卷，贺麟等译，商务印书馆，1960，第204~205页。
② 叶秀山：《前苏格拉底哲学研究》，人民出版社，1982，第67页。
③ 〔古希腊〕亚里士多德：《范畴篇 解释篇》，方书春译，商务印书馆，1959，第24页。
④ 汪子嵩：《亚里士多德关于本体的学说》，人民出版社，1983，第90页。
⑤ 〔意〕维柯：《新科学》，朱光潜译，人民文学出版社，1986，第588~589页。
⑥ 《马克思恩格斯文集》第九卷，人民出版社，2009，第432页。
⑦ 〔美〕克莱因：《西方文化中的数学》，张祖贵译，商务印书馆，2020，第22页。

还达不到科学理性层级，唯有数学作为科学理性的代表流传于世。另外，希腊数学把它从埃及巴比伦只是服务于世俗生活的形而下的工具升华为形而上的哲学思考，数学从"粗糙的经验"转向"可证明"的公理，这对西方精神思想史的贡献特别巨大。以至于海德格尔认为"欧洲—西方历史范围内通过现代数学自然科学的展开而得以完成。现代数学自然科学的基本特征乃是技术因素，后者首先通过现代物理学在其新的本真形态中显露出来"①；荷兰学者戴克斯特豪斯也认为："要求对自然现象做出精确的描述，而这只能使用数学语言，因为数学语言极为微妙和精细，足以使这种精确成为可能"，"数学主义认为，物理科学的最终目的在于用一组数学对象及其相互关系来描述自然，人对自然的一切可能认识都能以这种方式来表达出来"②。李约瑟认为："实验、归纳法与自然科学的数学化，将一切原始形式一扫而空，以迎接现代的世界。"③ 恩格斯认为西方近代自然科学只是把希腊人"天才的直觉"转化为"以实验为依据的严格科学的研究"，有了数学，人类才有了增长、发展的历史进步论，不管是商品交易、金融还是复式记账，都离不开数字与数学，总之，一切可以交易，一切可以量化，这就是西方现代性的本质，所以数学是撬动西方现代性必不可少的杠杆！

黑格尔对"万物皆数"的评价是积极的，"这种说法是大胆的：它一下子推翻了表象认为是存在的或本质的（真实的）一切东西，根绝了感性的本质，并且把本质设想为一个思维规定，虽然这个思维规定是很狭隘的和片面的"④，但他认为，毕达哥拉斯的数即实在的认识，属于观念论的早期阶段。"毕达哥拉斯学派所谓'数'，并不是把握思想的适合工具"，⑤ "清澄明洁思想之光必求于思想的本身，断不能望之于勉强挪来的符号"。在他看来，贩夫走卒、市井里巷的算计，实在难以登上精神的大雅之堂，而他的《精神现象学》是研究如何发现、认识真理的，而要达到科学认识，离不开哲学认识、历史认识、数学认识等，其中特别是对数学认识与哲学认识的关系认识，从而形成了其独特的数字观与哲学观，这是其精神现象学的核心内容。

黑格尔提出"数学的目的或概念是数量，而数量恰恰是非本质的、无

① 〔德〕海德格尔：《同一与差异》，孙周兴等译，商务印书馆，2011，第 149 页。
② 〔荷〕戴克斯特豪斯：《世界图景的机械化》，张卜天译，商务印书馆，2018，第 16 页。
③ 〔英〕李约瑟：《中国古代科学思想史》，陈立夫等译，江西人民出版社，1990，第 400 页。
④ 《马克思恩格斯文集》第九卷，人民出版社，2009，第 431 页。
⑤ 〔德〕黑格尔：《哲学史讲演录》第一卷，贺麟等译，商务印书馆，1978，第 95 页。

概念的关系"，①"数不是感性的东西，也不是纯粹的思想，——而是一种非感性的感性事物"②，这与哲学认识恰恰相反。"数学本质上是知性学科。"③但"形式的知性并不深入于事物的内在内容，而永远站立在它所谈论的个别实际存在之上综观全体，这就是说，它根本看不见个别的实际存在"④。就是把感性的直观初步统一起来，日本学者柄谷行人认为："在黑格尔看来，数处于概念和物之间。数是思想的开始"。⑤

在黑格尔看来，①数是固定的，自我外化的；②数学本来是用于对空间与时间的哲学考察，"数学给人们提供可喜的真理宝藏，这些真理所根据的材料乃是空间与一"，黑格尔认为，"空间与一"是"僵死的"；事实上，数字还可以用来表达时间；③数字只有通过其"内在的否定性"而成为科学，"把自己完全交付给认识对象的生命……去观察和陈述对象的内在必然性"⑥，它就有可能获得新生。说到底，在黑格尔看来，数字还是依附性的，只有依附于具体事物才有意义。

黑格尔认为，科学认识离不开哲学认识、历史认识与数学认识，而哲学是关于本质的科学。但哲学的探究离不开数学。"因为数学观念是介于感性事物与思想（普遍，超感觉的存在）之间的中介。"⑦ 而数学也离不开哲学，借助于哲学数学才能更好地认识自然与宇宙。"如果没有哲学，它们在其自身是不能有生命、精神、真理的"⑧；如果说数学偏重于描述与揭示事物量变的过程与变化，那哲学就是把握质变规律的科学！数学把感性确定性上升至理性确定性进而通达真理性，数学认识是构成黑格尔认识论的重要工具与中介。策勒尔也认为"数学是感觉世界与纯粹精神世界之间的中介因素。"⑨而这些都受到康德的影响，他认为：哲学知识只在普遍中考察特殊，而数学知识则在个别中考察普遍，但仍然是先天的和借助于理性的。两种知识"实在此方式上之不同，而不在其质料或对象之不同"⑩。

---

① 〔德〕黑格尔：《精神现象学》上卷，贺麟等译，商务印书馆，1979，第32页。
② 〔德〕黑格尔：《哲学史讲演录》第一卷，贺麟等译，商务印书馆，1978，第196页。
③ 〔德〕黑格尔：《哲学科学全书纲要》，薛华译，上海世纪出版集团，2002，第157页。
④ 〔德〕黑格尔：《精神现象学》上卷，贺麟等译，商务印书馆1979年版，第41页。
⑤ 〔日〕柄谷行人：《哲学的起源》，潘世圣译，中央编译出版社，2023，第114页。
⑥ 〔德〕黑格尔：《精神现象学》上卷，贺麟等译，商务印书馆，1979，第41页。
⑦ 〔德〕黑格尔：《哲学史讲演录》第一卷，贺麟等译，商务印书馆，1978，第242页。
⑧ 〔德〕黑格尔：《精神现象学》上卷，贺麟等译，商务印书馆，1979，第52页。
⑨ 〔德〕策勒尔：《古希腊哲学史纲》，翁绍军译，山东人民出版社，1992，第137页。
⑩ 〔德〕康德：《纯粹理性批判》，蓝公武译，商务印书馆，1960，第503页。

总之，在黑格尔看来，数学只是关于计量的学科，并不涉及事物的本质（他不认可毕达哥拉斯的方法），"自然的关系或法则是不能够用这些枯燥的数来表明的。这些数是经验的关系，不能构成自然的尺度之基本特性"①。他甚至提出要建立"哲学数学"学科。尽管在他看来，数学在他的绝对精神面前显得如此渺小，但黑格尔庞大的哲学体系离不开数学思维。

结语：数出个新世界、算出个新未来

怀特海认为："纯粹数学在近代的发展，可以说是人类性灵最富于创造性的产物。"直觉主义代表海丁认为数学"只与心智的构造有关"。而逻辑哲学的代表维特根斯坦则认为：数学是一种逻辑方法，"数学命题不表达思想"②。近代西方哲学之父则发出"笛卡尔之问"："我特别喜欢数学，因为它的推理确切明了；可是我还看不出它的真正用途，想到它一向只是用于机械技术，心里很惊讶，觉得它的基础这样牢固，这样结实，人们竟没有在它的上面造起崇楼杰阁来。"③ 就像黑格尔评价笛卡尔哲学时认为："哲学在奔波了一千年之后，现在才回到这个基础上。"④ 同样，数学在奔波了几千年后，又回到了现实生活，笛卡尔预言了数字哲学化时代暂时终结，数字、数学即将为到来的技术化、工具化的时代服务。美国学者詹克斯认为："在电子复制的年代，标志（icon 来源于希腊语，表示宗教图像与复制品的一个词）的概念具有了特定的数字意义"⑤。古老的数学如何与时俱进，助力工业化、信息化时代？美国学者迈克尔·德图佐斯认为：①用数来表示一切信息；②这些数以 1 和 0 表达；是指把一切信息转化成计算机可识别的"0""1"，这个过程涉及数字的转换、存取、处理、传输、控制、压缩等技术；③计算机通过对这些数做算术来转换信息；④通信系统通过传送这些数来传递信息；⑤计算机和通信系统相结合而构成计算机网络——明天的信息基础结构的基础，而这些基础结构本身又是信息市场的基础。⑥

---

① 〔德〕黑格尔：《哲学史讲演录》第二卷，贺麟等译，商务印书馆，1960，第 235 页。
② 〔奥〕维特根斯坦：《逻辑哲学论》，贺绍甲译，商务印书馆，1996，第 95 页。
③ 〔法〕笛卡尔：《谈谈方法》第一卷，王太庆译，商务印书馆，2000，第 7 页。
④ 〔德〕黑格尔：《哲学史讲演录》第四卷，贺麟等译，商务印书馆，1978，第 63 页。
⑤ 〔美〕查尔斯·詹克斯：《现代主义的临界点》，丁宁等译，北京大学出版社，2011，第 90 页。
⑥ 〔美〕德图佐斯：《未来的社会——信息新世界展望》，周昌忠译，上海译文出版社，1998，第 380 页。

早期的计算机就是数字处理机器，它按照计算与逻辑两大原则运行，以数字形式（比特）来处理和存储信息，而正式进入数字化时代后，工业革命时代以微积分为代表的连续数学占主流的地位发生变化，离散数学的重要性逐渐被人们认识。离散数学是指研究非连续量的数学，它既包括集合论、数论、图论、计算群论等数学知识，又和计算机科学中的数据库理论、数据结构等相关，它可以引导人们进入计算机科学的思维领域，促进计算机科学的发展。从理论上说：如果一个函数可以在规定的程序中通过有限步计算达到所需要的结果，那么这个函数就是"可计算的"。所以，"在广泛的意义上讲，任何一种形式的信息加工和信息的活动（包括大脑的思维活动中的信息加工和信息活动）都可以看作是一个计算的过程"①，人工智能时代对计算的需求呈几何级数增长，我国算力产业保持稳健发展，并且为拉动我国 GDP 增长做出突出贡献，2016～2022 年，我国算力规模平均每年增长 46%，数字经济增长 14.2%，GDP 增长 8.4%。强大的数字化算力扩展了计算机多模态应用，既能实现文字、图像、视频之间的转换，又能实现物理世界的仿真与模拟。

从生产之境到数字之境，人们的生产生活方式发生革命性变化，面对一个充满未知的不确定的数字化时代，我们要积极应对，阿德勒在其代表作《自卑与超越》中把人生的意义比作一道数学难题，"正确的解答无法依靠运气与猜测，只能来自苦思冥想，来自坚定的信心与不懈的努力。很可能最终还是无法一劳永逸地得出完美的解答，但只要我们足够坚韧、足够有耐心，就能不断接近完美的解答"②。正如恩格斯在《自然辩证法》中所说："一个新的历史时期将从这种社会生产组织开始，在这个时期中，人自身以及人的活动的一切方面，尤其是自然科学，都将突飞猛进，使以往的一切都黯然失色。"③ 总之，数学从计算到精算再到超算，一路走来，每一步都带来时代的跃迁，不但大大解放生产力，而且帮助人们克服与战胜各种风险与不确定性，叠加其他学科与技术，我们有信心应对未来的各种挑战，发展新质生产力，这或许是数字化时代生存的方式之一。

（作者单位：上海财经大学马克思主义学院）

---

① 《中国大百科全书·数学》，中国大百科全书出版社，1988，第 440 页。
② 〔奥〕阿尔弗雷德·阿德勒：《自卑与超越》，山药译，民主与建设出版社，2017，第 5～6 页。
③ 《马克思恩格斯文集》第九卷，人民出版社，2009，第 422 页。

改变人类生存世界的原子和比特

李成彬

自原始人从物我一体的自然计划中觉醒，人类的精神萌动，开始思考肉体与外部世界的关系，"把世界的存在理解为由两种连续的和相互包含的存在所构成：包含在神灵东西中的可感世界（可见世界）与包含在可感东西中的神灵世界"①。人类观念中的二重世界由此设立，柏拉图的"可见世界和可知世界"，奥古斯丁的"世俗之城和上帝之城"，康德的"现象世界和物自体世界"莫不如此。

"世界在思维中的二重化"，并不是简单地割裂和二分。它"一方面是世界的二重化，一方面又是来自两个不同方向统一世界图景的努力"②。原始人的直觉"能提供对于看不见的和感官不能及的力量的存在和作用的盲目信赖"，"在他们的表象中，感性世界和彼世合而为一"③。在原始思维中，肉体世界与灵魂世界、看得见的世界与看不见的世界、"现世"与"彼世"是"互渗"的（布留尔语），是割而未裂，分而不开的。古希腊以降，人类开辟了两种认识世界的思维向度，描绘出两个世界，即经验世界和超验世界。经验世界之外的"这个超验的世界，在柏拉图那里是一个纯粹客观概念的世界，在亚里士多德那里是一个没有内容的纯粹形式的世界，在基督教

---

① 张雄：《历史决定论的寻根——关于原始思维中历史决定意识的思考》，《社会科学》1992年第 10 期。

② 颜晓峰：《世界的二重化与哲学的演化——对"拒斥形而上学"的思考》，《哲学研究》1989 年第 8 期。

③ 〔法〕列维-布留尔：《原始思维》，丁由译，商务印书馆，1981，第 375~376 页。

哲学那里是一个神的世界，在近代理性主义那里是一个主观思维的框架，在黑格尔那里是一个绝对精神的王国"①。费尔巴哈和尼采则对贬低经验世界的形而上学给予了批判。哲学史上的先哲们，或各执一端，或试图将二重化的世界缝补到一起，但总是毫无例外地看到二重化的世界。

这种文化基因，源于人急于挣脱当下现实存在，拥抱未来理想存在的一种生命能量。马克思以生存实践的观点，消解了两重世界外在对立的假象。他认为，既往哲学之所以二重化看世界，正是源于人的生存实践，而经验和超验"都是在人的生存实践这一感性对象性活动中分化开来又贯通整合在一起的"，"人的对象性实践既依赖对象又超越对象，从而既规定自身又突破这一规定"。所以，从生存实践的视角去看，"经验和超验本来就不是两立的，人也只有一个虽然充满矛盾但统一的生存世界"②。当下，数字化生存的人类又面临新的二重世界，即真实世界与虚拟世界。而要澄清两个世界的合理区分和内在整合，"要了解'数字化生存'的价值和影响，最好的办法就是思考'比特'和'原子'的差异"③。

一　原子：真实世界运动的基本粒子

真实世界是可感知的经验世界，在那里，"物是生活的栖息""它们支撑着人类生活"④。数千年文明历程里，人类对于大地和天空，对于天地之间看得见摸得着的物有着孜孜以求地探索。在世界的本原探索中，古希腊的"原子论者非常幸运地想出了一种假说，两千多年以后人们为这种假说发现了一些证据"，并从原子的哲学观念导引出一系列的科学概念，进而构筑了理解真实世界的宇宙观。虽然"他们的信念在当时缺乏任何稳固的基础"⑤，但是无碍于他们对真实世界的理解和客观把握。"他们认为，世界的本原是原子，原子是宇宙万物存在的基本单位。原子涵义有三：'不可分''不可入''不可变'。世界由它而充盈，由它而变化，由它而解释。古希腊的原

---

① 石峰：《马克思哲学对"世界二重化"理论的破解》，《沈阳师范大学学报》2016年第3期。
② 张曙光：《生存之维：经验视域与超验视域的分化与融合》，《天津社会科学》2000年第1期。
③ 〔美〕尼古拉·尼葛洛庞帝：《数字化生存》，胡泳、范海燕译，电子工业出版社，2017，第2页。
④ 〔德〕韩炳哲：《非物：生活世界的变革》，谢晓川译，东方出版中心，2023，第3~4页。
⑤ 〔英〕罗素：《西方哲学史》上卷，何兆武、李约瑟译，商务印书馆，2020，第88页。

子论在近代自然科学物理学和化学的研究下，尤其是牛顿力学的解读下，真正形成了以自然哲学为底板的人类认识世界、改造世界的宇宙观。"①

1. 哲学的原子与科学的原子

在回溯原子论及其构筑真实世界前，有必要对"哲学的原子"和"科学的原子"进行一个相互照鉴，即对原子的哲学观念和科学概念进行一次厘清和界定。

20 世纪初，英国物理学家卢瑟福等进行了 α 粒子轰击金箔的实验，并据此提出了卢瑟福原子结构模型（亦称有核原子模型）。他们指出原子内部另有乾坤：带正电荷的微粒集中在原子中心，体积很小、质量很大；原子内有较大的空间；外围有带负电荷的微粒环绕。卢瑟福的研究在物理学界和哲学界引发了种种认识论的幻象："原子"不见了，物质消失了，唯物主义破产了！针对这一现象，列宁从马克思主义生存实践观出发，给出了物质定义："物质是标志客观实在的哲学范畴，这种客观实在是人通过感觉感知的，它不依赖于我们的感觉而存在，为我们的感觉所复写、摄影、反映。"②在马克思主义那里，"物质是标志着客观实在的哲学范畴，是对一切在生活实践中可从感觉上直接或间接地感知的事物的共同本质的抽象，因而它既包括一切可感知的自然事物，也包括可感知的感性的人的活动即实践活动；这种客观实在独立于我们的意识，为我们的意识所反映。"王南湜称，这体现了"自然观与历史观""唯物论与辩证法""本体论或存在论与认识论"的内在统一③。

经由原子的被打开，"哲学的原子"和"科学的原子"经历了一个一而二、二而一的认知发展过程。哲学的原子是超验的存在，是哲学家思辨的产物，是万物从中生而又复归于它的始基和质料，具有不可分、不可入、不可变的特性。这种超验之物不可感知，却又源于感知。哲学家观察到事物的变化，比如水滴石穿、铁犁磨损等现象，并将其作为思辨对象，创立了哲学原子论。虽然他们也有关于原子体积、形状、重量等特性的规定性认知，但同样不是源于经验的感知，而是源自超验的思辨。这种思辨不同于脱离真实世界的冥想或玄想，因而具有某种科学的性质，并启发了

---

① 张雄：《"数字化生存"的存在论追问》，《江海学刊》2022 年第 4 期；《新华文摘》2022 年第 21 期全文转载。

② 列宁：《列宁选集》第二卷，人民出版社，1995，第 89 页。

③ 王南湜：《马克思主义哲学的物质概念》，《哲学研究》2006 年第 9 期。

科学原子论的发展。罗素对原子论者给予肯定，称他们"避免了大部分希腊的冥想所常犯的错误"①。科学的原子则是经验的存在，是科学家实验的发现，是构成物质的"分子－原子"结构中的微观粒子，其根本特性是质量，且具有内部结构。同样，这种经验又是对超验的哲学原子论的实验求证，是原子的哲学观念在取得长足发展的主体认知手段的加持下获得的科学成果。在科学原子论的规定中，物质由分子构成，分子又由原子构成。分子是物质保持其化学性质的基本单元，单质分子是由相同元素的原子构成的，化合物分子则是由不同元素的原子构成的。原子的根本特性是质量，不同的原子具有不同的质量。原子内部具有复杂的结构，而且蕴藏着巨大的能量。

科学的原子被发现、被打开，并不是哲学原子猜想的证实、证伪过程，并没有解构哲学的原子。原子论从哲学思辨到科学实验的发展，"不是科学对哲学的简单否定，而是科学对哲学的充实"②。哲学原子论虽然是主观推断，但积极地从自然本身为其理论确立寻找依据和注解，是从理性思考与猜想——而不是脱离现实的冥想和自圆其说——来理解和解释世界的。用马克思主义哲学的话语表述，哲学原子论正是因为关注了主客统一问题，才具有合理性，才能够跨越千年时空启迪了近代科学原子论的发展。原子的哲学观念和科学概念并不矛盾，我们不应当执此拒彼。哲学的原子观念依然是理解和把握真实世界的工具。在这个意义上，"原子"还在，物质并没有消失。我们依然可以说"原子是宇宙之砖，是构成真实世界的始基"③。

2. 德谟克利特"原子与虚空"理论

论及哲学原子论，当属德谟克利特（也译作：德谟克里特）④ 的"原子与虚空"理论最具有时空的穿透力，德谟克利特相信，万物都是由原子构成的，原子在物理上是不可分的，原子之间存在虚空，原子在虚空当中永远运动着，原子的运动导致了世界万物的生灭变化。

德谟克利特的原子论是对世界本原追问的回答，他"企图调和以巴门

---

① 〔英〕罗素：《西方哲学史》上卷，何兆武、李约瑟译，商务印书馆，2009，第86页。
② 马正兵等：《从哲学思辨到科学实验——原子论的发展历程与启示》，《湖南社会科学》2007年第2期。
③ 张雄：《"数字化生存"的存在论追问》，《江海学刊》2022年第4期；《新华文摘》2022年第21期全文转载。
④ 罗素将原子论的创始者认定为留基波和德谟克利特两人，并在很大程度上对二人观点未作区分。一方面是因为很难区分，另一方面则是他认为无须强作区分。

尼德与恩培多克勒分别为其代表的一元论与多元论而走到了原子论"①。在巴门尼德那里，世界的本原是超验的"一"，一是至大无外的物质实体，经验世界的一切都被拒斥为单纯的幻象；而在恩培多克勒那里，世界是由"土、气、火、水"四种永恒的元素构成，不同比例构成不同的物质，同样永恒的"斗争和爱"造成物质世界的变化。原子论者企图调和这二者，提出"原子和虚空"是世界的本原。他们承认事物的生成与毁灭，也承认运动与事物的多重性，他们认为世界被一种"多"充满，这种"多"是"为数无穷而体积极小"的粒子，后来我们称为"原子"。

"原子的希腊文原意是不可分割性，它被用来表示充实的最小微粒。"②可见，科学的原子似乎是从哲学那里借来的一个概念，用以指代那个经验世界的粒子。而这个借用貌似一场误会，就像哥伦布对印第安人的称呼一样。哲学的原子至小无内，在物理上不可分、不可入。这一超验的存在，在经验世界里尚没有完美的对等物，而科学的探寻过尽千帆皆不是，既未证实，亦未证伪。在原子论者那里，原子的数量和种类都是无限的，原子具有形状、大小、热度、重量等特性。原子本身是永恒不变的，"事实上原子就是一个巴门尼德式的'一'"（罗素），原子内部没有虚空。

原子论者认为，原子之外存在虚空，或者讲，世界除了原子就是虚空。为了与经验世界的变动不居和世间万物的生灭变化相契合，原子论者相信原子在虚空中永恒运动，原子联合，物质由之生成，原子分离，物质由之毁灭。这相当于"承认某种非物体的东西（虚空）的存在（贝莱）"，相当于指认"一个事物可以是实在的而又并不是一个物体（伯奈特）"③。所以，在这个意义上，"虚空"和"原子"一并成为世界的本原。

3. 伊壁鸠鲁对德谟克利特原子论的发展

伊壁鸠鲁追随着德谟克利特相信世界是由原子和虚空构成的，但是他并不像德谟克利特那样相信原子永远是被自然律完全控制着的。他引入了"原子偏斜运动"，"他的原子具有重量，并且不断地向下坠落；但不是朝向地心坠落，而是一种绝对意义的向下坠落。然而，一个原子时时会受到有似于自由意志的某种东西的作用，于是就微微地脱离了一直向下的轨道，而与

① 〔英〕罗素：《西方哲学史》上卷，何兆武、李约瑟译，商务印书馆，2009，第 86 页。
② 马正、杨胜：《从哲学思辨到科学实验——原子论的发展历程与启示》，《湖南社会科学》2007 年第 2 期。
③ 〔英〕罗素：《西方哲学史》上卷，何兆武、李约瑟译，商务印书馆，2009，第 90 页。

其他的原子相冲撞"①。

伊壁鸠鲁的发展看似无关紧要，被西塞罗称作"极其幼稚的幻想"，被黑格尔称作"最任意、因而也是最无聊的"，被罗素评价为"颇不高明"。但是马克思发现了其价值，指认了其与德谟克利特原子论的本质差别，并称"伊壁鸠鲁的原子偏斜说就改变了原子王国的整个内部结构"，② 正如罗素所主张的，德谟克利特的原子论是严格的决定论，它意味着世间万物是遵循着自然律而发展的，连灵魂都是由原子构成的。而伊壁鸠鲁的原子论则经由原子偏斜运动的引入，决然站立在非决定论的领地。在德谟克利特那里，一部分原子做强制的直线运动，另一部分原子做强制的排斥运动；在伊壁鸠鲁那里，原子的运动有直线运动、偏斜运动和排斥运动。"在非决定论的框架下，所谓的直线运动、偏斜运动、排斥运动不是原子的三种相互独立的运动形式，即不是说，原子中的一部分作强制的直线运动，另一部分作自由的偏斜运动，其余的作强制的排斥运动；而是说，真正属于原子的只有自我碰撞即自由排斥这一种运动，而上述三种运动事实上是这同一个运动的三个环节：偏斜的前提、偏斜本身、偏斜的完成。"③ 在这个意义上，甚至可以说，伊壁鸠鲁的原子论是对德谟克利特的反叛。

原子偏斜运动的引入，也令偶然性获得与必然性同等重要的地位。伊壁鸠鲁的原子论给自由留了一席之地，其"原子偏斜运动"的理论高扬着对偶然性和自由意志的重视，体现着对物质的内在矛盾的理解和对物质运动多样性的解释。因此，有学者称"现代物理学以统计的决定论取代了机械的决定论，基本粒子研究中发现了粒子的多种的运动状态，这一切都说明伊壁鸠鲁的理论比德谟克利特的理论更为合理。"④ 恩格斯指出："伊壁鸠鲁就已经认定原子不仅在大小上和形态上不相同，而且在重量上也不相同，也就是说，他早就按照自己的方式认识了原子量和原子体积。"⑤

4. 牛顿自然哲学的原子世界

如果说哲学原子论者所描述的世界还是超验世界，牛顿的自然哲学

① 〔英〕罗素：《西方哲学史》上卷，何兆武、李约瑟译，商务印书馆，2009，第270页。
② 《马克思恩格斯全集》第一卷，人民出版社，1995，第38页。
③ 汪信砚：《马克思论伊壁鸠鲁哲学中偏斜与自由的关系》，《北京大学学报（哲学社会科学版）》2015年第1期。
④ 周义澄：《马克思对古希腊原子理论的研究》，《复旦学报（社会科学版）》1983年第4期。
⑤ 《马克思恩格斯选集》第四卷，人民出版社，1995，第285页。

则在超验世界和经验世界之间架起一座桥梁，或者说在人类心智中植入某种教条，使其在面临生活世界的时候也带有原子烙印。他以天才之力将小到原子，大到天体的真实世界统摄到理论体系当中。其质点力学直接继承和拓展了哲学原子论的传统，他甚至将经验世界的物体抽象成质点，即有质量的空间点位或粒子。这种抽象强调质量特征的同时，抽象掉了物体的体积及其他一切特征。这在某种程度上是在研究物体相互作用时，将物体当作原子来处理。这样一来，我们周围的经验世界也被注入了原子的影子，不仅在发端于道尔顿的"原子—分子"理论所解释的物的微观构造层面上，而且在物的整体层面上，我们的经验世界也随之原子化了。或者换句话讲，让我们对于经验世界的感知也染上了原子印象的教条。

与牛顿一样，近代科学原子论者也延循着哲学原子论的传统蓬勃发展，无不彰显着古希腊哲学原子论"天才的直觉的影子"。科学史家科瓦雷在论述对科学发展所影响的"我们的世界"时，甚至将牛顿与"一般的近代科学"等同起来，一并放在需要对此负责或者接受批判的位置上。"牛顿的世界……由三种要素所组成：（1）物质，即无数彼此分离和孤立的、坚硬的、不变的——但互不相同的——微粒；（2）运动，这是一种奇特的悖论式的关系状态，它并不影响微粒的本质，而只是把微粒在无限的同质虚空中传来传去；（3）空间，即那种无限的同质虚空，微粒（以及由微粒构成的物体）在其中毫无阻碍地运动。"[①] 科瓦雷所谓的"牛顿的世界"，就是一个原子世界。因为在这里，不光物体被抽象为质点，具备原子的各种特性，物体（原子式的质点）运动的空间，也被对标成虚空。虚空的引入，使"物质的不连续性和空间的连续性同时对立统一起来"。

当然，19世纪后期的"两朵乌云"问题——黑体辐射和以太漂移，催生并促进了非经典物理学的长足发展，相对论和量子力学已经在牛顿体系之外行走得相当深远了。"质量"之外，"能量"被发现。即便如此，"原子"的影子仍旧蔓延在我们的生活世界。经验的世界（对真实世界的感性认识）和超验的世界（对真实世界的理性认识）的割裂尚且弥而未合，新的二重世界——即虚拟世界与真实世界——已经扑面而来。

---

① 〔法〕亚历山大·科瓦雷：《牛顿研究》，张卜天译，商务印书馆，2016，第16页。

二　比特：虚拟世界运动的基本单位

新的世界二重化，发端于比特的出场。比特不是原子，也不属于物质，它"没有颜色、尺寸或重量，能以光速传播。它就好比人体内的 DNA 一样，是信息的最小单位"①。而信息，是与物相对的概念，正如维兰·傅拉瑟指出"非物全方位的涌入我们的周遭世界，它们正驱除着物。人们称这些非物为信息"②。真实世界是物的世界，原子是真实世界的基本粒子；虚拟世界则是信息的世界，比特是虚拟世界的基本单位。比特的出场，从根本上改变了我们的世界。韩炳哲甚至称："数字化秩序在今天接替了大地的秩序。数字化秩序让世界变得信息化，由此它祛除了世界的物化。"③

比特出场带来的断裂，让世界的本质属性发生了根本转变，但我们不应忘记，比特世界是建基在原子世界上的。非物世界，显然不是无物的世界，数字化还远没有到横扫一切的程度。在当下以及未来，是原子与比特共生，虚拟世界与真实世界同在。或者进一步讲，是信息对物的嵌入，而不是取代；是"硬件对软件的恭顺"（韩炳哲语），而不是被消灭。这使得赋予信息以获得"灵魂"的物，能够摆脱受动或被动状态，成为能动或智能的存在，从而使人类的精神能动性从意识进入存在，提升对物的调动能力，而极大拓展和丰富了人类的生存世界。

1. 从数据到信息："1"和"0"构筑的比特世界

比特是数据存储的最小单位，在二进制系统中每个"1"或"0"就是一个比特。二进制系统中也只有"1"和"0"两个数字，1代表有脉冲信号，0代表脉冲间隔，"1"和"0"一起，可以表示一切可以数字化的信息。当然，每一条信息的位数可能不同。比如《数字化生存》写着"献给伊莲 我的数字化生活她整整忍受了 11111 年"。在这里，尼葛洛庞帝使用了占位 5 个比特的数字化语言"11111"，来表示他们共同经历的"31"个年头。

---

① 〔美〕尼古拉·尼葛洛庞帝：《数字化生存》，胡泳、范海燕译，电子工业出版社，2017，第 5 页。
② 转引自〔德〕韩炳哲《非物：生活世界的变革》，谢晓川译，东方出版中心，2023，第 3～4 页。
③ 转引自〔德〕韩炳哲《非物：生活世界的变革》，谢晓川译，东方出版中心，2023，第 3～4 页。

　　除了最基本数字，当下二进制语言已得到极大丰富。正如尼葛洛庞帝指出，"比特一向是数字化计算中的基本粒子，但在过去的45年中，我们极大地扩展了二进制的语汇，使它包含了大量数字以外的东西。越来越多的信息，如声音和图像，都被数字化了，被简化为同样的1和0"①。比如图像，我们大概见过黑白双色的拼图，就是只用纯黑或纯白的小方格，拼就一幅人物肖像画。把黑白图像转化成计算机语言的方法大抵如此，首先在图像上打出格子，然后记录每个格子的灰度：如果把全黑设为1，全白设为255，那么任何明暗度的灰色都可以用1~255的数字来表示，二进制的表示则是00000000~11111111的一个数字，占位8比特②。如果打的格子足够多，我们可以复刻出肉眼难辨的图像。如果格子少一点，则会因为线条不够连续而出现颗粒感，图像也就不够清晰，我们通常会说像素不够。这种以不连续的像素复刻连续的图像的方法，能够将很多种类的信息转化成数字，这也就是我们所谓的数字化。

　　除了黑白，比特还可以描摹很多信息状态。比如开关、真伪、上下、出入等。尼葛洛庞帝甚至以二进制的1和0描摹信息的特点，称"比特是一种存在（being）状态"。这样一来，经由数字化，人类的生存世界被极大地丰富和拓展了。一方面，在比特世界里，物的位置被非物取代，比特取代原子成为直连感觉的存在，人不再需要对实存的物质进行"复写、摄影、反映"就可以有感觉，进而感性认知和体验可以依赖信息，而无赖于物。或者退一步讲，比特和信息盘踞在比原子和物更接近人的位置，幻化出了一个新的比特世界。另一方面，依托物联网、云计算和3D打印等技术，物经由信息的嵌入而变得能动和智能了，人在比特世界寻得了自身代理人，将自身连同生存世界一起数字化了，进而不断拓展着比特世界的疆域。因此，比特世界越来越丰富和疆域广大，但归根到底，是为数众多的"1"和"0"的排列组合。

2. 比特的存在与传播：精神意向的新质料

　　"1"和"0"构筑的比特世界，是纯然属人的世界，充盈着人的意识和精神能动性。我们不禁想起胡塞尔的命题："意识总是关于某物的意识"。

---

① 〔美〕尼古拉·尼葛洛庞帝：《数字化生存》，胡泳、范海燕译，电子工业出版社，2017，第5页。

② 所以，如果前面用"11111"表示31会让人觉得比特的信息密度较低的话，这里一个8比特的信息，可以表示黑白之间的256个灰度层次，就会让人觉得比特的信息含量比较密实了。

"这个说法有两重含义：一个含义是意识构造对象，另一个含义是意识指向对象"①。比特世界是信息的世界，是非物的世界。在这里，意识和精神所构造或指向的对象有了新的内容。而作为精神现象的意识，便获得了新的质料。这种新的质料（比特）相对于原子有三个方面的根本差异②。首先是比特和原子代表了不同宇宙观。原子宇宙观是以万物始基论、原子创构论、物性实体论、机械运动论等为抽象教条的，而比特宇宙观则以虚拟、精神意象、信息流变等为抽象形式。从认识论的角度看，原子世界的人是无法把握物自体的全部信息的；比特世界的人不仅可以借助比特再现"世界1"，还可以创构"世界2"和"世界3"。其次是比特世界的存在论原理迥然不同于牛顿式的原子世界。比特具有强大的活力和自我颠覆能力。"思中之物"通过想象、创意、意识的驱动，形成自觉的设计图形，有选择的信息变成有方向的运动，在比特信息包的承载下，在互联网信息传递系统中，以各种不同路径传递并精算。最后是人类实践在比特世界有着全新的行为特征。直觉、想象、创意等因素取代经验、习俗和惯例，成为人类行为的驱动力。人性中社会化和私向化的矛盾更趋明显。

这种新的意识对象赋予精神意识以更大的自由度，更强的任性。这直接导致两个结果。一是在比特世界里，意识造物成为可能，意识能动性更加凸显。当然这里的"物"，实为"非物"，仅指相对于意识主体性而言的客体，在比特世界里表现为比特构筑的数据和信息。比如一件雕塑的尺寸、光影和线条，一个待装潢房间的设计图纸，这些都是数据；而信息则是可以数字化的物品，也就是计算机可以读写的数字化数据。这些完全可以经由人的想象和创意而产生。产品研发阶段"哲学意象性的'对象化''物化''给予''指向''选择'等特征，贯穿其中"③。之后，产品在原子世界出现之前，还有很长的路要走。而在比特世界里，有创意就够了，"只有想不到，没有做不到。"最近爆火的 Sora 完全说明了这种可能性。当然，借助 3D 打印技术，这些数据和信息也能够被打印成物质实体，成为原子世界的物。不过这个打印过程并非无中生有的过程，只不过是比特对于原子的安排。其更接近于熊彼特所谓的创新，乃是新的组合。

---

① 倪梁康：《现象学背景中的意向性问题》，《学术月刊》2006 年第 6 期。
② 张雄：《"数字化生存"的存在论追问》，《江海学刊》2022 年第 4 期；《新华文摘》2022 年第 21 期全文转载。
③ 张雄：《无形经济：一个值得深究的经济哲学问题》，《哲学研究》2024 年第 3 期。

二是比特传播面临悖论，信息到知识转变方式重新定义着传播。比特的编码与解码、压缩与解压、传播与接收，既是技术问题，更是哲学问题。意识指向性在比特世界发挥着巨大而微妙的作用。比如，可以无限提升带宽和压缩比例以获得尽可能多的信息传播，但是尼葛洛庞帝称对某人发射更多的比特，并不比开大收音机的音量以获取更多信息的做法更有道理或更合乎逻辑，智慧可能在比特传播的两端出现，也可以通过特殊的编码达到极大缩减需要传播的比特数。这是多与少的悖论。

3. 比特的光速运动：虚拟世界的时间被压缩

2014 年诺兰导演的《星际穿越》上映，剧中最令人叫绝的科幻剧情，要数时空弯曲导致的虫洞和黑洞了。这在原子世界尚属未被证实的理论猜想。而在虚拟世界，由于比特的光速运动，时空有着不同于真实世界的特征。最常见的，我们的通信界面，时间标签有着不同程度的压缩，时间的刻度并非如卷尺般均匀排布。你看到的未读消息的时间轴可能是刚刚、5 秒钟之前、15 分钟之前、3 个小时之前、昨天、3 个月。当然，如果你想进一步了解详细的时间，它会给你打开一个精确的刻度。这种处理方式，是界面在有意节约用户的注意力，在自动传递他认为你需要的最少的比特。虚拟世界的时空压缩远比科幻电影来得任性而神奇。

首先，比特的光速运动，虚拟世界的时间可以被任意地压缩和延展。我的屏幕上同时打开了多个界面，一边看着《数字化生存》的电子书，一边听着周杰伦的线上演唱会，偶尔还回复一下微信消息。我一心多用地做着自己的事情，同时跟几个人继续着谈话和交往，还能如亲临一般跟着阿 Jay 哼唱一下《双节棍》。我们在此处，同时又在彼处。这种时空重叠的多维在场性，在原子世界是不可想象的。而如果说这个场景看着舒适而悠闲，那么想一想那工作群里消失了的上下班时间，想一想为了学生 24 小时待机的高校辅导员，这种无限延长了的工作时间，在原子世界也是不可能的。

其次，比特的光速运动，叠加带宽升级，造成了信息爆炸。"比特的光速运动直接带来了信息量的放大，使个人主体对社会空间的好奇和体验越来越广泛，交往的社会化兴趣越来越浓厚，想象力也越来越丰富"[①]。相伴而来的，还有注意力的稀缺。对于生产者而言，产品价值主张的传递、营销渠

---

① 张雄：《"数字化生存"的存在论追问》，《江海学刊》2022 年第 4 期；《新华文摘》2022 年第 21 期全文转载。

道的拓展、广告宣传的投放，都需要瞄准目标消费者的注意力。而对于消费者而言，娱乐、工作、交往、消费的数字化极大占据和分散了各种感官的注意力，眼睛和耳朵都被充满了。加之有些商家和平台，从心理学和人性论的角度下足了功夫，不断寻求对消费者注意力的拿捏，不知不觉地无意识中就消耗了大半天时间。注意力越来越稀缺。

最后，比特的光速运动，取缔了物的绵延特性，代之以信息的即时性，经济不再具有流通环节而产销一体化了。绵延的物性给人以安定，因为物以一成不变的稳定性造就某种连续性的印象，让人类生活得以栖息。而信息霸占了人类的栖息地，以光速运动的原子激荡着人类越来越焦躁不安的灵魂，感受和情绪取代理性成为行为的指引。在这里，信息的消费不同于物的消费，一方面它是体验式和感受性的，充满了情绪化表达与反馈，是群氓式的任性和随性；另一方面它是即时性的，信息生产出来的同时就被消费，没有交换和流通环节，比特的传输极快，导致信息的传播从根本上不同于原子世界的信息传播。

三　虚拟概念对虚空概念的超越

至此做一总结。原子是真实世界运动的基本粒子，原子在虚空中永恒运动着，原子构成的物也在物理空间变动不居地运动着，但是从人的感性层面看，与原子的永恒运动不同，物具有某种时间的绵延形式和物理的稳定性质，作为商品的物需要运输和流通，才能连接生产和消费。比特是虚拟世界运动的基本单位，比特光速运动，压缩了时间，比特组成的信息有着传播学意义上的激荡躁动，牵扯着人类的注意力和情绪。

我们进入下一个追问：比特在哪里运动？这带来了对空间的反思，直接指向了两个问题域：一个是物理的存储空间，另一个是网上的运动空间。前一个是技术问题，后一个则会触及哲学的概念。如果被问及邮件地址，你不会告知对应的服务器在哪个房间里（即便你知道，往往我们是不知道的），而是会告知一个可以填写在邮件"收件人"栏的字符串。只有思考保护或者消灭比特（当然，只有在人机大战的科幻电影里才有消灭比特的情景），我们的思维才指向那台服务器及其存在环境。比如无尘、电力和电源保障、温湿度等条件，是运维数据服务的基础。2018年苹果中国用户的iCloud数据存储由美国迁移到中国贵州，就是一个涉及数据安全的技术层面的问题。我们在这里主要讨论另一个，这涉及虚拟概念对虚空概念的超越。

1. 作为原子运动场域的虚空

我们重新回到德谟克利特和牛顿那里，对虚空进行一个跨越时空的审视和追问。德谟克利特认为"原子和虚空"作为世界的本原，原子在虚空中运动。德谟克利特的虚空概念是服务于原子运动的，是要在逻辑上解决原子运动的问题。原子论的提出，使世界的本原探索从时间的溯源走向空间的解构。原子不同于巴门尼德的"一"，因而不可以如混沌一般内在生成而发展变化，原子的运动必然是外在的，是在没有原子的空间场域完成的。这个原子运动的场域便是虚空（一说空无，如叶秀山），虚空是实存着的，就像实存的原子一样，都是存在，而不是不存在。

在牛顿那里，物体也在虚空中运动。牛顿力学体系对虚空概念的引入（其实已经在不同于原子论者的意义上使用虚空的概念），真正把物质的不连续性和空间的连续性对立统一起来，这一点上他比笛卡尔要更进一步。科瓦雷称其为"具有决定意义的天才步骤"。这样一来，牛顿的原子世界就变得舒展而广袤了。"这是一个无限的虚空，仅有非常小的部分——无限小的部分——被物质、物体填充或占据。这些物体冷漠而且彼此分离，在无界无底的深渊中完全不受阻碍地自由移动"[1]。但是，牛顿的原子世界却不是巴门尼德式的混沌世界，因为有万有引力定律将所有的物体关联起来，这种关联统摄一切，小到原子，大到天体，当然也包括我们经验世界可感的一切，以及周遭世界可以操控影响和被其影响的一切。

2. 作为比特运动场域的虚拟空间

不论是德谟克利特的虚空，还是牛顿式的绝对空间，都是原子运动的场域空间。而比特运动的空间与此截然不同，其中没有原子的相互吸引和碰撞。在这个意义（没有原子的运动）上，比特运动的空间"类似毕达哥拉斯的'数字世界'、柏拉图的'理念世界'，以及黑格尔的'绝对精神世界'"，但也同样不是一回事，比特运动的空间是可感的，甚至可以说是为人类感觉服务的。

大家耳熟能详的"虚拟空间"，或者说"赛博空间"。虚拟空间是数字的空间，却不是数据存储的空间，而是比特运动的空间，是以计算机的语言

---

① 〔法〕亚历山大·科瓦雷：《牛顿研究》，张卜天译，商务印书馆，2016，第19页。

书写和不断书写的，但是却可以通过人类感官读取的信息构成的空间。正如迈克尔·海姆所描述的，"网络空间暗示着一种由计算机生成的维度，在这里我们把信息移来移去，我们围绕数据寻找出路。网络空间表示一种再现的或人工的世界，一个由我们的系统所产生的信息和我们反馈到系统中的信息所构成的世界"①。这是一个信息的空间，向人打开着各种界面和窗口。从物的层面去看，网络空间就是连接在一起的计算集群，联网、通电，人通过在各种界面和窗口登录，上线即代表着进入网络，下线则意味着退出网络。但正如 James Gleick 所说，网络空间还有两个必需要件：人类个体之间的关系，以及他们脑海里关于网络空间的文化。从这个意义上说，网络空间的维系，源于人类共同的意向指向。比如，我们在早期游戏界面里所看到的人物和现实生活中的其他事物，呈现得非常粗糙和抽象，但是所有玩家都认可和接受，并习以为常。

比特在网络空间中运动，表现为信息的上传、下载、加工和传播。比特光速运动、矢量运动，比特还会告诉你其他比特的故事。可以说比特悠游在网络空间中，由于分布式存储、云计算、人工智能等技术的加持，比特一旦生成（数字化的信息一旦上网），离开了人类的"第一推动"之后就会自发地投入无限运动过程当中。

3. 信息数字化：互联网创造的虚拟世界

互联网实质是信息的数字化。正如郭为所说，"互联网为人类的经济社会活动建立了一个虚拟的'映射'，从现实世界投影到了虚拟世界，这个虚拟世界不仅改变了现实世界的信息形态，还通过大量的软件和信息服务创造了多种多样的语言和图形等信息表达形式，帮助人类更快地进入数字时代。"② 信息作为构筑人类生存世界的三大要素（物质、能量和信息）之一，在久远的史前时代就开始扮演着非常重要的角色。信息的记录和传播在人类合作与交往过程中起着举足轻重的作用。所以，语言文字的发展、造纸术印刷术的发明几乎可以成为标称人类文明程度的关键考量。

比特的出现，就是信息存储和传播形式发展的历史必然，就是以数字化手段改变了信息存储和传播方式。"互联网技术包括网络基础设施、通信协

---

① 〔德〕迈克尔·海姆：《从界面到网络空间：虚拟实在的形而上学》，金吾伦、刘刚译，上海科技教育出版社，2000，第79页。
② 郭为：《数字化的力量》，机械工业出版社，2022，第15页。

议、网络安全、移动互联网等。这些技术使得人们可以在全球范围内自由交流和共享信息。"文字、图片、语音、视频等信息形式不断被信息化手段所复刻，并以数字的形式，即"1"和"0"的计算机语言存储下来，并在网络上传播。

四　虚拟现实概念的出场

虚拟并不是虚空或空无，而是通过数字化手段，对真实世界的描摹，是让比特取代原子直面人类，让比特构筑的表象世界或现象世界为人类所感知和理解。虚拟是不具备野心和欺骗性（相对于人的感官而言）的，是不急于把自己打扮真实的，它止步于赛博空间对真实世界的映射。比如，动画和游戏，就像虚构类的书籍一样，不怕你知道它是虚构或虚拟的。

而虚拟现实则要比虚拟更进一步，它不光要对真实世界进行描摹，还企图复刻、修饰和再造真实世界，以达到乱真的地步，是比特对原子的安排和支配。它指向人的沉浸式、即时性、交互化的体验。1968 年，伊凡·苏泽兰因提供一套带跟踪器的头戴式显示系统而被誉为"虚拟现实之父"。1984年，VPL 公司的杰伦·拉尼尔首次提出"虚拟现实"的概念。

虚拟现实之后，理论和实践不断推进，在进步理念和资本精神的鼓动之下，不断拓展着虚拟世界的疆域，大有吞并甚至取代真实世界之势。至少在伦理反思和忧患意识的哲学出场与在场之前是如此。

虚拟现实最早可追溯到 20 世纪上半叶。1929 年爱德华·林克（Edward Link）设计出用于训练飞行员的模拟器；1956 年 Morton Heilig 开发出多通道仿真体验系统 Sensorama。虚拟现实的概念也从 1984 年杰伦·拉尼尔首提的虚拟现实（VR，Virtual Reality），先后经历增强现实（AR，Augmented Reality）和混合现实（MR，Mixed Reality）而发展到扩展现实（XR，Extended Reality）。

虚拟现实是通过头戴设备模拟产生包括声音，图像及其他人体能够感受到的媒介的一种技术，通过这些媒介能创造出一个虚拟世界，这个虚拟世界可以是对真实世界的模拟，也可以完全来自虚构和想象。虚拟现实能让用户得到沉浸式的体验，身临其境地生活、工作和娱乐在无穷无尽的虚拟场景中。但是这种体验是孤立的，需要通过不透明的眼罩隔绝真实的环境。

增强现实是通过实时地计算摄影机影像的位置及角度并添加相应图像，

将真实世界信息和虚拟世界信息"无缝"集成的技术，它可以在真实环境中增添或者移除由计算机实时生成的可以交互的虚拟物体或信息。比如测距仪和 AR 游戏，用户可以通过手机屏幕在拍摄画面中增加虚拟物体或信息，实现虚拟和现实画面的结合。与 VR 设备不同的是，AR 设备需要看清真实世界。可以叠加信息，但是无沉浸感。

混合现实通过在现实场景中呈现虚拟场景信息，从而在现实世界、虚拟世界和用户之间搭起一个交互反馈的信息回路，以增强用户体验的真实感。它提供与现实相匹配的沉浸感，兼顾虚拟世界的灵活性与真实世界的可靠性，而且支持即时交互。

扩展现实通过计算机技术和可穿戴设备产生的一个真实与虚拟组合的、可人机交互的环境。扩展现实通过增强现实（AR），虚拟现实（VR），混合现实（MR）的融合，涵盖从通过有线传感器输入的虚拟信息到完全沉浸式的虚拟世界，为体验者带来虚拟世界与现实世界之间无缝转换的沉浸感。

前述虚拟现实系列技术指向人的体验，主要借助头戴显示器和手柄，实现沉浸式体验，应用场景主要在娱乐、教育和培训等领域。而数字孪生技术则是通过数字模型和传感器数据，实现物理系统的数字化仿真，以实现物理系统的预测、优化和控制，主要应用于工业、制造业、城市规划等领域。

数字孪生源于美国，由密歇根大学教授迈克尔·格里弗斯于 2002 年首提。"他在一篇文章中首次提到'Digital Twins'，并认为通过物理设备的数据，可以在虚拟（信息）空间构建一个可以表征该物理设备的虚拟实体或子系统"[1]。电影《钢铁侠》里，斯塔克设计、维修和优化战甲时的虚拟化模型即为数字孪生技术，通俗地讲，就是现实世界的物体、系统以及流程等在虚拟空间的实时映射，是一个数字化的"克隆体"，其最重要的特征是虚实映射。通过对物理实体构建数字化模型实现的这种双向映射，为信息物理系统（CPS，Cyber-Physical System）的建设提供了技术基础。数字孪生可以说是实现 CPS 的最佳系统。"CPS 的目标就是实现虚实融合，把人、机、物互联，将物理世界和虚拟世界彻底融合于一体，通过大数据分析、云计算、人工智能等数字技术在虚拟世界仿真分析和预测，以最优的结果驱动物理世界的良性运转。"[2]

---

① 郭为：《数字化的力量》，机械工业出版社，2022，第 18 页。
② 郭为：《数字化的力量》，机械工业出版社，2022，第 20 页。

早在数字孪生技术之前，互联网和社交媒体的发展分别将信息和人数字化了。尤其社交媒体的发展，令我们沟通、分享信息、发布状态，以及与他人联系的方式发生了深刻的变化，数字媒体成为我们生活中不可或缺的一部分，微信、QQ、Facebook、YouTube、WhatsApp 等全球各大平台每天活跃用户累计达数十亿人。这些社交媒体在智能手机上运行，使人类行为和关系受制于算法的力量，某种程度上已经把人数字化了。有些数据分析进行的用户侧写显示，令社交媒体平台甚至比消费者自己更了解自己。在如今的数字化生活之中，一个终端在手，几乎可解决所有问题。

鉴于此，很多企业设计产品和服务、运营流程和管理方式、业务模式和市场策略时，都是基于数字化生存世界的条件进行的，都是以比特世界为中心进行思考的。这让数字孪生走向数字原生，订阅式、点播式成为主要形态，数据要素不断积累，并不断转化为生产要素，通过后台计算进一步优化用户体验。至此，信息、人类自己和原子世界的其他一切，都在不断地数字化。数字化生存世界的疆域不断扩展，数字化程度不断提高，一切变得可计算了。

（作者单位：上海商学院）

数字化生存：两种宇宙观同在

李秀辉

我们正进入一个数字化生存的时代，同时也打开一个新的宇宙观。在这一转型时期，物质世界的"原子"宇宙观和虚拟世界的"比特"世界观同时存在。只有从宇宙观层面做好思想准备，才能更好地适应和融入数字化世界。

一　何谓宇宙观

宇宙观，也称世界观，根据《现代汉语词典》，宇宙观是人们对世界的总的根本的看法，是对客观世界认知的最为宏大的叙述。从社会角度而言，宇宙观是特定时期的社会成员对于其所处社会及其制度的一种总体性观点。康德曾说"有两样东西，我们愈经常持久地加以思索，就越有新奇和强烈的赞叹与敬畏充溢我们的心灵：就是我们头顶的星空和我们内心的道德律。"人们自古以来就对客观世界和宇宙奥秘充满了好奇，形成了不同的宇宙观。外在世界和宇宙是客观存在的，但物质到底如何存在于时间和空间之中，这种认识和观念的形成则要取决于不同时代人类意识的发展水平，如哲学认识论和科学技术等。世界是客观存在的，但是人们认识世界的世界观和宇宙观则存在很大的主观成分，受制于时代哲学思想和科技水平的客观条件。可以说，宇宙观就是不同时代的人们借助于认识工具对客观的物质世界的不断认知，是一个对客观事实不断接近的动态变化过程。在特定时代的具体社会中，不同阶层的人们受制于其社会地位和教育水平，会有着不同的观察和思考问题的角度，也就会形成不同的世界观和宇宙观。物质与时空关系的基本问题是不变的，但是具体到不同时代的不同社会阶层则有可能呈现出不同的宇宙观，这是人类的宇宙观的复杂之处。

从远古开始，人类对于所处的世界和宇宙的起源、发展就有了好奇，并试图以神话或者宗教的方式进行解答，东西方皆是如此。各大文明不同的造世说可以看作宇宙观的萌芽，中国的盘古开天地与西方的上帝创造世界，体现了西方以宗教为基础的宇宙观，中国则形成了基于五行运行的天人合一的宇宙观。近代科学的兴起为新的宇宙观提供了新基础，正如最早的科学脱胎于哲学，宇宙观的理论支撑也在进入现代之后从宗教和哲学转移到了科学。"随着三个世纪以来现代科学发展而产生的宇宙故事，将被认为是人类取得的最伟大的成就，是科学献给人类的厚礼，与以往伟大的宗教启示具有同等重要的地位。"① 近现代的科学发现不断刷新着人们对于世界形成和宇宙运行的认知，科学和哲学成为探讨宇宙观密不可分的两条主线。近代科学的发展根源于西方将人与自然主客二分的朴素宇宙观，并用理性思维对后者进行研究的传统。从亚里士多德的时空理论到托勒密的地心说，再到哥白尼的日心说，以及牛顿的经典物理学，决定和影响了不同时代的宇宙观。科学理论和宇宙观的不同在于，随着认知的发展，一种科学理论能够替代另一种科学理论，一种理论假说能够证伪另一种理论假说，但是不同科学理论所支持的宇宙观却可以并存，因为即使"过时"的科学理论支持的宇宙观仍能在一定范围和领域里影响人们的观念和行为。例如地心说和日心说都被证明存在很大的时代局限，但是若以地球或者太阳系为原点构筑时空理论框架，地心说和日心说能够提供很好的科学指导。这也是不同的宇宙观能够在同一时代共存的原因和依据。科学理论是以不断被证伪而向前发展的，但宇宙观却记录了不同时代人们对于世界和宇宙的认知方式，即使是神话和宗教依然能为每个时代的人提供慰藉。

1. 宇宙观与人的关系

宇宙观与人有着密切关联，它很大程度上决定了人们的行为方式。人类对宇宙的认知经历了从蒙昧到开化，从感性膜拜到理性认知的过程。对于所处宇宙是什么？人类认知的过程可以分为两个阶段，一是借助于宗教仪式和

---

① 〔美〕大卫·格里芬编《后现代科学——科学魅力的再现》，马季方译，中央编译出版社，2004，第 72 页。

神灵崇拜等方式来理解自然的蒙昧阶段，二是依赖于逻辑思辨和理性思维等方式来解释和改造自然的开化阶段。当然，这两种方式并不完全对立，在大部分时期会同时存在，并不同程度影响人们的观念和行为。

我国的神话故事，如盘古开天地和女娲补天等，是对天地宇宙形成最早的认知。我国古人对宇宙的认知主要包括盖天说、浑天说和宣夜说。盖天说也叫"天圆地方说"，虽然有些简单，但对古代的观念和文化产生了巨大影响；东汉天文学家张衡的"浑天说"认为天就像鸡蛋的蛋白包裹着蛋黄一样包裹着地；宣夜说则认为自然和各天体都漂浮在虚空和气体之中，天体都是由气体组成的。成语"杞人忧天"其实就是宇宙观影响人的行为方式的最好例子。

古希腊认为世界最初也是一种混沌虚无的状态，在光中诞生了大地之母盖亚以及其他诸神，盖亚生下第一代泰坦，泰坦的后代普罗米修斯用泥塑人，雅典娜赋予泥人生命。在神话和宗教之外，泰勒斯认为水是构成宇宙的主要元素，其他一切都源于水；赫拉克利特认为"火"是世界本原；阿拉克西米尼认为"气"是世界本原以及阿拉克西曼德认为的"无限"等；毕达哥拉斯学派认为"数"是万物本原，德谟克利特认为万物始基是原子和虚空，包括灵魂。古希腊哲学家以简单的方式解释宇宙及其本原，这也导致他们在行为方式上过于简单地了解这个世界。

2. 宇宙观与国家民族的关系

宇宙观不仅与个人有密切关系，而且与国家民族具有关联。从历史演变来讲，中西方宇宙观都经历了从蒙昧到开化的过程，但横向比较，中西方宇宙观存在很大的差异。简单说来，中国人的宇宙观是一种主张"天人合一"的有机整体论宇宙观，西方世界的宇宙观则是一种"主客二分"的机械综合论宇宙观。通过比较这两种宇宙观，我们可以发现宇宙观在国家治理和民族性格等方面的重要作用。

中国人的宇宙观是一种时空观，人与天地万物共处同一时空的"天人合一"的宇宙观。这里的"天"既是指大自然的天道，又是指义理性的天命。天人合一既是指顺应自然规律，达到物我合一，又是指提高内在修养，达到与道相通的境界。"天人合一"的宇宙观一直是指导中国人认识世界的主要思维方式，无论是儒家还是道家，讨论的都是以"天人关系"为核心的问题。在协调人际关系和构建社会秩序上，"天人合一"的宇宙观更是在传统社会中发挥了重要作用，特别是儒家成为历代统治者所推崇的正统价值规范。从天人感应说，到汉唐的自然论以及宋明的"天理"，成为国家治理的重要手段。在"天人合一"的宇宙观指导下，传统社会论证了其等级秩序的合理性，形成了大一统的政治秩序。天人合一，君天一体，君权天授，保证了君主专制政权的合法性和合理性，个人通过融合于阶层和阶级进而与天融合，个人道德价值成功地与社会整体利益相协调。"天人合一"宇宙观在维护社会稳定和国家治理上发挥着重要作用。

西方"主客二分"的机械综合论宇宙观强调的是"物我两分"和"征服自然"，世界被看作一个由各部分按照一定规律组合成的综合体。他们认为物质和精神是对立的，人与自然之分和天人之别是其宇宙观的主要内容，自然被看作改造、征服和利用的对象。无论是在宗教还是在哲学上，西方宇宙观"分裂"的特征都得到了明确体现。即使是上帝也与人割裂，上帝与人确立的是一个"约"，以此为基础形成西方的信仰和宗教体系。也形成了在社会整合方式和政治权力架构上的神权与君权的分立，国家的治理结构和方式必须借助于神权、受制于神权。这种分立的模式也影响了西方近现代社会的政治体制。将自然看作被征服和改造之物的宇宙观虽然有利于西方社会在自然科学研究领域取得长足进展，同时也决定了西方文化基因中扩张和征服的民族性格。不同于在中国古代以农立国的自然条件以及"天人合一"宇宙观的基础上形成的"内卷式"民族性格和行为方式，西方以海洋为主的自然环境使得他们具有不断向外扩展和征服的欲望和冲动，很大程度上改变了近现代世界的政治和经济格局。正是中西方不同的宇宙观指导，加上不同的地理环境和历史机遇等因素，造就了中西方不同的国家组织形式和民族性格等。在近现代数次全球化浪潮中，不同的宇宙观也产生了碰撞和融合，当前无论是政治制度还是民族文化的冲突，归根结底还是宇宙观的冲突。在这一背景下，更能凸显出我们建设人类命运共同体理念的可贵和必要。

二　牛顿定律的"原子"宇宙观

宇宙观经历了一个从古代到现代的演变，虽然中西方宇宙观存在巨大差异，但随着科技革命以及历次全球化的融合，进入现代社会处于主导地位的是牛顿的机械论宇宙观。在"地心说"和"日心说"之后，牛顿的机械论宇宙观为现代世界提供了宇宙观基础。"到17世纪，牛顿开辟了以力学方法研究宇宙学的新途径，形成了经典宇宙学。随着天文学的发展，旧的认识被新的认识所替代，日心地动、椭圆轨道和万有引力成为近代宇宙观的最根本内容。"① 虽然现代物理学的相对论和量子力学深化了我们对宇宙的认识，但在现代社会日常生活的思想观念和行为模式的影响方面，牛顿的机械论宇宙观仍处于主导地位。

1. 牛顿的机械论宇宙观

1687 年牛顿发表《自然哲学的数学原理》，标志着科学物理学和经典宇宙观的诞生，牛顿在其中对"力"作了新的定义，开辟了用力学定义宇宙观的新方法。牛顿的机械论宇宙观有两个重要支点：粒子和"力"，宇宙的构成和运行的一切都基于粒子及其之间力的相互作用。牛顿将物质看作粒子，是受古希腊"原子"论影响，并在数学和物理学上将其看作质点。在《光学》中，牛顿这样阐释物质和粒子以及力之间的关系："在我看来很可能上帝最初就将物质创造成致密、具有质量、坚实、不可穿透和能运动的粒子，并使它们具有这样的大小和形状，以及这样的一些其他性质，占有这样大的一部分空间，以便最适合于实现他创造它们的目的。这些原始的粒子是致密的，比它们所组成的任何多孔物体都要坚实得多，以至于决不会磨损或破碎，没有一种普通的力量能够将上帝在创世时亲手所创之物分割开来。"②

粒子相互作用所处的宇宙在他看来是三维的经典欧几里得几何空间，这是一个始终静止和绝对不变的绝对空间，而时间也是绝对的一维时间，其均匀地流逝而与外在的物质无关。牛顿提出了抽象的绝对时空：绝对时间和绝对空间都是均匀的和无限的，时间均匀地流逝，空间保持着相似和不变。物质的粒子在物理学上被抽象为质点，在绝对空间中，质点运动状态的改变是由引力导致的。根据牛顿运动方程，只要知道了其初始条件，宇宙中任何物体的运动状态就是确定的，这是其被称为机械决定论的重要原因。小到细微的原子，大到宇宙中的天体，其运动轨迹都可以被计算出来，宇宙就是一个巨大的机械系统，牛顿发现了它的运行规律。

牛顿的绝对时空观及其机械论宇宙观从 17 世纪开始在所有科学思想中占据统治地位，但其弱点在于如何解释初始条件的设定，就是所谓的"第一推动力"是如何来的？牛顿借助其信仰的"自然神论"，认为上帝是这种

① 刘静妍：《人类宇宙观述评》，沈阳工业大学硕士学位论文，2009。
② 转引自崔甲武、丁显有《从物理学看宇宙观的演化》，《南都学刊（自然科学版）》2000 年第 6 期。

外来的"第一推动力"，世界在自然规律的作用下运转，但这一切都是神的创造。牛顿的经典物理学和机械宇宙观最终的落脚点诉诸宗教的唯心论，这确实是有些奇特的。无论如何，牛顿的绝对时空观和机械宇宙观统治了几百年，至今仍有强大影响力。

2. "原子"世界的行为模式

牛顿的机械论宇宙观是借助逻辑思辨和理性思维认识世界的开化阶段的重要节点，一脉相承于西方世界的"原子"的宇宙观传统，是宇宙观与现代科学特别是经典物理学结合的重要产物。怀特海在《过程与实在》中说："我之所以如此冗长地引用牛顿的诠释，是因为这些文献构成了人类的宇宙学假说中最清楚、最确定和最有影响力的陈述。"[①] 正是因为如此，在现代科学技术改变人们的生活方式的同时，牛顿的宇宙观也深刻改变和影响着人们认识世界的方式。科学带来的不仅是技术和经济的日新月异，而且在宗教、政治、哲学和艺术等方面也带来了革命性变化。

在牛顿式的"原子"世界中，万物都严格地遵循因果关系，世界是按照绝对和固定的规律运行的。世界是一个结构精巧却又非常复杂的体系，人们可以观察到这个体系的运行，但该体系却不受观察结果的影响。"原子式"世界是有秩序、有规律的静态系统，其规律是客观、稳定和不变的。基于机械论的主客二分法，客观世界的规律可被发现、可被预测并可被利用，是人们观察和认知的对象。人可以通过理性掌握科学技术，利用规律和秩序来掌控一切，凸显人的主体性。面对这样的世界，数学成为认识和描述可测量和可观察的客观世界的基础学科工具，可以准确简洁地表达出其线性的因果关系。这同时也为社会科学，特别是经济学，提供了线性序列性、因果预测性和规律普遍性等方法论基础。"结合他的原子论，就表明牛顿不自觉地和他那时代的经济和社会世界是相调和的，在这个世界中，每个人在各奔前程的状况下所从事的个人事业，正在取代晚期古典时代和封建时代各人自知身份时的固定教阶秩序。"[②]

在"原子"世界中，人们的认知方式和行为模式是人们通过学习科学知识和逻辑思辨来尽量客观地理解和评价这个世界，通过制定规则和形成组

---

① 〔英〕阿尔弗雷德·诺思·怀特海：《过程与实在》，杨富斌译，中国城市出版社，2003，第130页。
② 转引自肖巍《自然的法则：近代"革命"观念的一个解读》，复旦大学出版社，1998，第214页。

织来预测和应对世界的各种变化。所处的社会是人与人的关联和作用的整体，我们将其划分为不同的领域，经济、政治、文化等不同的层面和部分，对其加以认知和处理。同时，社会等级的划分和社会结构的稳定及其管理和控制是社会运行的主要机制，个人处于等级之中并遵循符合自身认知和角色的行为模式。也许，我们所生活于其中的并不是一个客观的世界，而是一个思想家和宇宙观所塑造的世界。具体而言，"原子世界，人的行为发生主要依赖于经验、习俗和惯例等"①，我们分别从这三个维度进一步展开分析。

3. 原子世界人的行为准则之经验

经验是指从实践中获得的技能或者认知，主要来自一个人的亲身经历，也可通过别人的经历总结经验。在哲学层面，经验是人们通过直接接触客观事物以感觉器官获得的对客观事物的现象及其相互关联的认知。经验是"原子"世界行为方式的重要准则，经验是指向过去经历的总结，契合于"原子"世界运行规律不变且可以被认知并利用的特性。同时，从世界的行为准则角度来看，经验尚属于个人的微观层面的感性认知，虽然能在一定范围内起作用，但仍然需进一步扩展和提炼。

在原子世界，人们的认知能力难以把握物自体的完整信息，经验是人类试图靠近物理世界"真相"的原始努力和初级方式。无论是出于人性自身还是路径依赖，人总是依赖于经验作为行动指南，习惯性地用之前的经验指引以后的行为准则。经验能够使人从过去行动结果的成功中总结提炼出应该怎么做的标准，也能够从其失败中学习不能做什么。对具体的个人而言，不仅要从自身的经历中总结和提炼，还要从别人的经历和经验中获得素材和结果。随着阅历和时间的增长，经验的积累是逐渐变化并趋向成熟的，这种变化从积极的角度来说，可能是更加接近了客观规律，因而更加具有指导意义。从消极角度来说，则可能是由于具体客观条件和场景的差异和变化而不得不调整经验，这也说明经验在指导行为上的局限性。

依赖于经验，人们可以在原子世界中进行基本的知识积累。经验能够通过直接接触客观事物进行感性的经历总结，是人类实践和认知的初级阶段，需要加以提炼才能上升为阅历和知识。从方法上讲，经验属于总结归纳式的，其适用范围是之前经历过的或者类似的场景，特别契合于时空变化不大的以牛顿机械论宇宙观为基础的原子世界。哲学中经验主义的认识论就是将

---

① 张雄：《"数字化生存"的存在论追问》，《江海学刊》2022年第4期。

经验观察作为人类认识和知识的基础，而牛顿是英国经验主义哲学的领军人物，这是有内在的必然逻辑的。随着经验的深化和系统化，人类的认知才能上升到知识的层次，同时，在所学知识的指导下进行实践和验证，获得更高层面的经验。个性化的经验和普世性的知识在实践中相互印证，能够更好地提升人们把握原子世界规律的能力。经验作为指导行为的准则，其短板也在于其感性化和个性化，在适用性上比较片面，适用的范围也比较狭小。过于依赖于经验的人，容易将狭隘的个人经验和局部经验误认为放之四海而皆准的普遍真理，难以做到具体问题具体分析。正因如此，我们要客观地认识和评价经验在作为原子世界人的行为准则上的积极作用，它是一种基础的和初级的认知方式，同时也存在一定的局限。

4. 原子世界人的行为准则之习俗

如果说经验是"原子"世界个人微观层面的行为准则，那么习俗就是经验积累上升到共同体层面的非制度性行为准则和行动约束。习俗是某个群体所形成的风俗习惯，是集体形成的以非制度性传承的风尚和习性等，可以说是经验在共同体层面的形式及其传承。经验是个人有意识习得并加以总结的，而习俗，在原子世界中，往往是在人的成长过程中由其所处的社会环境自然而然地赋予的，属于默会知识的范畴。习俗在潜移默化中维系着共同体的运行和发展，连接着共同体中的个人和不同共同体所形成的原子世界。

在"原子"世界中，人并不是完全的原子式个人，而是生活在各种共同体中，习俗就类似于一种黏合剂，通过对习俗的不自觉遵循，个人融入于共同体，进而融入社会和其所处的世界中。习俗是一种非常典型的社会生活形式，是个人形成集体纽带和共同感觉的重要方式，成为群体日常生活的重要组成和特征。如果说经验是直接的和总结性的，那么习俗则是间接的和继承性的，在个人形成理性和反思习惯之前就已经融入其行为模式之中。有些习俗传承已经如此久远，以致难以说清其形成的缘由与作用。这种不问缘由融入血脉的属性使得习俗具有神圣的意义。"神圣事物是神秘的、可怕的且令人不安的，我们必须拉拢它，和它协商；而习俗就具有这种功能。习俗对于日常生活，就像仪式对于严格意义上的宗教生活一样。"[1] 习俗的这种神性源自它是社会伦理性和集体感受性的表达，高于日常生活的维度，因而能

---

[1] 〔法〕米歇尔·马费索利：《部落时代：个体主义在后现代社会的衰落》，许轶冰译，上海人民出版社，2022，第 20 页。

够潜移默化地指导人们的日常行为方式，成为个人之间交流联系的连接方式，也是个人与更高维度的具体的和抽象的主体进行连接的中介。

习俗作为原子世界人的行为准则，也具有自身的特点和局限性，它是特定的社会和民族涉及范围内共同遵循的传统和习性，形成了传承性、区域性和变迁性等特点，对特定范围的特定成员具有指导和约束作用，也就是说其作用范围是有限的。就其作用而言，由于其自发性和传承性，习俗在指导人的行为方式的同时，也禁锢了人们的思维和行动，特别是对于其形成缘由和适用环境已不可考的习俗，可能在之后的时代中已经失去了指导意义，但人们仍盲目遵循和使用。虽然随着社会不断变化，习俗也会有所变化，但往往存在很长的时滞，往往是产生严重的教训和后果才会警示共同体，并对习俗做出改变。即便如此，习俗也是原子世界人们非常重要的行为准则，人们借此融入共同体，进而融入世界。

作为原子世界人的行为准则，习俗会在一个共同体内部形成和传承，并不自觉地在社会伦理和集体意识层面形成一种非正式的社会规范，并在具体作用和实施过程中表现为惯例。"当一种习俗长期驻存之后，它亦会向习俗本身为其构成部分的作为一种社会实存的社会制序内部推进，从而'硬化'为一种'惯例'。"① 通常来讲，惯例是指常规办法和习惯做法，虽然没有正式的明文规定，但因为过去是如此做的，以后则可以照此办理，是"原子"世界另一个重要的行为准则。

作为习俗的具体化，惯例一旦形成，其在指导人们的行为上就具有规约性和程式化的作用，进而成为一种社会生活中人们不自觉地遵守的规则。虽然惯例是比习俗更加明确的约束，但仍然是一种非正式的基于普遍做法的规约，在程度上介于习俗和规则之间。虽然是非正式约束，但是基于特定社会环境中的某些准则的遵循和行为的预期，惯例在指导人们的行为方式上仍然具有非常强的影响力。在以绝对时空观为基础的原子世界，规律是比较固定的，变化也是微小的，显然过去规则的效果与行为惯例的实施和影响提供了合法性。对规则的遵循，不是法律的明确和强制规定，而是所处的社会环境下合适的行为习惯和常规行为，这是惯例指导人们生活的基础逻辑。惯例是"在人们的社会生活和交往中（尤其是在市场经济的运行过程中）较长时间

---

① 韦森：《社会制序的经济分析导论（第 2 版）》，上海三联书店，2020，第 259 页。

驻存并对人们的行为有较强约束、规制与控制力的一种显俗。"① 这也决定了惯例不仅在传统社会的运行中起作用，而且在以市场经济为基础的现代社会同样发挥重要的作用。作为半正式化的规则约束，惯例更加广泛和有效率地规制市场参与者，为他们传递确定信息以及预期。正因如此，在惯例的支持下，市场竞争才不会导致混乱无序，在经济秩序出现问题时，惯例还能够为争端的解决提供裁决依据，甚至很多法律法规都是以惯例为基础形成的。在其发挥传统指引作用的同时，惯例本身也是不断变迁的，但同样存在滞后性。

从微观层面的经验，到共同体层面的习俗，再到更为具体的惯例，是人所生活其中的社会和世界的秩（制）序形成的过程，因而也是人的行为准则的三个最主要的维度。"在作为人类'生活世界'（Lebenwelt——这里借用胡塞尔的一个概念）之'生活形式'的社会制序内部，无论是在人类历史上的任何一个文明社会中，还是在当代任何一个社会的即时即地，均实际上进行着或者说发生着从个人的习惯到群体的习俗，从习俗到惯例，从惯例到法律制度这样一种动态的发展行程。"②

三　熵的定律与人类"比特"宇宙观

从 20 世纪开始，随着虚拟现实技术的发展，特别是现代传媒通信技术和计算机拟真技术的突破性发展，21 世纪的人类正加速进入数字化生存世界，我们迫切需要认识和建立的是"比特"构造的宇宙观。比特是数字化计算的基本粒子，以其为基础构造的宇宙观是以 20 世纪出现的熵的定律为底板的。"在今天，一种新的世界观即将诞生，它最终将作为历史的组织机制取代牛顿的机械论世界观，这就是熵的定律，它在今后的历史时期将成为占据统治地位的模式。"③ 基于熵的定律产生的"比特"宇宙观是对以牛顿定理为基础的"原子"宇宙观的替代，同时二者在很大程度上共存于当前的数字化生存世界。

---

① 韦森：《社会制序的经济分析导论（第 2 版）》，上海三联书店，2020，第 270 页。
② 韦森：《社会制序的经济分析导论（第 2 版）》，上海三联书店，2020，第 297 页。
③ 〔美〕杰里米·里夫金、特德·霍华德：《熵：一种新的世界观》，吕明、袁舟译，上海译文出版社，1987，第 3 页。

1. 作为一种宇宙观的熵

"熵"（Entropy；Entropie）指的是不能再转化为做功的能量的总和的测量单位，由德国物理学家鲁道夫·克劳修斯在 1865 年发表的《论热的力学理论中的主方程之几种适于应用的不同形式》中提出，之后用于系统混乱程度的度量。熵值越大，表示有效能量是完全的耗散状态，混乱程度也是最大的。熵的定律，即热力学第二定律，认为能量是不可逆地从有效的状态转化为无效的状态，从可被利用转化为不可利用的状态。这一定律不仅适用于地球，而且适用于整个宇宙，整个系统就是从有序不可逆地变为无序状态。熵定律的发现使人们的宇宙观发生了转变，基于熵定律宇宙观，人们开始反思机械论宇宙观的局限，并重新审视社会生活的各个方面。

熵的定律对西方产生广泛社会影响的标志是 1972 年《增长的极限》一书的出版，其对二战之后工业增长和社会发展的模式进行了反思，提出增长的极限是什么？是否能够持久？在关注经济增长和社会发展问题之外，里夫金和霍华德的《熵：一种新的世界观》将熵定律的运用推广到政治学、哲学、心理学以及各领域，提出经济增长和社会发展的代价是能源的耗尽，指出历史是一个不断消耗和衰退的过程。这其实也批判了牛顿宇宙观认为宇宙是建立在和谐、秩序和统一性的基础上，客观现实的井然有序只是假象，客观规律并不具有可预测性。"熵定律摧毁了历史是进步的这一观念，熵定律也摧毁了科学与技术能建立起一个更有秩序的世界的观念。"[1] 主观和客观之间并不是简单二分的，客观也不是固定的静态研究对象。针对此，普利高津提出了复杂性的概念，"复杂性意味着现实是网状的，由多种交互作用的要素组成，观察者处于这一网络之中而非网络之外。这样知者与被知者便交织在一起，客观性被赋予某种主观意义。"[2] 这也意味着主观是融于客观的，主观的观念和行动会改变客观的环境和规律，导致其难以准确地认知和预测。"牛顿的宇宙观只有在一种封闭的、机械的系统条件下才能实现。1977年诺贝尔化学奖获得者普利高津，以自组织和耗散结构理论创建了一种新的宇宙秩序观，认为'涨落导致有序'，自组织系统因其开放性而成为具有不确定性和多重选择性的耗散结构。"[3] 在复杂情境中，任一内在要素和外部

---

① 史风华：《阿恩海姆美学思想研究》，山东大学出版社，2006，第 206 页。

② 冯震、王红宇：《超前性教育改革实验与未来教育研究》，四川教育出版社，1998，第 154 页。

③ 母小勇：《后现代高等学校课程研究》，福建教育出版社，2011，第 155 页。

干扰都会对复杂网络产生多重影响，其结果往往是无序多变的。

基于熵定律的宇宙观认为，宇宙的构成主要有三部分：物质、能量和信息，而信息是宇宙运行和进化的主要推动力量。"信息的宇宙论不是存在的宇宙论，而是偶然事件的宇宙论。"① 信息的基本单位是比特，所以，信息的宇宙观就是比特的宇宙观。以熵的定律为基础，形成了适合数字化生存世界的人类"比特"宇宙观。

2. "比特"世界的行为模式

从网上冲浪到移动支付，再到智能驾驶，我们的世界越来越数字化和智能化，如何适应和习惯数字化生存是个重要的时代课题。"数字化生存"指的是以计算机、互联网和数字通信技术的发展为基础形成的人类新的生存方式，涉及经济、社会和文化等多领域的数字化。数字化的基础是以"比特"为基本单位的信息的传递，因而把握数字化生存要从"比特"的作用和影响开始。"比特没有颜色、尺寸或重量，能以光速传播。它就好比人体内的DNA 一样，是信息的最小单位。比特是一种存在（being）的状态：开或关，真或伪，上或下，入或出，黑或白。"② 虽然没有大小和重量，但是"比特"的数字化运动改变了人类所生活的世界，也相应改变着人类在其中的行为模式。

要了解数字化生存的价值和"比特"世界的规则，就要比较"比特"和"原子"的差别和关联。比特本身就是一种存在，一种不同于"原子"的存在，以此为基础构成了不同的宇宙观和方法论。"比特与原子遵循着完全不同的法则。比特没有重量，易于复制，可以以极快的速度传播。在它传播时，时空障碍完全消失。原子只能由有限的人使用，使用的人越多，其价值越低；比特可以由无限的人使用，使用的人越多，其价值越高。"③ 比特的运动借助于计算机、互联网和卫星技术等构造出一个独立于现实世界的虚拟世界，信息的交换、精神的意象和体感的模拟是"比特"世界宇宙观的主要形式。"值得重视的是，比特的传播与复制超越了物理时空，构造了第二'灵与肉交互感应'的生存空间，充分体现了人的生命之流的冲力。这

---

① 〔德〕韩炳哲：《非物：生活世界的变革》，谢晓川译，东方出版中心，2023，第4~5页。
② 〔美〕尼古拉·尼葛洛庞帝：《数字化生存》，胡泳、范海燕译，电子工业出版社，2017，第5页。
③ 〔美〕尼古拉·尼葛洛庞帝：《数字化生存》，胡泳、范海燕译，电子工业出版社，2017，第51页。

里不仅是存在决定思维，思维也在构建新的存在。"① 在原子世界，人的认知只能尽力地去靠近物自体，但在比特世界，人不仅可以最大程度地接近和再现客观世界，而且能够构建一个全新的虚拟世界，精神世界和物质世界之间的界限开始模糊。这种情形实质上已经内含于熵定律的特质中，熵定律虽然适用于时空中的物质世界，但并不能统治超然的精神世界，精神世界是非物质的。"物质世界与精神世界的关系，就是部分与整体之间的关系：部分在无涯的整体中展开。熵定律制约着时空世界，却反过来又受着孕育这一定律的原始精神力量的统治。"②

从 3D 打印到 AI 技术，再到虚拟现实技术，人的意识和观念不再是原子世界的模拟，而是比特世界的创造，甚至是其"第一推动"。"比特"世界本质上为人类不断追求的自由精神的实现提供了某种可能，为人们的自由表达、自由交往和自由创造提供了一个不同维度的平台和空间。在"比特"世界中，人的认知方式和行为模式从模仿转变为创造，从学习转变为表达，不断构造虚拟的新世界，同时改造物质的原子世界。简而言之，"比特世界所带来的行为发生学原理，却侧重于直觉、想象、创意等因素的驱动。"③我们也分别从这三个维度进行展开。

3. 比特世界人的行为准则之直觉

直觉指的是没有经过充分逻辑推理的直观感觉，直觉的形成是以人的已有的知识和积累的经验为依据的，并不单纯是一种天赋能力。在哲学上，直觉被认为是一种认知的方法或者手段，一种未经理性分析的自发性认知和感性直观。直觉是与分析的理性相对的基础性认知方式，与经验有着直接的内在关联。直觉是快速的理解和瞬间的东西，并不听命于意志和理性，它与经验、习惯、文化和教育等相关。"直觉，就是人们下意识地对多重可疑指示物的信息进行整合的过程。"④ 直觉是"比特"世界行为方式的基本原则，在以信息过剩和知识爆炸为根本特点的互联网时代，直觉为个人提供了快速做出判断的能力，适合"比特"世界瞬息万变的资讯交流和数字化生存世界的生活节奏。

比特世界中，比特的高速传输使得个人主体接受的信息量空前放大，给

---

① 张雄：《"数字化生存"的存在论追问》，《江海学刊》2022 年第 4 期。
② 史风华：《阿恩海姆美学思想研究》，山东大学出版社，2006，第 207 页。
③ 张雄：《"数字化生存"的存在论追问》，《江海学刊》2022 年第 4 期。
④ 糜玲编《不止于理性》，上海交通大学出版社，2020，第 89 页。

个人主体带来越来越多的新奇体验，人们需要在信息读秒中进行体验、刷新经验和做出判断。在这种社会情境中，具有迅捷性和直接性，并诉诸本能意识的直觉思维方式就成为比特式个人行为准则的不二之选。直觉思维依赖于经验却不固化于经验，它跳出了固定逻辑准则的约束而直接体验情境本身并从中体悟事件本质，适合于不断变动和刷新的场景流变。比起逻辑分析，直觉思维能够快速反应，不需要经过意识的控制，可以迅速做出决策。依赖直觉做出的选择在行为的效果和影响上，通常来说还是比较准确的，因为直觉所依赖的是之前储备的经验和知识。在对有限的经验知识进行组合基础上，直觉还能进行创新性思维和创新性领悟，在对事物进行直观推想的同时，能对事物变化的规律性进行推测和总结。相比于逻辑分析，直觉起作用的场景更适合于依赖经验对新的情境和事件做出迅速判断的情况。在信息不断冲击和空间不断叠加的作用下，直觉能够在比特世界做出较为准确的判断。

比特世界的体验方式是直观的图像和立体的形象，是一种身临其境的感官冲击。而直觉本身就是属于形象思维，能够根据事物的整体信息图景直接把握其内在本质和运行规律。"严格地说，直觉除想象之外别无所见，形象除直觉之外也无其他心理活动可以见出。有形象必有直觉，有直觉也必有形象。"[1] 直觉不同于与文字和语言关联的逻辑推理，是基于丰富的经验和知识，在某一时空情境中做出即时的抉择和行动。在比特构造的世界和宇宙观中，意象性、抽象性和思辨性是其哲学存在论的关键词，信息流变、精神意象和虚拟空间是该宇宙观的表达形式。直觉精准地契合于比特世界流变的体认、意象的把握和空间的驾驭，为比特世界中人的认知和行为提供了基础性准则。

4. 比特世界人的行为准则之想象

如果说直觉是基于经验和知识的无意识行为准则，那么想象则是对已有的记忆和认知进行更高级的创造。"想象是在头脑中对已有的表象进行加工改造，形成新形象的过程。它是一种高级的认知活动，是在记忆表象的基础上进行，以直观形式呈现人们头脑中具有形象性特征的表征，而不是语言符号。"[2] 想象与直觉的共同之处在于都是形象思维，适合在比特世界进行判断和行动，不同之处在于想象能够从个人已经积累的形象中提取出基本要素，通过新的组合构思创造出新的意象，是对形象的再创作。可以说，作为

---

①　朱光潜：《文艺心理学》，安徽教育出版社，2006，第 10 页。
②　李苇主编《影视欣赏心理学》，吉林大学出版社，2022，第 41 页。

行为准则的想象，在比特世界中，不是被动地反应和判断，而是主动地改变和创新。

比特运动所构造的信息空间和虚拟世界脱离了三维物理空间的束缚，构造了多维时空的共存和叠加，在这个第二生存空间中，存在决定思维的同时，思维更是在改变和创造存在。比特世界为存在提供了无限的状态和可能，想象获得了前所未有的重要性，想象不仅能改变虚拟的比特世界，甚至能够通过改变比特世界而改变现实世界。"从数字压缩到解压、从数字编码到解码，从虚拟图像到真实景观，如制造业和数字智能化结合，电脑中图像即可变成现实实体存在，如数字化 3D 打印，可以把视频中图形直接打印出物理世界的真实存在，甚至实现人体器官的打印与替代，'不怕做不到，就怕想不到'。"① 比特世界为想象提供了非常适宜的现实条件，形成想象的首要条件是大量的表象和体验的存在，它们为想象的进行提供了丰富的素材。在比特世界中，想象所创造的新形象的组合和叠加以及与现实世界的互动又为进一步的想象提供了素材，这是一个循环往复的正反馈过程。

在比特世界中，人人都是参与者和构建者，都是一个个的主体节点，通过想象和创造改变第二生存空间的设置和图景。不同于原子世界，比特世界通过提供无限的可能来改变和再造人们的想象，多维时空的叠加使得人们的想象素材和作用对象都获得了前所未有的扩展。"与现实世界的固定性不同，想象而成的虚构世界充满了各种各样的可能性、偶然性，从而为人类保留了体验多重生命的可能性。"② 在这种多重生命体验中，个人的感知和想象更深入地融入比特世界构造的共同体之中，这种想象的共同体不仅会影响比特世界的整体图景，也会改变现实世界的发展路径和状况。从这一角度来说，每个人都是通过想象和行动存在于这两个世界之中，整个社会共同体也是在这两种世界提供的不同宇宙观的叠加和互动中不断变化和发展。人们在通过想象存在于这两个叠加世界的同时，还通过创意改变着这两个世界的互动模式和发展轨迹。

5. 比特世界人的行为准则之创意

创意，即创造意识或创新意识的简称，是比特世界人最为重要的一个行

---

① 张雄：《"数字化生存"的存在论追问》，《江海学刊》2022 年第 4 期。
② 三金先生：《元宇宙生态：如何成为数字产权时代的原住民》，首都经济贸易大学出版社，2022，第 44~45 页。

为准则，因为整个比特世界就是人的发明创造，是基于人对现实存在的客观世界事物的认知和理解所衍生创造的一种思维抽象和行为潜能。作为比特世界人的行为准则，创意是以直觉和想象为基础的。"一般认为，直觉是创意的开始，因而有意识发现记录与培养创新创意直觉尤为重要。"① 如果说直觉是创意的起点，那么想象就是创意过程的重要组成部分。"想象在创意思维中是不可缺少的重要成分……创意思维的训练首先要从想象和联想的训练入手。"② 从直觉、想象到创意，三者之间有着层层递进的内在关联，在比特世界的指导作用也是不断增加的。

创意是比直觉和想象更为复杂的思维过程，它在意识或者潜意识中将搜索和选定的有用信息进行重新组合，以新颖的方式为世界提供不同的元素，往往是在某种事物的启发下以灵感或者顿悟的方式出现。创意源自不同事物的关联，是将许多貌似不同事物关联在一起的能力，比特世界显然提供了海量的信息和新鲜事物，甚至将众多的创意相互连接和交流。一方面，比特世界有利于创意的产生和再生产，另一方面，比特世界某种程度上就是创意的产物。

比特世界的"存在论"原理是基于虚拟世界的存在与运动的原理，通过计算机信息处理和互联网信息交换形成模拟虚拟环境，从人与计算机的交流扩展为人通过计算机进行相互的交流，进而创造出越来越逼真的沉浸式生存体验。"'思中之物'通过想象、创造、意识的驱动，形成自觉的设计图形，有选择的信息变成有方向的运动，在比特信息包的承载下，在互联网信息传递系统中，以各种不同路径传递并精算。"③ 通过信息技术以及智能化与工业化的结合等，人们的创意不但日新月异地爆发式出现，而且可以尽可能地得到实现，使得新的对象化世界能够不断创造和呈现。可以说，创意改变的不仅是虚拟的比特世界，更是现实的原子世界。

四　两种宇宙观同在的数字化生存世界

智能化的发展使得真实世界和虚拟世界之间的界限越来越模糊，但这并

---

① 曾静平、王友良：《全媒体素养》，陕西师范大学出版总社，2021，第133页。
② 周璨、付卉、乔伟：《艺术设计与创意思维》，吉林人民出版社，2021，第192~193页。
③ 张雄：《"数字化生存"的存在论追问》，《江海学刊》2022年第4期。

不意味着原子宇宙观开始被比特宇宙观取代，不能将二者割裂开来分别看待，因为现实中我们仍未告别以牛顿定律为底板的原子宇宙观。在这个数字化生存的世界，真实世界和虚拟世界相连接，原子宇宙观与比特宇宙观是共生同在的。"'数字化生存'是人类长期追求自由、创造历史活动的产物。它有着三个鲜明的哲学特征：虚拟世界与真实世界共存、比特与原子同在、理性计算与非理性情感共生。"① 世界发展的现实状况决定人们需要有怎样的宇宙观和认知模式，并决定了人们在其中的行为方式和体会感受，而宇宙观处于关键的枢纽位置。这三个维度有助于立体解析和理解数字化生存世界的根本状况。

其一，真实世界与虚拟世界共存。原子世界不断地智能化说明两个世界是相互叠加和融合的，数字化生存时代，真实世界与虚拟世界共存。虚拟世界依托于现实世界的电脑技术、互联网技术、卫星技术和可穿戴设备技术等被构建，但又有其自身独特的运行规则和体验形态，独立于甚至突破了现实世界的一些物理规则，是经过人类意识和技术改造过的现实世界的进化版本。"在虚拟与现实的双重世界中，人类有着不一样的个人身份认定和关系识别。两重世界之间既相互区别又相互联系、相互渗透、相互定义。"② 虚拟世界是比特运动所形成的体感世界，比特世界基于原子世界，经由万物互联技术和人工智能技术发展而成，同时反过来改造原初的原子世界，这一过程循环往复，两个世界相互作用并深入融合。

其二，原子宇宙观与比特宇宙观同在。真实世界与虚拟世界共存意味着分别对其认知和理解的原子宇宙观和比特宇宙观在数字化生存世界同在。比特宇宙观基于原子宇宙观在一定程度上对原子世界物理规律的突破，从物质的原子转向信息的比特，思维对存在的作用和构建更加深化，认知对物自体完整信息的把握更加接近。从思维对存在和规律的被动认知到主动构建，原子世界观下机械的主客二分逐渐转向比特世界观下意识借助比特运动创构虚拟时空，人的行为准则也从经验、习俗和惯例转向直觉、想象和创意。比特世界更大程度地满足了人们自由意志的发展和实现，这种实现反过来会压缩和叠加原子世界的时空模式和认知方式，逐渐习惯于比特宇宙观的人们会重新审视和试图更新原子世界观的逻辑预设。

① 张雄：《"数字化生存"的存在论追问》，《江海学刊》2022 年第 4 期。
② 张雄：《"数字化生存"的存在论追问》，《江海学刊》2022 年第 4 期。

其三，理性计算与非理性情感共生。原子宇宙观与比特宇宙观同在意味着在其指导下的人类行为方式和认知体验上的理性计算与非理性情感是共生的。原子宇宙观下的客观世界的规律是可观察可认知的，理性是进行认知的基本工具，是主观到达客观的桥梁，理性计算是认知规律和掌控秩序并实现人的主体性的手段。在比特宇宙观下，比特的运动直接关联着人类主体意识的意向性，在突破原子世界物理规律的束缚下，主观意识在比特世界呈现更多的是非理性情感，因为比特世界是基于比特运动的体验和体感的世界。比特世界是基于科学技术和工具理性发展的产物，但其呈现的方式和带来的体验却是主观意向性的释放和非理性情感的满足。数字化生存世界叠加了原子世界的时空和节奏，在理性计算的推动和挤压下，比特世界为非理性情感的释放提供了必要的空间和出口。

今天的数字化生存世界既使得日常生活内容丰富多彩，又使得生活意义复杂难辨，它是人类追求自由意志的新阶段，代表着人类全面发展的新境界。数字化和智能化带来经济基础的巨大变革，从云计算到 AI 大数据模型训练在宏观层面改变了人类的生产模式和治理方式，从智能手机到智驾汽车在微观层面提升了个人的交流体验和生活品质。"随着数字化生存世界的到来，连接原子世界与比特世界有着六大技术突破：人工智能和量子计算、传感器和物联网、自主机器、分布式账本和区块链、虚拟现实和混合现实、5G 网络和卫星通信。"[1] 以创意经济、意识经济和视觉经济为代表的无形经济崛起，开始与传统的以物质资源生产为基础的有形经济并驾齐驱，成为新质生产力发展的根本内容。"以无形资产（不可直接用货币或实物计量的经济资产）为核心，软件、芯片为心脏，创意品牌为牵引，知识产权保护为红利，数字智能化运作为原理，物质经济为始基和根本，构成完整的比特与原子式无形经济存在与发展的经济新范式。"[2] 无形经济与有形经济的并起代表着经济发展转向精神和物质的双向拉动，是数字化生存的两种世界和两种世界观得以生成和发展的经济基础。

数字化生存给 21 世纪的现代人带来了新的生产方式和生活方式，同时带来了生存意义思考的新问题。原子世界观下固定和清晰的生存世界架构预设开始坍塌并让位于模糊而混沌的两种宇宙观同在的思考，数字化生存境况

---

① 张雄：《无形经济：一个值得深究的经济哲学问题》，《哲学研究》2024 年第 1 期。
② 张雄：《无形经济：一个值得深究的经济哲学问题》，《哲学研究》2024 年第 1 期。

的思考比传统认知复杂和矛盾得多。数字化和智能化服务获取和体验的门槛将一部分人排除在外加剧了社会资源获取的不平等，技术的迭代演化异化了人与人交流的场景与空间，在个人能够联通世界的同时孤立于技术所设置的拟真。在马克思和尼采等人开启的启蒙传统下，继续探索和刷新如何消除社会不平等，维护世界经济正义，构建人类美好未来是数字化生存时代面临的艰巨挑战。身处其中的人们要越来越适应这两种世界的转换和衔接，同时具备和适应两种不同的世界观及其行为准则，这样才能在数字化生存世界中完整地生活。中国式现代化道路的设计和人类命运共同体的建设可以在宏观上为这一时代难题的应对和解决提供可行方案。

（作者单位：杭州师范大学经济学院）

数字化生存：理性计算与非理性情感共生

熊　亮　曹东勃

数字化生存是人类长期追求自由、创造历史活动的产物，也是人类理性计算与非理性情感共生的比特世界。理性逻辑具有认知、计算以及预测功能，增强智能化机器的算力。非理性交织着人的欲望、习俗、意志、无意识、创造力以及情感，影响着人在数字经济活动中的感知、判断以及决策。由理性计算与非理性情感所呈现的图像叠加和程序主观设计则强化人类追求文明不断完善的禀赋，引发人对数字化生存的经济哲学追问。

一　理性逻辑与算力

千百年以来，理性是人类生存和发展的工具，理性逻辑是人类认识自然与社会的认知工具。从数字到数字化生存，人的理性逻辑通过智能造物和万物互联原理来认知原子和比特共存的宇宙，在原子世界，人的理性认识能力无法把握物体的整体信息，而在比特世界，理性由判断到计算，再到算力，人的认识能力能够最大化地接近物体。

（一）理性的概念与基本特征

理性的原义，来自古希腊的逻各斯，寓意为思想、规律以及言词涵义。随着人类社会历史不断地演进，理性成为诸多学科研究的重要基础，也是人类从事社会生产和生活的认知工具。

对理性的学科解读有着不同的角度，主要集中在经济学、社会学、哲学以及人类学领域。理性伴随人对外部世界的认知产生而来，是智能主体在其生活的世界中实现目标所采取的推理方式。这些规范模型来自逻辑学、哲学、数学和人工智能，它们是我们对一个问题的正确解决方案以及如何找到这个方案的最佳理解①。

从经济学层面，最早对"理性"做出判断的是西蒙，"广义而言，理性指一种行为方式，它适合实现既定目标，而且在给定条件和约束的限度之内。在某些特殊场合下，这个定义有更精细的规定。"通俗意义上讲，经济理性有着三重理解：一是在市场不确定性情况下，寻求确定性原则和内在一致性原则；二是理性是以追求自身利益最大化的推断；三是经济理性是一个手段与目的的概念。经济学家对理性如此看重，其核心是通过设定理性分析，对理性行为模型来做市场的预期判断和行为分析，从而达到经济效益最大化的目的。

从哲学层面，"理性"指的是人具有某种探索真理的能力，这种能力是人在认识世界和改造世界中形成的认知水平。最早提出理性概念的是古希腊时期的阿那克萨哥拉。他认为，物的种子是存在物的始基，人的感官只能认识具体的事物，唯有理性是揭示始基的可靠工具。也就是，理性是通过人的感官认知在意识层面所形成的认识事物方式或水平。理性在哲学发展进程中有着较长的阶段，也有着不同的涵义：在中世纪，理性带有神的属性，神的旨意就是理性。近代唯理论认为，理性具有绝对的可靠性。在法国哲学家看来，理性是衡量一切社会存在的价值尺度。在德国古典哲学家看来，理性被作为一种范畴来加以认知，在康德那里，人的理性几乎无所不能，是在自在之物的现象界之内；而黑格尔更是将理性发挥到极致，理性是揭示真理的重要工具，理性就是精神对真理的追求和把握。

理性是人通过先天的大脑和后天的经验知识，对某一事物或者某一现象做出的推理认知。人在认识世界和改造世界的过程中，理性发挥着重要的逻辑判断和推理感知作用，在人的理性思维趋势下形成人的理智行为，具有基本特征。

其一，理性的计算性。理性与数学、逻辑和推理相关联，其是由数学思维和逻辑推理产生的，再叠加人长期以来积累的知识经验，从而对某一事物或者某一现象形成某一规定的模型结构并做出理性判断。把理性的规则精炼

---

① 〔美〕史蒂芬·平克：《理性》，简学、简丁丁译，浙江教育出版社，2024，第8页。

成逻辑和概率的规范模型，甚至可以在复制并超越我们的理性能力的机器上使用它们①，这就是理性与数学、计算以及理性思维的关联。

其二，理性的实用性。在人的思维领域，理性具有探索真理的能力，在世界的本源、社会进步的规律以及人类的进化都体现出理性的科学性和实用性。理性的实用性使得理性可以将抽象的概念和具体的实物结合起来，发现事物的内在规律，从而揭示事物的客观真理性。正是其实用性，理性所创造的产品推动社会的进步，比如蒸汽机的发明、电灯泡的发明、福特汽车的发明以及图灵机的问世，都是人的理性通过探索事物的规律来创造性地将对象转化为客观事物。

其三，理性的思辨性。人类的理性思维具有规范行为的自控能力以及实践批判的审辨性，② 正是人的理性思辨性，才使得理性能够对个体行为与集体行为进行有效的平衡统一，才使得理性能够去阐释客观事物本真的规律与目的。理性的思辨性并不是与生俱来的，理性在判断事物发展的客观规律过程中形成思维定式，在思维定式的认知情形下进行自我审视、自我否定、自我变革以及自我超越。

（二）理性逻辑的概念及基本特征

在人类历史的进程中，理性逻辑是人的理性加工的重要形式，也是人认识客观对象的重要方式。在经济学、哲学、计算机科学、认知科学以及心理学领域，理性逻辑成为重要的工具分析方法。

理性逻辑是人类认识自然与社会的必备理性认知工具，也是实证分析的重要方法。理性逻辑与人的理性思维相关，是人通过理性思维的工具，对对象进行模型化的逻辑演绎，再经过实验或者实践的检验得出规律性的结论。

最早提出理性逻辑法概念的是李嘉图，他十分重视抽象理性的逻辑演绎。李嘉图把高度抽象的经济理性模型运用到复杂的现实世界，在纯粹抽象原则上来演绎客观存在的具体。虽然他只是从抽象的理性模型来诠释客观具体。继李嘉图之后，以理性模型建构的经济范式在西方经济学中成为主流，也成为经济学重要的分析方法。而将理性逻辑进行哲学具象化是笛卡尔，高度重视理性的作用，并认为认识的源泉来自人的理性，理性通过演绎获得知

---

① 〔美〕史蒂芬·平克：《理性》，简学、简丁丁译，浙江教育出版社，2024，第45页。
② 张雄：《市场经济的非理性世界》，立信会计出版社，1995，第32页。

识，从演绎中得出客观的结论①。

理性逻辑是通过人的理性思维，利用抽象的结构模型对事物做出的逻辑判断，其主要特征体现在以下几个方面。

其一，理性逻辑的科学性。理性逻辑是从感性的杂多中抽象出理性逻辑要素，并以此为前提，进行逻辑演绎，获得对事物的真理性认识。由理性逻辑得出来的实证规律以及命题，能够科学客观地反映对象的规律特征，也能够就事物的特征得出科学的规律。

其二，理性逻辑的严密性。严密性是理性逻辑的重要特征，也是理性逻辑区别于非理性行为的重要特征。理性逻辑一般是建立在数字模型的基础之上，以假设为前提，加上正确的推理形式，经过对对象进行一系列的逻辑推理，具有高度的严密性。

其三，理性逻辑的工具性。理性逻辑是人的理性认知，再加上模型建构，对事物的客观存在进行逻辑加工，得出真理性的结论。在逻辑学领域，理性逻辑是人认识世界和改造世界的工具，经过理性逻辑的思考、判断以及预测，能够认清外部世界的现象和本质。

（三）数字化生存时代理性逻辑的功能

随着人工智能的迭代升级，数字技术及其构建的比特数字生存世界，纵深到人的生存和生产领域，海量的数字、信息以及平台在进行数字的生产、交换、分配以及消费，这些生产环节的构成都离不开理性与非理性逻辑，理性与非理性有着三大功能。

1. 认知功能

认知功能是理性逻辑的重要功能之一，理性逻辑的科学性以及严密性有助于人更好地进行认知世界和改造世界。在比特世界，理性由判断到计算，人的认识能力可以最大程度接近物自体本身，并且可以通过数据计算，把原始物自体的粗糙性修饰得更加完美②。数字化生存时代，通过理性逻辑的分析、推理以及判断可以更好地再现"世界1（物质世界）"，还可以创构"世界2（精神世界）、世界3（客观化了的主观世界）"的信息爆炸能力。不仅如此，理性逻辑的认知增强人机之间的互动关系，机器的拟人化以及

---

① 张雄：《市场经济的非理性世界》，立信会计出版社，1995，第 60 页。
② 张雄：《数字化生存的存在论追问》，《江海学刊》2022 年第 4 期。

"机器是人"成为未来数字化世界的重要特征之一。

2. 计算功能

数字化生存时代，认清数字及其本质是理性逻辑的首要任务，数字是人类生产和实践的产物，也是人类在发现和探索真理过程中对对象或者事物所做的标记符号。理性逻辑是人的思维加工，具有计算功能，随着大数据、云计算以及人工智能的发展，理性逻辑的计算功能更加明显，从感官接收的所有数据来看，无论是眼睛看到的图像、耳朵听到的声音、鼻子闻到的气味，还是中耳测定的平衡感，都可以用 0~1 来进行序列组合①，序列就是一个算法，计算其中的概率。

在数字信息生产和交换过程中，遵循贝叶斯定理的概率统计，贝叶斯定理是一个描述两个条件概率之间关系的概率论定理，通常指在条件 P（B）满足的条件下，P（A）的发生概率。该定理的数学表达式为：$P（A|B）=P（B|A）×P（A）/P（B）$，包括条件概率和先验概率。条件概率公式表达：P（A|B）是在事件 B 发生的条件下事件 A 发生的概率；P（B|A）是在事件 A 发生的条件下事件 B 发生的概率。先验概率共识表达：P（A）是事件 A 发生的概率，也称为先验概率；P（B）是事件 B 发生的概率，同样称为先验概率。在数字化的编程与算法之间，贝叶斯定理发挥着重要的概率选择作用，在 P（A）与 P（B）之间进行算法的优化选择。

3. 预测功能

理性逻辑是人探索真理的能力，也是人认识世界和改造世界的重要工具。数字化生存时代理性逻辑的预测功能在于对比特世界的未来走向以及趋势的预判，和对比特世界的运行规律的揭示。理性逻辑是人通过认知、识别、推理以及判断的形式，揭示事物或者对象的客观规律所在，这一系列客观规律在于理性逻辑的经验预判，主要体现在以下几个方面。其一，理性逻辑可以通过海量的大数据来预判千行百业的潜在价值。数字化赋能千行百业，理性逻辑可以通过数字化的千行百业来分析其中的应用结合、发展困境以及突破路径。其二，理性逻辑可以计算未来数字信息的经济价值。数字信息的价值具有不可估测性，理性逻辑可以通过对数字信息过去和现在的加工计算，来估算数字的潜在经济价值。其三，理性逻辑通过一系列的演绎推理来增强算力。智能技术的核心在算力，算力的大小强弱需

---

① 〔法〕黄黎原：《贝叶斯的博弈》，方弦译，中国工信出版集团，2021，第 100 页。

要人赋予智能技术以理性逻辑的演绎推理，从而让智能技术在更广泛的应用场景中服务于人。

（四）数字化生存时代算力的理性逻辑解读

以智能技术为标志的第四次工业革命，算力成为推进新质生产力发展的重要源泉，也是沟通大数据与算法的桥梁。算力，既是理性逻辑设计、推理以及计算的结果，也是贝叶斯定理先验概率和条件概率的结合。在人类日常生产和生活的各种智能化设备中，如手机、电脑、车间的操控平台都蕴藏着不同程度的算力，算力决定计算的运转速度以及经济价值。

1. 算力概念及基本特征

算力，即计算力，是计算机所具有的计算能力，其核心在于 CPU，CPU、GPU 以及各种光电传感器器件都嵌入在芯片上，负责电脑和手机的控制和逻辑计算工作，是电脑和手机的中枢神经，信息的接收、处理以及输出都通过 CPU 来发出指令，算力体现在芯片硬件和 CPU 软件程序上。

算力决定计算的运转速度以及效率，其主要特征体现在三个方面。其一，算力的无形性。算力是看不见、摸不着，而又是推动计算机性能快速发展的核心动力，一台计算机核心在于算力，超强算力可以提升计算机的数倍速率。推进算力突破单台计算机的瓶颈，从量变到质变的是云计算①，云计算是一种提供可用的、便捷的、按需的网络访问，并进入可配置的计算资源共享池，如亚马逊的 AWS、谷歌的 Gmail、阿里云都纳入云计算范畴。云计算的功能也是看不见、摸不着，但影响着算力的大小变化。

其二，算力的普适性。算力是无处不在的，在使用各类智能化设备的时候都离不开算力，算力与周边的设备用户都关联在一起，与边缘的环境联系在一起。边缘计算的特性在于计算能力的分布式下沉和靠近用户，对边缘计算节点部署位置的选择主要从降低时延、疏通拥塞、数据不出厂和降低部署成本来考量②，边缘计算使得人们在日常工作学习过程中都能够利用算力来进行服务。

其三，算力的价值性。当前，国家在大力推进数字经济，数字信息的经济价值转换就在于算力，算力的硬件设施和软件程序都具有较大的市场价

---

① 王晓云：《算力时代》，中信出版集团，2022，第 103 页。
② 王晓云：《算力时代》，中信出版集团，2022，第 142～143 页。

值，而且比有形的硬件更具有价值。

2. 数字化生存时代算力的发展历程

自从有人类开始，算力就已经存在于人的生产和生活中，算力最早是从数数开始的，人们通过手指来计算 0~9 构成的 10 个数字，就是习惯意义上的十进制计数法形式，而后计算机的发明，运用 0 和 1 的二进制计数法。就算力的工具而言，从早期中国古代的算盘、西方帕斯卡发明加法器、莱布尼茨乘法器，后来出现电子计算机。这些不同的形式和工具虽然功能有差异，但都是推进算力的重要工具。

数字化生存时代，电子计算算力的发展与芯片有着必然的联系，芯片功能的强弱也决定算力的大小。电子技术的每一次进步，都推进算力质的变迁。根据芯片的材料组成可以将算力发展历程归结为四个阶段。第一阶段，20 世纪 50 年代，以电子管为基础的算力，第一台电子计算机 ENIAC 的诞生，是使用电子管来进行统计计算的。第二阶段，20 世纪 60 年代，以晶体管为基础算力，威廉·肖克利发明了晶体管，在体积、重量、速度方面都优于电子管，计算机的体积以及占地面积大为缩小，算力大幅度提升。第三阶段，20 世纪 70 年代，以硅基芯片制作的集成电路，在体积、成本以及性能方面都大大优于晶体管，更为重要的是应用到生活场景领域。第四阶段，20世纪 70 年代至今，大规模集成电路成为主要的电子器件，其运算速度和性能远远高于集成电路，在信息传输、容量大小方面都有突破性的提升①，这也是当前超强算力的基础材料。

3. 数字化生存时代算力网络的"东数西算"战略

党的十八大以来，我国数字经济蓬勃发展，现代化经济体系在不断完善，发展新质生产力，推进高质量发展成为经济发展的主旋律。随着数字赋能千行百业，5G 新技术快速发展，社会数据总量呈现涌现式上升的趋势，海量的数据、多模态的计算以及应用场景需要提升，迫切需要数据中心合理的空间布局。

为了更好地进行国家数据中心一盘棋的空间布局，国家发展和改革委员会在 2021 年出台《全国一体化大数据中心协同创新体系算力枢纽实施方案》，围绕国家重大区域发展战略，根据能源结构、产业布局、市场发展、气候环境，在京津冀、长三角、粤港澳大湾区、成渝，以及贵州、内蒙古、

---

① 王晓云：《算力时代》，中信出版集团，2022，第 13~45 页。

甘肃、宁夏等地布局建设全国一体化算力网络国家枢纽节点，发展数据中心集群，引导数据中心集约化、规模化、绿色化发展。国家枢纽节点之间进一步打通网络传输通道，加快实施"东数西算"工程，提升跨区域算力调度水平。[①]，这一指导意见明确了"东数西算"的概念、意义以及方向目标。

"东数西算"是国家算力网络布局的重要方向，也是推进国家数据中心平衡的重要举措。"东数西算"指的是京津冀、长三角、粤港澳大湾区东部的海量大数据，与成渝，以及贵州、内蒙古、甘肃、宁夏等地的超强算力进行有效的结合，从而缩小东西部数据与算力之间的差距。"东数西算"的核心是优化国家互联网骨干节点的布局，推进东西部地区数据中心网络架构和流量疏导，增强云计算、边缘计算以及多模态计算的协同合力，促进云、数、网协同发展。

4. 数字化生存时代算力的理性逻辑解读

数字化生存时代，算力是衡量一个国家或地区计算机性能的重要标准，也是衡量一个国家或地区生产力发展的重要标准。随着人工智能时代的发展，推进新质生产力，实现高质量发展需要增强对算力赛道的认知并加大投入，只有加速算力的运转效率和提高计算性能，才能较快实现算力的跨越式发展。

在理性逻辑的维度上算力具有高度的理性思维能力，是人通过海量的数据以及精准的计算演绎、推断以及实践而来，主要有三层解读。其一，算力的无形经济价值。无形经济价值是看不见、摸不着，算力作为一种无形的力量，潜在地推动数字经济的快速发展。计算机、互联网、大数据高科技成果的商业化，使得经济效能提高的动力以及工作原理愈来愈呈现虚拟化、抽象化、无形化特征[②]，算力赋予无形经济较高的价值。其二，算力的精密计算性。海量的大数据和计算需要算力的高度计算，这类计算包括计算机领域的机器学习、深度学习、神经网络学习，都是需要大量的模型与算法来进行有效的运算。其三，算力的思维缜密性。算力不是单一的计算思维，而是具有思维的逻辑严密性，需要对算力的每一道程序进行有效的计算，在多云之间、云和数据中心之间、云和网络之间的一体化以及跨行业、跨地区、跨层

---

① 国家发改委：《全国一体化大数据中心协同创新体系算力枢纽实施方案》，2021 年 5 月 24 日。

② 张雄：《无形经济：一个值得深思的经济哲学问题》，《哲学研究》2024 年第 2 期。

级之间要进行严格的思维协同计算。

算力是数字化生存时代人的理性逻辑推理体现,在理性逻辑中人的算力赋予数字的计算精准性,还赋予数字创造力。数字经济的快速发展,需要加大算力的推进力度,才能高效地实现算力的经济价值。如今,算力已经成为国家发展布局的大战略,实现地区、区域以及行业之间的相对平衡需要加大算力的基础设施投入,也需要加大算力的技术人才培养。另外,保证由算力呈现出来的数据安全合法,做到保护财产隐私、维护收入公平正义,才能让算力更好地为人类而服务。

二 数字化叙事的非理性情感

数字化生存时代,理性逻辑离不开理性计算,算力提升理性计算的效率,也在变革着理性计算的范式。非理性作为一种与理性相对应而又相融合的范畴,与理性一起对人的感知、决策和评价进行共同判断,非理性以心理结构和认知系统来对事物做出行为的判断。在数字化生存的空间里,非理性情感以数字化的文字、图像以及符号来叙事,更深层次则是将人的非理性情感赋予数字新的时代内涵和精神意蕴。

(一) 非理性概念及其基本特征

非理性与理性,是人思维领域的一对范畴,也是人认识主观世界和客观世界的基础。理性逻辑是人通过理性思维、逻辑判断以及精密计算而形成的思维定式,而非理性则是在人的情感、情绪以及精神领域的认知,具有感知性、突变性以及不可估测性,但是对人的行为决策方面起着重要作用。

在经济学领域,主流经济学家常用理性经济人假设作为经济学研究的前提,数学计算模型成为主流经济学家得出经济学的原理结论。市场经济非理性的研究往往不被主流经济学家关注,但是也有一些经济学家对市场经济非理性进行研究,发现非理性行为对经济行为的作用影响。最早开始非理性经济问题研究的是英国庸俗政治学家马尔萨斯,在马尔萨斯看来,人不是理性的动物,是情欲冲动和愚蠢的动物,其所作所为和理性的劝导相悖,否则不会有人口过剩、困苦、战争或罪恶。约翰·穆勒从经济学推理分析的角度提出了"干扰因素",干扰因素能够揭开理论思考中的差异或错误,而且干扰因素是理性无法直接把握的种种情感、习俗、意志非理性心理因素的总和。

社会学家帕累托认为在经济学运行过程中存在"非逻辑行动"，非逻辑行动涉及价值观念、信仰和情感领域。而对非理性概念阐释得最为全面的则是美国经济学家贝克尔，贝克尔对非理性概念定义，"广义的非理性行为包括处于极端情形的怠惰行为和冲动行为。一方面，家庭常被说成是感情用事、反复无常，不能摆脱怪念头的羁绊；另一方面，家庭又被说成是怠惰成性、墨守成规和反应迟钝的。一种观点认为，货币冲动造成一系列混乱的、无法引导的变化；另一种观点认为，过去的情况很少容许当前的变化或选择。"① 也就是将怠惰和冲动作为非理性行为的模型，这也是贝克尔对经济学的重要贡献。此后，经济学家将非理性概念引入有限理性、经济制度、厂商理论、日常消费理论。

在哲学领域，对非理性的判断主要涉及主体的意识、情感和意志。非理性的内容主要属于两方面：一方面属于人的心理结构的非理性因素，包括人的欲望、习俗、意志、无意识、情感以及情绪心理现象；另一方面属于人的认知结构的非理性因素，包括人的直觉、灵感和顿悟形式。这样一来，非理性具有心理结构与认知结构的双重属性，包括欲望、习俗、无意识以及情感内容，共同构成人精神生活领域的重要部分。

非理性在人认识世界的过程中发挥着重要的作用，人认识世界是理性与非理性相统一，理性对认识世界起着主导作用，而非理性起着补充作用，激活人的内心欲望和情感需要，如激发意志、驱动欲望、推崇习俗、催生情绪、萌发无意识、触发灵感。非理性在人的改造世界过程中也发挥着不可忽视的作用，改造世界是人意识的行动体现，在改造世界进程中非理性对行为的信仰、激情、意志和热情都产生着重要影响。

非理性是关于人的特征即认识能力的精神构成，这种精神构成建立在感知—情绪—行为三个相互关联的链条上，有以下几个基本特征。

其一，非自觉性。非理性的根基是维持生存和发展的需要，为了维持生存和发展，非理性通过控制人的本能性、自觉性以及自控性表现出人的思想、意识和行为。非自觉性表现在人的非理性层面既受到人的本能属性影响，也受到社会伦理规范的影响，是人在不知不觉的行为中所表现出的意识行为。

---

① 〔美〕加里·S. 贝克尔：《人类行为的经济分析》，王业宇、陈琪译，上海三联书店，1993，第 190 页。

其二，情绪性。非理性的突出特征在于情绪性，人的情绪具有不稳定性，时而兴奋、时而低落、时而激昂、时而平静，这都是人在认识世界和改造世界过程中所表现出的情绪状态。通常而言，人的行为具有理性，但是一旦大脑皮层控制力减弱，情绪就会产生强烈的反应，比如"情绪激动""心情沮丧""失去理智"。情绪是人的非理性在不同时代、不同社会背景以及生存状况下所表现出的情感状态，影响到主体的行为体验。

其三，隐蔽性。人的非理性潜藏在人的精神生活领域里，是人的生理—心理活动，是处于意识活动之下的无意识①。在弗洛伊德看来，无意识是心理活动的深邃基础，是意识活动的决定性力量。无意识经常是突发的，摸不着、看不见，但是发生在人的惯性思维活动中，潜在人的意识底层，不容易表露出来，具有不可凸显的隐蔽性。

（二）数字化非理性叙事的表现形式及特征

非理性跟人的认知活动和行为方式紧密相连，不管是人的心理结构，还是人的认知结构，非理性总是与现实的人分不开。在马克思看来，现实的个人从事物质生产、精神生产和人自身生产的活动。现实的个人在数字智能化时代的叙事具有多元性、多样性以及具象性，非理性改变着叙事的形式、方式以及趋势。

1. 欲望与数字化叙事

人的欲望是最深层次的非理性因素，也是人在生存与发展过程必要的心理体验。其非理性特征主要表现为：一是本能性、隐蔽性和潜在性，二是冲动性、无规则性以及流变性，三是不可直接通过理性计算或者其他理性认知形式来进行把握。

"欲望"指的是社会的人基于一定的需要而产生的对一定的物质或精神事物的渴求，是人的有意识的并指向清晰的目的的行动倾向。通常而言，人的欲望越强烈，其动机越强烈，目的越明确，社会意义越重大。在亚里士多德那里，最早把人的欲望分为善、恶两种倾向，进而演化为人的积极、消极欲望两种形式。人的欲望一般分为两种：第一种是积极而有效的欲望，是一种经过努力可以达到满足的欲望；第二种是消极而无效的欲望，是一种即经过努力也无法达到满足的欲望。这两种欲望都跟人的需要有着必然的联系，

---

① 夏军：《非理性世界》，上海三联书店，1993，第 228 页。

数字化叙事就跟人的需要有着必然的关联。

人类追求进步的禀性是对欲望和需要的不断满足，在不断满足新需要的历史进程中创造新的生产工具，推动生产力的发展。数字化生存时代的历史活动是人类对新的欲望和社会需要，新的欲望和社会需要刺激生产力的活动，新的欲望和社会需要主要有四种：数据劳动者产销合一的最大化；数据将真实场景还原为留痕的信息载体；数据劳动工具实现智能的最大化；保护数据空间的公共性和隐私性正是这些新的社会欲望和需要，促使智能技术和工具不断地进行升级换代，这一智能技术就是依托 VR、AR 技术，模拟真实空间场景，营造在线沉浸式的集体生产与共享环境，实现人与人之间的互动需要，精准配置真实空间的新需要，满足人对虚拟空间的数据生产、数据消费、数据留痕以及数据共享的需要。

人的需要和欲望在数字化的共享趋势和互惠逻辑的引导下，摆脱了独立发展带来的各种限制，将人的自我实现赋予根本的社会意义，这本身就符合人的属性的规划方式①，不仅如此，数字化叙事由于人的欲望和社会需要，对人的生产、交换、消费以及分配环节都产生着重要的影响，最为突出的则是数字消费，数字消费以数字消费的叙事方式来催生人的消费欲望②，容易陷入消费陷阱。

2. 习俗与数字化叙事

习俗是最基本层次的非理性因素，是主体长期以来形成的相对固定的习惯，一种不自觉的心理活动。非理性特征主要体现在：其一，它是一种稳定的心理定势和人类在长期实践活动中形成的习性；其二，它是一种习惯心理在特定环境下的行为复制；其三，它是不假思索就形成传统的惯例。

"习俗"指的是人在特定环境下养成的具有相对固定的习惯习性，是人经过重复或者练习巩固而来的。习俗的形成影响着某个人、地区、民族以及国家的习性，人的行为如果从理性分析得不到答案，而非理性的习俗则可以给出因果关联的答案。大卫·休谟在《人类理解研究》中提出，"习惯就是人生的最大指导"，"要把它当作我们所能认定的、一切由经验得来的结论

---

① 康雅琼：《数字社会中欲望的重构与反思》，《武汉大学学报（哲学社会科学版）》2020 年第 6 期。

② 张雄、熊亮：《消费观念：改革开放四十周年的经济哲学反思》，《马克思主义与现实》2018 年第 5 期。

的最后原则"①，也就是人的理性不可以解决因果悖论，而习俗则可以起到沟通因果关系的桥梁作用。

数字化生存时代，人的数字行为离不开习俗的潜移默化影响，数字化叙事也离不开习俗，习俗与数字化技术进行交融碰撞，习俗规制数字化技术，数字化技术改变着习俗，让传统不合时宜的习俗进行规制调整。人在数字化生存时代从事数字生产、交换、消费以及分配行为，自觉或者不自觉地反复记忆习俗并付之于行动，主要在于对习俗的认知与心理定势，也就是过去这样做，没有市场的风险，也没有失误，那就按照过去的方式进行做。然而，习俗与数字化技术交融碰撞，数字化技术将习俗进行技术的升级与场景的打造，则让习俗以全新的沉浸式方式进行展现，让习俗更加贴近智能化时代人的生活和审美需要，如《春晚》舞台的技术布景，立体式以及沉浸式呈现；动漫《长安三万里》的技术交融，再现盛唐时期诗人的豪迈情怀；动漫游戏《原神》的技术出海，将中国传统习俗的文化习惯以数字游戏形式传播到世界各地。

3. 意志与数字化叙事

意志是最触及精神领域的非理性范畴，是主体在面对斗争与实践中形成的一种精神力量。其非理性特征主要体现在以下几个方面。其一，它具有目的性，为了完成某种目的而采取某种行为，行为具有了进取性与自觉性。其二，它具有强烈的体验性，意志行为是人的精神体验，需要人为之付出行为体验。其三，它是外部环境条件与内部生理机能共同作用的结果，发挥意志的能动作用。

"意志"指的是人在行动中有意地、积极地、理智地和顽强地变革某一客观过程，以实际预定的目的所表现的那种调节自我、克服困难的主观能动性作用②。意志不是与生俱来的，它是人在通过"认知-意志-情感"共同产生作用的结果，人在认知过程中为了实现某种目的，需要付出人的意志行动，也需要人具备高昂的热情情感。此外，人的意志行为也受到人的世界观和人生观的影响，有着明确的世界观和人生观，人表现出强大的精神意志力，使得人在面对困难时由弱变强、由无变有，最后能够以惊人的力量实现自己的目的。

---

① 〔英〕休谟：《人类理解研究》，关文运译，商务印书馆，1971，第 50 页。

② 夏军：《非理性世界》，商务印书馆，1993，第 298 页。

数字化生存时代，人与数字、信息以及智能化工具都关联在一起，构建起公共空间的数字全链条。数字、信息以及智能化工具便捷人的生存和生活方式，同时也在改变着人的精神世界，主要包括两个方面：一方面丰富人的精神世界，可以通过智能化工具根据外部世界的信息变化产生精神的改变；另一方面异化人的精神领域，数字拜物教、数字异化都在改变人的精神世界观。对智能化工具所产生的异化行为进行有效的规制，这就需要回到意志领域。如何有效地控制智能化工具对人的精神异化现象，这就需要从人的意志行为出发，要对智能化工具进行合理的规制与利用，控制智能化工具的使用时间，比如青少年更要合理使用与控制智能化工具所带来的认知、感知和行为改变，要以合理的有效的方式，通过智能化工具的正确认知来矫治青少年过度沉迷智能化工具的行为。

4. 无意识与数字化叙事

无意识是非理性心理结构的基本内容，是最不容易发现而又谈论最多的范畴。其非理性特征主要表现在三个方面。其一，它是一种人本能的行为定式，由长期生活习得。其二，它是一种不自觉的精神活动，没有经过思考与推算而做的行为。其三，它是一种偶发性，但是又在重复出现的行为。

"无意识"指的是人没有意识到的心理活动，在这种无意识支配下所采取的自己都没有知觉到的行为，表现为"不知不觉""情不自禁""不假思索"特征。在心理学领域，最早提出无意识概念的是莱布尼茨。18世纪初莱布尼茨发展他的单子学说，在他看来，人的认知构成分为低的单子构成的知觉、由较高的单子构成的较高知觉和由最高级的单子构成的统觉，代表着人的自我意识的认知层面。无意识就在莱布尼茨的单子学说中演变而来，而后心理学、认知科学将无意识理解为一种不自觉的行为，但是这种不自觉的行为受到经济、市场、文化以及政策导向因素影响。无意识可以分为个体无意识和集体无意识，个体无意识是人的不自觉行为发生的，集体无意识包含从众行为的集体无意识和群体认同感的集体无意识。

数字化生存时代，数字、信息以及智能化工具深入人生活空间的各领域里，无意识不仅影响人的行为认知、决策和标准评价，而且影响着人的生产和消费行为。个人无意识在数字化生存空间里容易受到集体无意识的影响，集体无意识在数字化生存中主要表现为以下几个方面。其一，从众行为的集体无意识。在数字经济中，人们会经常遇到集体无意识现象，其实现象的本质就是一种心理暗示现象，如金融市场的期货、股票、基金，加上金融资本家的经济叙事，让每个投入金融市场的投资者集体从众购买这些金融的叙事衍生品，最后大部分投资者亏损而归。从众行为的集体无意识在抖音、快手短视频中更加凸显，大众在对短视频平台的某一商品进行点赞或打赏，引发了集群性的打赏，这也是一种从众行为的集体无意识表现。其二，群众认同感的集体无意识。在数字经济领域，数字劳动所引发的数字经济现象，得到群众的普遍认同，群众对某一经济现象的共同认同与认可，个体对群众的共同价值进行有效的认同与强化，形成了对共同价值取向的认可。

5. 创造力与数字化叙事

创造力是非理性认知结构的重要范畴之一，是直觉、顿悟和灵感的综合体，是人类在社会实践中发挥意识能动性的动力源泉。直觉是一种非理性的认识功能，是一种能力；灵感则是指一种特殊的心理状态，是在一瞬间出现的突破性的领悟和感知的状况；而顿悟是灵感的结果①。创造力的来源就在于直觉、顿悟和灵感。

"创造力"指的是人在社会生产和实践中发挥主观能动性，是以直觉、灵感以及顿悟形式，将无变有、从 0 到 1 的动力力量。创造力不是与生俱来的，而是随着社会环境的变化而表现出的一种发明创造能力，是人类的工具。创造力的非理性特征体现在：其一，具有前沿的新颖性；其二，具有足够的想象力；其三，能够产生价值。在人类发展史上可以看到，人类每前进一步都跟发明创造有着紧密的联系，创造力在改变人类历史的文明进程。

数字化生存时代，创造力是数字化技术、软件以及程序设计开发的重要源泉，也是人的非理性叙事在数字化生存时代的重要体现。创造力来源于人的直觉、灵感以及顿悟，数字创造力增强人的知觉、灵感并提高顿悟水平，数字的无限想象使得数字化技术、产品以及市场都在不断地泛化，创新的产品也在不断地涌现。相比于前三次科学技术革命，以智能技术为特征的第四次科学技术革命拓展了创造力的技术、平台以及空间，如大语言模型、生成式人工智能、ChatGPT、Sora 都是人类发挥主观能动性和创造力，衍生出来能够服务于人的生存和生活的技术产品，如企业家作为市场经济的主体，在从事经济活动过程中，创造力来自大数据，但是大数据取代不了企业家的创造精神。

---

① 夏军：《非理性世界》，商务印书馆，1993，第 329 页。

6. 非理性情感与数字化叙事

情感是人情绪过程的主观体验。美国心理学家普里布拉姆提出，人的体验和感受对正在进行着的认识过程起到评价和监督的作用。

情感是人在认识世界和改造世界过程中所表现出来的心理情绪及状态，具有基本特征。其一，非稳定性。情感是人的非理性层面，由人的能量以及外部世界刺激所产生的主观体验。由于外部世界的复杂性以及多边形，人的情感总处于在不断地变化过程中，人的感官受到外部信号的刺激，使得人的情感状态在发生变化，具有波动性以及非稳定性[①]。其二，多样性。情感是非理性的范畴，但是情感的丰富性、多样性以及多元性，使得情感具有丰富的色彩感官。在人的感知、知性以及思维情感世界，人呈现出不同的情感特征，呈现在人表情领域的特征如喜、怒、哀、乐，使得人的情感不具有单向度以及直线性特征，具有多维度的情感色彩。其三，突发性。情感过程是人的心理体验过程，某个人在同一时间里可以兼容多种情绪的表达，情绪的表达不只是单一的情感，而是多种方向维度的情绪表达，如此一来，情感的转换变化具有突发性特征，会突然快乐，短时间又会沮丧，接下来短时间又可能恢复快乐，就是在循环的情感转换中情感具有突发性，也具有了不可估量与预测的流变性。

数字化生存的外部空间里，以比特为单位的信息输出，使得原本可以通过人的感知并能触摸的外部世界，变成触摸隔屏式的外部世界，人的情感在数字的理性逻辑里变得更为复杂，主要表现在以下几个方面。其一，数字化非理性情感的隐蔽性。隐蔽性是非理性情感在数字化生存空间首要的特征，也是最为主要的特征。在数字化生存空间里，人与外部世界的交流通过数字化平台来加以实现，海量的数字化平台呈现都是文本、视频或表情符号，这些海量信息库的情感表达并不容易被人发现，具有高度的隐藏性、隐蔽性以及隐匿性，如数字化空间发送的表情符号，看似是表达人的喜、怒、哀、乐情感，但是不一定真正反映某个人或者群体的真实情感。其二，数字化非理性情感的流变性。流变性在数字化生存空间里是非理性情感的基本特征。海量数据、精准计算以及超强算力，使得数字化生存空间的比特信息在加速流变，人们在日常工作、学习以及生活中，由面对面的语言交流转向依托数字化工具的文本、语音以及视频交流，受到数字化生存空间的信息影响，非理

---

① 张雄：《市场经济中的非理性世界》，立信会计出版社，1995，第 150 页。

性情感不再是单一的情绪表达，而是在流变的进程中情绪的调整与转化。其三，数字化非理性情感的计算性。情感计算已经成为数字化生存空间的重要议题，尤其是随着数字智能技术的不断迭代升级，情感的可计算性具有操作性。情感计算最早是由 MIT 的皮尔德在 1997 年提出，她把"情感计算"定位为"与情感有关、由情感引发或者能够影响情感的因素的计算"，情感计算的核心技术主要包括情感信号的获取、情感状态的模型识别、情感理解和反馈以及情感表达，通过这一系列核心技术的情感建模可以有效地识别人的精神状态，情感计算逐渐运用到计算机科学、认知科学、心理学等学科。其四，数字化非理性情感的隐私性。非理性情感是个人的情感情绪表达，具有保密性和隐私性，数字化生存空间里个人的情感也具有隐私性。数字化平台上人与人之间的文本、语音以及视频交流具有较强的隐私性，尤其是对某一事件或者行为看法都带有情感色彩，数字化平台要尊重情感的隐私性，而不能仅将其作为平台获取利润的信息来源。

三　数字化的图像叠加与程序主观设计

数字化生存时代，图像已经成为人们感知事物和认知事物的主要方式，深入社会的各个角度，影响着人们的生产和生活，并直接影响着人们的精神生活。从原始图像，到认知图像，再到艺术图像都是人类以图像的形式来表达对外部世界的掌握方式，数字化的图像使得图像的形式发生质的变化，图像不再是单一的、静止的呈现，而是立体的、动态的呈现，尤其是图像叠加的背后是程序的主观设计。不管是图像叠加，还是程序的主观设计，都暗含着人的理性逻辑以及非理性情感意识的表达，更为重要的则是形式化人类与人类的形式化空间的集中体现。

1. 数字化图像叠加的概念及表现形式

数字化图像是以文本、图片以及视频的形式来进行叙事，叙事带有各种文明和文化传统色彩，也带有理性逻辑与非理性情感的属性。1912 年，德国的艺术史大师阿比·瓦尔堡首次使用新词汇"图像逻辑"，建立了一种研究图像的新理论模式，现代图像学的分析方法把形式分析、社会学、心理学和精神分析等多种艺术史研究方法结合起来，对图像作品进行考察。

图像产生于人对世界的认知，并通过文本、图片以及视频的形式来表达对事物的看法。从图腾、图像再到仿像，是人类在通过视觉艺术来表达对事物的认知，这种认知由人类的理性逻辑和非理性情感加工而组成。

图像叠加是一种图像处理技术，它可以将多幅图像叠加在一起，形成新的图像，是一种图形元素重构的手法。在图像叠加的过程中，每一张图像都可以被视为一个图形元素，通过对这些图形元素的叠加和调整，可以实现图形元素的重构。数字化图像叠加利用图像处理技术，将多幅图像进行有效的组合并进行数字叙事，数字叙事的中心就是依托数字技术来传播知识和价值观。

在计算机学科领域，图像叠加分为像素级别叠加、区域级别叠加、混合模式叠加以及混合通道叠加四类，这四类主要从计算机图像处理技术来对图像的清晰度、区分度以及混合型进行系统分析。计算机领域的图像叠加负载着机器学习、深度学习、神经网络学习以及大语言模型技术，使得图像叠加更具有计算理性，图像叠加的生成已经不再是简单的技术呈现，而是自动生成图像技术让图像的叙事更加真实逼真，如 ChatGPT、文心一言、Sora。在哲学学科领域，早期图像的含义来自柏拉图，他认为图像是对物体表现的模仿或者复制，不具有真实性。而亚里士多德认为通过形式的创造可以再现真实性。黑格尔从审美的角度来论述图像的美，图像的美是理性与感性的统一、内容与形式的统一。现象学大师胡塞尔则认为图像的现象学在于面向实事本身，图像是一种表达对象的符号。马克思则从人的本质力量的对象化角度，解读了图像背后人的本质力量的表现。人在自己的创造性活动中运用自己的智慧、能力创造出物质对象，指在被创造出来的新的图像对象中展现自身，肯定自己，获得对图像产品的审美和享受，最终实现对对象的全面占有。

数字化时代图像叠加是图像转向的重要方式，正如法国学者米歇尔在《图像转向》一书中指出，视觉文化是指文化脱离了以语言为中心的理性主义形态，日益转向以形象为中心，特别是以影像为中心的感性主义形态[①]，图像叠加更加突出形象的立体感、多维感以及品质感。数字化时代图像叠加是基于计算机技术，对对象或者事物的特征、属性以及功能进行临摹、加工与叠加，使图像具有多重叙事的意义，其实质是通过图像来表达对对象或者事物的视觉感受以及审美享受。

---

① 周宪：《读图、身体、意识形态》，《文化研究》第 3 辑，天津社会科学院出版社，2002，第 72 页。

2. 程序主观设计及表现形式

程序设计本身就是一门集思维科学、社会科学和自然科学于一体的综合科学，是人脑思维在计算机中的集中体现，同时也是检验认识正确性和科学性的有力工具，既具有程序的客观性，也有设计的主观性。

程序主观设计是给出解决特定问题程序的过程，是软件构造活动中的重要组成部分。程序设计往往以某种程序设计语言为工具，给出这种语言下的程序，程序设计过程包括分析、设计、编码、测试、排错不同阶段，正是由于程序的主观设计，程序具有理性逻辑的加工，也具有非理性情感的嵌入。

程序主观设计可以从三个维度进行理解。从宏观层面，软件工程师为实现某一种或者多种目标，依托海量的大数据、算法以及算力来对程序进行主观设计。从中观层面，程序主观设计处于中间环节，是搭建软件基础层和应用层的桥梁，通过软件的基础技术来实现广泛的应用场景。从微观层面，程序主观设计主要针对用户的主观意图，进行编程和算法的改造，从而实现程序设计的主观目的。

随着大数据、云计算以及人工智能的快速发展，程序主观设计根据对象以及用途划分为三种主要表现形式。

其一，顺序程序设计。程序设计的基础在于 0 与 1 的二进制转换，0 与 1 的转换遵循着一定的顺序序列，这些序列都是程序的理性推理与计算。顺序程序通常作为程序的一部分，被用来构造程序中的一些基本功能。顺序结构程序是最简单、最基本的程序。程序按编写的顺序依次往下执行每一条指令，直到最后一条。它能够解决某些实际问题，或成为复杂程序的子程序。

其二，面向对象程序设计。面向对象程序设计方法尽可能模拟人类的思维方式，使得软件的开发方法与过程尽可能接近人类认识世界、解决现实问题的方法和过程，即使得描述问题的问题空间与问题的解决方案空间在结构上尽可能一致，把客观世界中的实体抽象为问题域中的对象。面向对象程序设计方法以对象为核心，通过一系列对象的类本质特征而组织设计，最终实现对对象目标物捕捉，从而实现软件开发服务于人的目的。

其三，函数式程序设计。函数式程序设计是将计算机运算视为数学上的函数计算，并且避免使用程序状态以及易变对象。函数编程语言最重要的基础是 λ 演算，而且 λ 演算的函数可以接受函数当作输入和输出。函数式程序设计更加强调程序执行的结果而非执行的过程，倡导利用若干简单的执行单元让计算结果不断渐进，逐层推导复杂的运算，而不是设计一个复杂的执行过程。

3. 数字化图像叠加与程序主观设计共存于理性逻辑与非理性情感

今天，随着人类的本能向智能化迈进，数字化、网络化、云计算构造了"数字化生存"的人类社会，数字、符码、图像、仿真理性工具，导致了人类自身存在的巨大变化——愈来愈趋于生命的高度自觉。数字化图像叠加与程序主观设计，既属于理性逻辑计算，也属于非理性情感。数字化生存时代，显性的图像叠加与隐性的程序主观设计，在哲学意义上是形式化的人类与人类形式化的统一体。

"形式化的人类"是人类有着追求文明不断完善的禀赋，笃信工具理性对人类生存格律具有进化意义改变的理念，表现为知识、公理、范畴、原理形式对人类生存范式内容的定义。数字化图像叠加与程序主观设计既定义了物性世界，又定义了意义世界。"人类的形式化"是人类对工具理性的心理依赖及崇拜。康德指出，人是目的，而且是一种无法用任何其他目的来取代的目的，别的东西都应当仅仅作为手段来为它服务。如今，数字化图像在一定程度上成为人类生产和生活的一部分，但是人对数字化图像的依赖，使得人类沉迷于图像之中，从而引发了精神的图像依赖，容易让人陷入时空的虚无和生活世界意义的无趣，这也是形式化的人类所要警惕的意义现象。

数字化生存时代的数字化图像叠加与程序主观设计是人的理性逻辑与非理性情感集中体现。数字化图像的叠加折射出人类对对象化视觉技术的感知，也透露出人类对图像的影像追求。虽然图像的叠加负载着人类的形式化要素，但是图像空间却让人的理性思维进一步形象化，也让人的非理性情感更加丰富。而作为数字化图像叠加的程序主观设计既带有人的非理性情感色彩，也带有人的如计算性、精明性以及缜密性等理性范畴的特点，尤其是程序主观设计嵌入的编程和算法在时刻追踪着人图像叠加所表达的深层次经济哲学追问。

四　技术图像时代的数字化生存

我们早已对今天的数字时代安之若素。但罗马并非一天建成，偌大一个数字时空，是由技术进步催动的迭代更新累积而成的。1985 年，巴西学者威廉·弗卢塞尔在《技术图像的宇宙》中，前瞻性地对后来的互联网技术革命及其对人类生产生活与思想观念的影响，展开了深度审思与追问。

　　所谓技术图像，指的是通过技术装置制作而成的图像。按照康德在《实用人类学》里对自我意识的洞见，物我两分、主客有别乃人类心智成熟的产物。自我与他者相区隔后，如何描摹这个外在的客观世界？这是一个由具象而抽象、由反映而创造的过程。大约两百万到四万年前，人们通过雕刻造像，将四维时空的连续经验记录于三维之内。而后，具有更高智慧的人类先祖开始创作以洞穴壁画为代表的图画，由三维进入二维的想象空间。约四千年前，文字的出现让人们的二维创作更加脑洞大开，此后的大部分人类思想都由这样的线性文本所承载。直至最近一个多世纪以来，文本自身逐渐变得模糊、细碎，从化学冲洗技术还原的传统相片到现代通信技术催生的数码摄影，一种马赛克般的粒子组合，经由指尖敲击按键即可一键生成的新的文化符号系统，打开了一个全新的比特世界之下的技术图像的数字宇宙。

　　技术图像似乎以一种更低成本、更便捷的方式将我们从数千年来以线性文本为重要信息载体的历史中，重新带入那种柏拉图式洞穴之喻的摹本世界。但这只是一种错觉。真实世界的三维存在必然要求图像创作的开放性，每个人如同盲人摸象一般，角度是单一的，位置是变换的，时间是短暂的。图像编码的进化史告诉我们，创作者是"编"而非"著"，其意其志都不在于此，史前文化和传统图像的制作者试图把他们的主观性降到最低。文字作为新的符号体系生产出新的信息，图与文之间有了互动的可能，想象力有了新的用武之地。图像的制作者才开始关心作品的原创性。线性的文本推动着更为抽象的历史意识不断发展，图像创作才由自发的反映论转向自觉的生成论。图文并茂、有图有真相地共同呈现事实。

　　《三体》中的"水滴"降维打击的过程，极富想象力。为了更好、更具象化地理解万物，人们需要把各种粒子重新"组织起来"，让它们变得可微、可积、可抓取、可想象、可触摸。照相机就是这样一类装置，以不被察觉的方式，借助于光子对硝酸银分子的作用，化为照片，这就是技术图像。照片不是人工勾勒描绘出来，而是人造装置拍摄出来、组合出来、组织出来。装置是人类的产物，把各种信息凝聚于一个有序的二维界面。但装置的根本矛盾在于，它的运行程序是一个各种情况都可能随机发生的游戏，一种被编排的偶然事件。装置能够持续执行其任务，就像全自动卫星相机或城市霓虹灯上的闪光摄像头持续抓拍照片。装置本应是受人类控制的。装置的自动化、智能化也有可能带来装置的反噬，正如我们会被各种二维码所异化，或如《太空漫步 2001》所呈现的那样。

世界被逐帧还原成粒子。在这个世界当中，主体和客体之间通过"按键"进行沟通。从集成电路到键盘再到移动终端，通过这些系统性的电子信息基础设施建立主客体之间的关联。这是技术图像世界版本的《人是机器》，将世界还原为力学驱动的"大力出奇迹"，从第二次科技革命向第三次科技革命的转变，让工业时代的力学奇迹转向数字时代的比特神迹。按键的进化，经历了一个从必然王国到自由王国、从低水平重复性劳动到创造性劳动的道阻且长的过程。这是一种抽象之抽象——二阶抽象。孤立的打字机、电视机是可控的、单向度的，而一旦它们再向前一步，成为平台体系的一部分，局面就开始失控了。互联网技术革命，似乎赋予"键盘侠"一种新解：指尖上的形式主义，还是指尖上的行动主义？这种指尖自由的幻象，运用之妙存乎一心。经过行动、观察、概念化解释、计算性的触摸，按键的发送与接收创造了可视化的人类实践。

技术图像是一种凝想而成的表面，将其放大后，我们看到一个个化学粒子组成的照片、图像、微粒的集合。换言之，这是一个人造物的体系。数码产品的虚拟性在于，它们的产品根本不是图像，亦非化学合成。所见即所得的视窗操作系统及后来衍生开来的系列移动数据操作平台，是一种超真实的模式，虚则实之、实则虚之，黑客帝国的仿真世界里，有生于无、多来自一，熵增最终导向热寂。对技术图像来说，其产品都不是复制品，而是创造物，不是肖像画，而是可再造、可"美颜"的合成图像，一种仿真油画。

人与技术图像的互动，让后者成为中心，而人自身被边缘化。技术形象指向一个人，挤压着他，甚至在最私密的空间里都能找到他。技术图像也通过各种渠道嵌入私人生活中，同时封锁了公共空间，逼仄狭小的空间逼迫出不问世事的"技术宅"。人们在不同场域的表演就是戈夫曼意义上的日常生活中的自我呈现，这是一种被纳入技术图像框架下的非黑即白的简单政治结构——技术图像丢出一张二向箔，瞬间将丰富的现实世界和复杂的人心百态降维裁剪和压缩为一张苍白的纸。

一切坚固的东西都烟消云散了。当我走向世界，我会在世界中失去自我。当我走向自己、整合自我时，我又失去了世界。这是原生方式与再生方式的矛盾。黑格尔把苦恼意识作为意识的唯一形式，因为快乐并不是意识，趋乐避苦是一种本我层次的本能。如此，则更需要改变思维、改变观念、改变共识，让工具不再助纣为虐，人们避免娱乐至死。最理想的状态是站着把钱挣了，可是，"码农"造反，十年不成。信息技术已经摧毁了既有的社会结构与基础设施，任谁穿越回十年前也会恍如隔世。数字化已经架空了很多原有的权力体系，提供了新的渠道和赛道。平台经济的出现，真正改变了人们的生产方式和生活习惯，从前被不屑一顾的"边角料"时间都被充分挖掘利用，成为数字化生存的组成部分，一切都不可能再回到从前。

技术图像因互动而持续迭代。傻瓜式操作、人机对话的智能程度提高，从起初在电脑中调用一个莫奈作品都颇嫌费力，到 ChatGPT 所写的论文以假乱真，不过 20 年光景。对话也是一种训练，这种训练本身是人机深度交互的结果，这场语言游戏的对弈双方都值得敬重，因为相互成全。当然，大语言模型的训练在对话中加速信息的生产、生成、迭代，同时也加速信息垃圾的炮制。ChatGPT 在惊艳世人的同时，也是烦琐哲学的大师。它固然加速了信息的生成，但这种生成的机器也是一种受控的偶然性语言游戏。这个超级大脑仍然受困于既有的信息无法实现突破，信息的自我膨胀使稳态不可得，最终归于平庸和愚昧。存储载体的突破也制造了海量的信息垃圾，言之无物、废话连篇的形式主义文风、文体同样不会再有任何容量上的限制。文本的有限性、清晰性要求消失，互联网"话痨"的边际成本就可忽略不计。信息的异化使得自我被束缚其中，"我即是你，我为人人，人人为我"，此处的"为"既是四声也是二声，而负墒才指向人的自我解放。

更有趣的地方在于创作主体的消隐。传统社会中，创造源自个体的自由想象。虽然艺术源于生活、建立在既有信息之上，但创作主体清晰可辨。信息社会的技术图像非一次性生成，而是非物质的、可复制的、无形的，又可无限复制、复写、修改，那么创作也就成为一种集体创作，创作主体变得模糊不清。却说 AI 作图，请问作者为谁？当真以为机器可以无中生有、开天辟地吗？这是真正的群众创造历史的时刻，集体意向性决定一切。由此畅想开去，造纸术、印刷术的发明不啻一种宗教改革，无人可再垄断信息，宗教的自动化也就是权威的去化。靡不有初，鲜克有终。何以为始？何以为终？机器替代劳动、资本有机构成提高的历史进程已经开启，正确的应对就是让头脑变为 CPU 而非硬盘、外接存储器，需要真正提高的是处理复杂事项的决断能力与效率。

在信息社会之前，以线性文本为主要载体的人类文化历史，大都经过选择而层垒式地沉淀堆积下来。帝王将相、才子佳人有更大的概率继续"活"在史册之中。自由，也就是信息在互动中生成更为全面系统的记忆。一切存储于物质性介质之中的信息都注定衰朽，唯其衰朽周期有异。一张动物的皮，取自自然，被打磨塑造为一只鞋子，它上面镌刻着信息。当这只鞋历经风霜磨损，逐渐失去它携带的信息，就会被扔进历史的垃圾堆，正所谓弃之如敝屣。人们用塑料瓶取代玻璃瓶，塑料瓶被丢弃的速度和玻璃瓶一样快，只不过滞留的时间更长。而非物质性的信息载体还要持久。像电磁场这样的非物质载体，嵌入其中的信息，可以永久地保存在文件存储器之中，届时一代代个体面临的抉择将是如何处置这类信息遗产。

中国的互联网社会构建之初，曾有过那么一段时光，亿万网民在无数的网络虚拟聊天室中，与陌生人展开前所未有的远程社交。此后，一系列应用程序的创制，OICQ、MSN、微博、微信……打开了一扇扇新世界的大门。进入后工业时代，向虚无进军，告别"傻大黑粗"，从现实到文本再到图像浓缩快进，地无分南北、人无分老幼地窥见技术图像的全息宇宙。一个声音不断提示着我们，重返现象界，直面那种混沌、内卷的经济生活，因为人工智能并不能让我们进入不食人间烟火之境。痛感可传染，钝感也是。奋斗之后的躺平，工作之余的休闲，碎片化的时间裁剪、工具理性对世界的重构，又在不断销蚀人们的存在感。无目的无意义的休闲消费、人头攒动，映射的不是个体精神生活的丰盈，而是盲目从众之后的四顾茫然和有闲阶级此地无银三百两的犬儒虚无。哲思起于闲暇，我们似乎遗忘了休闲的神圣地位及其文化内核——放空自己，自由而无用。远程通信社会的充分诞生和技术图像的持续演化，让我们重新思考那个古老命题：认识你自己。数字生命真实与否，由数字化生存的境遇决定，而数字化世界的图景已经展开。

当德波在 1967 年出版《景观社会》、鲍德里亚在 1970 年出版《消费社会》的时候，他们的共同关注和学术重心都放在了彼时方兴未艾而绝大多数人尚未觉察其深远影响的媒介革命。今天回头看去，那不过是以电视作为传播媒介的刚刚出场，而我们今天身处其中的"超真实""后真相"的数字时代，相较于半个多世纪前德波和鲍德里亚所看到的世界，何止天翻地覆。然而，他们，以及其后来者的弗卢塞尔的问题意识和世事洞明依旧深刻如昨。作为一个巨大的草台班子，作为一个巨系统的人造景观、数字化装置，技术图像的时代、数字经济的当下，值得我们去反思和追问的生存论元问题依然久久回响。在技术图像的数字景观面前，做毫无自反性、单向度的旁观个体，人本主义的种种诉求仍会持续被架空，人的主体性还会继续下坠。

由此，我们不能不感佩于马克思的敏锐与深刻。《雇佣劳动与资本》谈到那个著名的论断——"劳动力成为商品"。劳动力是怎么成为商品的呢？

换言之，劳动者为什么要出卖自己的劳动力呢？马克思的答案是——"为了生活"。"工人的生命活动对于他不过是使他能够生存的一种手段而已。他是为生活而工作的。"

为生活而工作，抑或说，生活与工作分离，劳动与劳动成果分离，这倒是一个冷酷的真相。"遍身罗绮者，不是养蚕人。"用马克思的原话则是如此表达的："一个工人在一昼夜中有 12 小时在织布、纺纱、钻孔、研磨、建筑、挖掘、打石子、搬运重物等等，对于他来说，这 12 小时的织布、纺纱、钻孔、研磨、建筑、挖掘、打石子能不能被看成是他的生活的表现，是他的生活呢？恰恰相反，对于他来说，在这种活动停止以后，当他坐在饭桌旁，站在酒店柜台前，睡在床上的时候，生活才算开始。在他看来，12 小时劳动的意义并不在于织布、纺纱、钻孔等等，而在于挣钱，挣钱使他能吃饭、喝酒、睡觉。"① 这也是马克思在《1844 年经济学哲学手稿》中即已深刻揭示的异化劳动问题。

社会学家波兰尼对时代状况有另一个说法："为卖而买。"不是为了自身消费、自给自足，而是为了成为大循环链条中的一环，来料加工后再转手售卖出去。大思想家的深刻洞见有着惊人的一致。马克思 180 多年前的这些文字有助于我们理解和思考技术图像时代下人的命运问题。这就是经典文本的魅力，每句话都有穿越性和穿透力。现代社会因科学技术的革命性进步较之马克思的时代有了翻天覆地的变化。但他当年所担忧的某些问题，在今天的新技术手段加持下仍然存在风险和挑战。

卓别林在《摩登时代》中夸张描摹的活生生的个体被工厂的机械化节奏所宰制的状况，看似消失不见了；后工业社会的降临，白领比例超过了蓝领，服务业后来居上且日趋高端化；制造业也不再傻大黑粗，不再"血汗工厂"，数字技术全面赋能，机器替代劳动，有独立工位甚至更好的办公条件。然而，人们的时间越发不受控制了。电话的普及、互联网的普及、移动互联网的普及，让八小时内外、工作与生活的界限被模糊、被打破、被归于一统。资本的"文明化趋势"当然有其内在限制，甚至让人们想当然地产生一种加速告别 19 世纪资本主义早期草莽年代那种粗鄙劳资关系的幻象。实际上，正如列斐伏尔等人在 20 世纪所引领的那一场"日常生活批判"的转向所揭示的，归根到底，冲突的场域因种种因素日渐从生产空间转向生活

① 《马克思恩格斯文集》第一卷，人民出版社，2009，第 715~716 页。

世界，而为人的全面发展计，就必须捍卫一个健康可持续的日常生活场域。当下的中国，正处在新发展阶段构建新发展格局的新征程上，百年未有之大变局加速演变下科技竞争的外部压力前所未有，需要我们全力培育新质生产力以实现高质量发展和引领中国式现代化。加速数字经济转型，是当前发展新质生产力的重要方向。

发展新质生产力，必须进一步全面深化改革，形成与之相适应的新型生产关系。企业必须在思想观念上充分认识到人的生活世界的重要意义，充分认识到人不仅是新质生产力中最活跃的要素，更是新型生产关系中具有不可替代性的主导因素。进而致力于构建一种劳资和谐的新型劳动关系和新型保障体系。最终能够朝着马克思在《哥达纲领批判》中所说的"劳动已经不仅仅是谋生的手段，而且本身成了生活的第一需要"的理想状态前进，朝着马克思在《德意志意识形态》中所描绘的"上午打猎，下午捕鱼，傍晚从事畜牧，晚饭后从事批判"的人的全面发展状态前进，朝着物质文明与精神文明相协调的、全体人民共同富裕的中国式现代化目标前进。沉湎于数字景观的幻象，对数字景观的任何围观、旁观本身，都是被动无力的。围观并不能改变什么，实践的能动力量才可以纠偏纠错，让数字经济在服务人的全面发展的轨道上行稳致远。

（作者单位：上海应用技术大学、上海财经大学马克思主义学院）

数字化生存的忧患意识

康　翟

数字经济的崛起及数字技术的更新换代共同推动了当代社会生产方式、生活方式的剧烈变革。人们在体会到数字技术广泛应用带来的便捷和高效的同时，也深陷数字化生存之网。时间和空间的被剥夺、社会凝聚力的丧失以及算法技术的隐蔽操控，凡此种种都显示出数字技术对当代人类生存世界的深度介入和重塑。数字化生存并不单纯是数字技术应用于人类生存世界所造成的结果，毋宁说，它是数字技术嵌入资本积累及流通过程中的产物。就其根本意涵而言，数字化生存乃是资本积累与流通总体秩序中的一个环节。从这一视角出发，理解数字化生存既不能以形式主义的方式将资本运动的一般逻辑套用在数字经济领域，亦不能仅只看到数字技术的更新换代，迷失在新技术不断涌现带来的进步幻象中。对数字化生存的思考必须立足于对资本逻辑与数字技术相互勾连的内在机制的把握。表面上看，数字技术及其所带来的生存方式似乎蕴含着克服资本积累矛盾的潜力，但事实上，生存世界的数字化不仅未能一劳永逸地克服当代资本主义的困境，反倒使当代资本主义的矛盾呈现出更为复杂、更为微妙的局面。

一　作为一种存在方式的数字化生存

"数字化生存"这一说法因美国麻省理工学院教授尼葛洛庞帝而广为人知，在《数字化生存》一书中，他将数字化生存界定为建立在信息通信技术基础上的以权力分散、全球化、追求和谐及赋权为特征的人类生存新形式。"数字化"指的是利用技术手段，将复杂多变的信息对象转化为由 0 和 1 表示的数字单元的过程。数字化并不是一蹴而就的，其渊源可以追溯到原始时期的结绳记事，那时的人类通过控制绳子的粗细、绳结的大小，数量，距离等量化的指标来记录族群的习俗与重大事件，以求得这些数据的永久流传。可见，"数字化"很久以前就已经作为思维方式影响着人们认识和改造世界的过程。现如今，数字化的本质依然是将复杂对象转换为可量化的数据的过程，但是现代的数字化具有时代的新特征和新手段。随着科技革命的开展，数字化主要指的是以计算机科学、信息技术等当代高新技术的发展为基础，把复杂多样的信息对象经过算法转化为二进制的代码并最终成为可量化的数据的过程。而"生存"一词主要指的是人类的生存方式，在一个时代中最为重要的生存要素决定了这个时代人类的生存方式。例如在原始时期，自然在人的生活中占支配地位，因此在此阶段人类主要的生存方式是自然化生存，再如在工业革命之后，机械技术成为最为重要的生存要素，因此在此阶段人类主要的生存方式是传统技术化生存。以此类推，在如今这个信息技术、数据与人类的生存紧紧联系的时代，人类就进入了数字化生存时代。

在《数字化生存》结语部分，尼葛洛庞帝对数字化未来表现出十足的乐观态度。他写道："我们无法否定数字化时代的存在，也无法阻止数字化时代的前进，就像我们无法对抗大自然的力量一样。数字化生存有四个强有力的特征，将会为其带来最后的胜利。"[①] 然而，时过境迁，当尼葛洛庞帝在时隔 25 年之后为这本书写作再版序言时，曾经的乐观情绪早已烟消云散。数字化生存并未昭示出一个更加美好的世界，相反，"真实的情况是：民族主义甚嚣尘上，管制在升级，贫富鸿沟在加剧……全球化变成了本土化，尽管智识的、经济的以及电子的骨干设施都取得了飞速增长，但无所不在的数字化并没有带来世界大同。"[②] 尼葛洛庞帝对数字化生存现实境况的忧思，启发我们切不可迷失在对技术进步的崇拜之中，而更应该警惕数字技术所带来的诸种负面效应。事实上，在同资本积累与流通的秩序相结合的过程中，数字技术及其设备很大程度上变成了规训和宰制人的工具。具体来说，数字化生存的特征主要表现在以下几个方面。

---

① 〔美〕尼古拉·尼葛洛庞帝：《数字化生存》，胡泳、范海燕译，电子工业出版社，2017，第 229 页。

② 〔美〕尼古拉·尼葛洛庞帝：《数字化生存》，胡泳、范海燕译，电子工业出版社，2017，中文版专序第 6 页。

1. 人机互动取代人与人之间的互动

当代都市生活中十分普遍和常见的现象之一，是一群孤立的原子式个人沉浸式地参与到人机互动之中。在各种社交和聚会场合，人机互动对人与人互动的取代既显示出公共空间的衰落，又构成了新自由主义反共同体主张的仪式性展示。这些现象预示着人与人之间的互动和交往，以及建立在不可或缺的"与他人共处"原则之上的生机世界的消失。马克思认识到，全球市场的发展必然导致社会凝聚力的解体，取而代之的是普遍的原子式个人。数字媒体的出现进一步加剧了社会分裂，并且催生了一种信念，认为我们可以独自行动和生活，并且可以像管理手机上的好友列表一样管理我们的朋友。韩炳哲指出："数字人的世界还表现出完全不同的拓扑结构……他们组成的是一种'汇集而不聚集'的特殊形式，构成了'没有内向性的群体'，没有灵魂，亦无思想。他们主要是那些独自坐在电脑屏幕前的、与世隔绝的、分散的'蛰居族'。电子媒体，例如收音机，会聚集人群，而数字媒体只会使他们分散。"①

现实交往中，人们会受到诸如样貌、性别、身份、地位等各种因素的限制，因此人们致力于追求一种更加自由化的交往。海量的数据让世界的关系变得多元化，通过数字技术的发展建立起虚拟空间与现实空间的对接与联系，构建出一些新型的人际关系。"数据化将现实的人映射成数字，同时又将虚拟空间活动的人的真实面貌显性化。"② 数字化交往恰好弥补了现实交往的局限，建立一条人类交往的新的通道，人们在虚拟世界中相互作用、相互影响。世间万物在透明化的网络中清晰可见，"我们本身也只是全球网络中的通道而已"③，人们心甘情愿接受数字化网络的奴役，为实现信息的高速流通，加速自身的运行，数字化网络彻底消弭所有时空之间的距离，我们被完全暴露在一个无孔不入的网络之中。随着数字技术的延伸，大量原子式的个人出现。人本身是在交往中建构社会关系，展现自身的本质，正如马克思所言："人的本质不是单个人所固有的抽象物，在其现实性上，它是一切社会关系的总和"④。在虚拟交往中，人们的交往发生了质变。从形式上看，

---

① 〔德〕韩炳哲：《在群中：数字媒体时代的大众心理学》，程巍译，中信出版集团，2019，第19页。

② 彭兰：《数字化与数据化：数字时代生存的一体两面》，《人民论坛》2023 年第 17 期。

③ 〔德〕韩炳哲：《他者的消失》，吴琼译，中信出版集团，2019，第 51 页。

④ 《马克思恩格斯选集》第一卷，人民出版社，1995，第 60 页。

人们联系更加密切、轻松，在网络上更加自由，但是过度依赖社交媒体，忽视现实社会中的人际接触和交往，造成人们心灵的渐行渐远。数字技术打破了物理时空的壁垒，但同时又筑起了人们交往的心理城墙，造成"群体性孤独"的社会现象，"我们彼此联系得更加紧密，但奇怪的是，也变得更加孤单"。① 我们缺乏安全感，却又渴望亲密关系，借助于数字技术，既可以处于某种人际交往，保持社交关系，又可以自我保护。由于数字交往的高效与便利，我们越来越避免与真实世界中的人甚至是真实的东西进行直接接触，数字媒体让我们越来越多地远离他者。当所有人都习惯"管道式的世界"，人类现实的社会交往关系不复存在，这将成为人类面临的严峻的生存挑战。

在那些原本拥有自身传统及凝聚力的国家或地区，互联网复合体成为一种新的技术殖民，涣散了长期存在的社会凝聚力。特别是在城市化的进程中，这一趋势被进一步加剧。由于旧的村庄共同体瓦解而新的共同体尚未建立起来，血缘、宗法、邻居等社会关系对于背井离乡的新一代进城青年的约束力日渐式微，导致他们普遍陷入意义的迷失并被市场和城市文明所裹挟，成为个体主义和消费主义至上的原子式个人。不仅如此，20 世纪 90 年代以来，工作时间与非工作时间、公共时间与私人时间之间的区分进一步瓦解，也使政治社区或公民社区的建立变得越发困难，甚至已经不再可能。总体来看，由于数字时代的孤立原子式个人缺乏团结性，他们无法向着共同的目标持续行进，因而无法迸发出足够的政治能量。在这个意义上，哈特和奈格里寄予厚望的能够在帝国之内对抗帝国的多众，也面临根本的质疑。

总之，需要重点解决中国人注重彼此交往彼此相遇的生活哲学问题。真实世界的相遇，与虚拟世界的相遇是不可相互替代的。德波的《景观社会》指出，"相遇"似乎非常利于抵抗景观社会对共同生活世界的破坏。他写道，景观社会产生了"一种系统化的组织，使相遇的能力崩溃，它用一种社会幻觉、一种相遇的幻觉来取代这种能力"。不难看出，今天，中国人正是需要真实世界的相遇和交往，促进了中国与世界的各方面关系的发展，也使世界了解了中国。单靠数字世界的比特联系，发展仅仅是虚幻的数字联系，没有中国与世界共同呼吸的感觉。

2. 理性计算取代对生活世界的感知

感知是理性认知的前提，中国人的丰富生活的体验以及对理性认知的把

① 〔美〕雪莉·特克尔：《群体性孤独》，周逵，刘菁荆译，浙江人民出版社，2014，第 20 页。

握，从哲学道理上来说，是离不开感知的。数字经济容易给我们带来数字决定一切的世界观，只注重数字逻辑计算，强调片面的理性工具作用，对生活世界的感知不被重视，然而，这是人的生活认知外部世界的前提，是皮亚杰发生认识论意义上的前提和原始动力。我们在数字化生存时代，不能把人的一切认知行为发生学原理归结为简单的数字计算原理。与此同时，取代对作为他者的物的感知的是对信息流的感知，"我们今天首先基于信息流来感知现实。信息层像是没有孔洞的薄膜一样笼罩在物上，它将感知与内在的强度隔绝开来。信息重新展现于现实。但信息的统治妨碍了当下在场的经验。"①由于我们生活在被数据流和信息流包围的世界之中，我们对外部世界的感知失去了深度和强度、失去了身体和重量。我们不再能够深入对象的当下在场之中，而只是停留于信息的表层。胡塞尔特别强调人的感知问题，感知（perception）是共同经验的动力和构成要素。生活世界通过感知的调整和适应不断被重塑，这些调整和适应来自个体在公共环境中的感知，数字化生存世界却隔断了这种感知，这种感知以"天"为节奏，以工作和休息为节奏。用胡塞尔的话说，"感知"就是"与他人的实际接触"，是社群和民主形式不可或缺的形式。与对物的日益关注相伴随的是对自我的遗忘和自我的丧失。在"我"弱化的时候，人们才容易接受那种安静的物的语言。

从存在论层面来看，数字化带来的是从物到非物的转变，是世界的物性的祛除。与外部世界的变化相适应的是，我们今天更多是以理性计算的方式把握现实。理性计算不同于思维，正因为单纯的理性计算排除了感知，所以它无法进行真正的思维。海德格尔指出："我们把哲学运思规定为从此在本质性的感动中、以概念把握的方式进所进行的提问。但是只有源于并且处于此在的基础情态之中，才可能有这样一种感动。"② 这意味着，数据和信息无法提供感动，因此基于大数据的计算也在根本上不同于思维。一方面，基于大数据的计算本质上是寻求相关性，亦即特定事件出现的概率，而对概率的运算服务于人们的预测及控制活动。"一切东西都变得可以计算、可以预测和可以控制……数据挖掘揭示出了相关关系。"③ 按照黑格尔的逻辑学，相关关系展示的是知识形式的最底层，它还没有达到因果关系的阶段，更谈

---

① 〔德〕韩炳哲：《非物：生活世界的变革》，谢晓川译，东方出版中心，2023，第96页。
② 〔德〕海德格尔：《存在与时间》，王庆节等译，商务印书馆，2016，第137页。
③ 〔德〕韩炳哲：《非物：生活世界的变革》，谢晓川译，东方出版中心，2023，第71页。

不上以概念的方式来把握对象。概念的把握意味着将相互作用的双方都纳入其中作为环节，并以此建构起作为整体的第三者。在黑格尔看来，"存在和本质是概念的转变的环节，而概念是它们的根基和真理，是它们沉没并包含在其中的同一性。因为概念是它们的结果，所以它们包含在概念之内，但不再作为存在和本质。"① 另一方面，思维或概念的把握采用的是推理的形式，而大数据则是加成性的。"加成性的东西不建构整体性，不建构推理。它缺少概念，即缺少将各个部分关联为一个整体的那种抓手。"② 这意味着大数据、人工智能等数字技术无法超出预先给定的东西，从而无法真正面向未来而思维。总之，在人工智能及大数据等数字技术看似高深莫测的计算中，隐藏的是对真正思维的遗忘，以及因为这种遗忘而对开创新事物可能性的错失。

3. 社会加速与时间匮乏

在发明和应用各种新技术的基础上，人们的目光、语调、声音及表情都作为被监控和分析的对象从社会交往空间中剥离出来。虽然目的和用途各异，但核心的目标是将人类更加平顺地纳入机器系统和机器操作之中。换言之，真正的问题不是对隐私的侵犯或者对数据的挖掘，而是所有醒着的时间都被互联网复合体吸纳，与此同时，对虚拟空间的沉浸取代了对现实空间的感知。"每年有数十亿的美金投入这样的研究，研究如何减少做决定的时间、如何消除反应和思考所无端耗费的时间。这就是当下技术进步的形式——对经验和时间无情地捕获或控制。"③

如今，手机、电脑等技术设备不再仅仅是工具性的存在，而是变成了一个让人们通往虚拟世界的"管道"。为了实现对时间和空间的剥夺，诸如眼球追踪及情感识别等技术都被相继发明并应用在人机交互之中。乔纳森·克拉里指出："对眼部运动的典型特点了解得越多，如一个人的眼睛会注视什么、回避什么，就越容易设计出各种视觉吸引，越能够成功吸引或占据人的视觉注意力。因此，眼球追踪设备实际上仅仅是获取数据的手段，个人用户是否被'跟踪'并不是问题的关键。我们应该关注的是，我们都逐渐在更大程度上生活在网络世界中，并与之互动。然而，这个网络世界却是经过精

---

① 〔德〕黑格尔：《逻辑学》Ⅱ，先刚译，人民出版社，2021，第 201 页。
② 〔德〕黑格尔：《逻辑学》Ⅱ，先刚译，人民出版社，2021，第 73 页。
③ 〔美〕乔纳森·克拉里：《24/7：晚期资本主义与睡眠的终结》，许多、沈河西译，南京大学出版社，2021，第 23 页。

心设计的，目的是实现预先确定并被常规化的视觉反应。"① 同样，情感识别技术也发挥了类似的功能，它可以识别出人们在重复观看广告时，哪个片段更能引起人们的兴趣，也可以分析出公众人物的何种肢体动作更能吸引观众。除此之外，移动互联网时代的到来也加剧了互联网复合体对人类时空的剥夺效应，如今，各种碎片化的时间都在被吸纳到机器系统之中。

当今时代，在网络信息技术与数字化技术的支撑下，新的异化形式诞生了，表现为"科技加速、社会变迁加速、生活步调也加速"②。科技进步改变了社会现实的"时空体制"。在时间方面，技术的更新与不断推陈出新的高科技产品加快了社会生产与日常生活节奏，释放出大量的时间资源，使人们有更多的自由时间可以支配。另外，数字资本主义的发展越来越模糊了劳动时间与自由时间的界限，且数字劳动正最大限度地去占有劳动者的自由活动时间，延长劳动者的工作时间。正如哈特和奈格里所说，"福特制产业承诺——八小时工作、八小时休闲、八小时睡眠——就全球来说，只在少数工人身上实现，无法再成为一个指导性的思想。无论是好岗位还是差岗位，工作与非工作的界限正在瓦解"③。时间界限的模糊，消弭了工作与休息、公共与私人、白天与黑夜的界限。越来越多的人并不严格按照任何固定时间或者"朝九晚五"的劳动模式工作，24/7 的体制将人们裹挟进没有间歇的持续状态，每周 7 天，每天 24 小时，最终侵蚀了人们的日常生活。正如马克思所言："在一昼夜 24 小时内都占有劳动，是资本主义生产的内在要求。"④ 数字化不仅要打造 996，还要创造出 24 小时劳动的数字人，整个社会也转向全天候作业。随着技术加速的进程越来越快，时间流逝得越快，逐渐变成了一种稀缺的商品资源。

各种数字技术的复合体力图全面实现对人类主体的时空剥夺，盯着各类电子屏幕的时间不断延长，数据无限度地被创造和收集，沉浸在混杂着图像、文字和声音的虚拟世界等已足以让人们深感倦怠和疲惫。在一个比特逐步取代原子的世界中，我们感觉不到自己还是充满生机的自然世界中的一部

---

① 〔美〕乔纳森·克拉里：《焦土故事：全球资本主义最后的旅程》，马小龙译，中国民主法制出版社，2022，第 124 页。

② 〔德〕哈特穆特·罗萨：《新异化的诞生：社会加速批判理论大纲》，郑作彧译，上海人民出版社，2018，第 38 页。

③ 〔美〕迈克尔·哈特、〔意〕安东尼奥·奈格里：《大同世界》，王行坤译，中国人民大学出版社，2016，第 208 页。

④ 《马克思恩格斯全集》第四十二卷，人民出版社，2016，第 255 页。

分。数字虚拟世界种种令人眩目的假象使人们的思维受到限制，减少了人与人之间真实互动的机会。今天，利用数字技术对信息的生产、储存、分析、流通等永不停歇地运作，已经渗透到了各个地方。智能设备之所以被称为智能不是因为它能够更好地造福人类，而是因为它能把使用者完全整合进全天候运作的机器体系之中。由此带来的结果是，人类建筑于自然节律之上的时间性被扭曲，取而代之的是一种没有时间的时间，一种不再连续或循环的时间。

二　数字化生存的五大忧患

数字化时代人类的生存境遇凸显出人类技术进步（形式化的人类）与人类的生存异化（人类的形式化）同在的二律背反。所谓"形式化的人类"是指，人类有着追求文明不断完善的禀赋，笃信工具理性对人类生存格律具有进化意义的理念。简言之，科学技术是第一生产力，表现为知识、公理、范畴、原理等形式对人类生存范式内容的定义。既定义了物性世界，又定义了意义世界，它使人类生存形式愈来愈自由开放，生存内容愈来愈丰富饱满。所谓"人类的形式化"，主要指人类对工具理性的心理依赖及崇拜。康德指出，人是目的，而且是一种无法用任何其他目的取代的目的，别的东西都应当仅仅作为手段来为它服务。具体来说，"人类的形式化"表现在以下几个方面。

1. 算法从工具性地位上升到主体性地位

通过尽可能全面地搜集用户的个人数据并不断优化算法，数字平台如今能够达到比用户本身更了解自己的境地。数字平台会对用户的消费兴趣进行数字画像，并以此作为依据来推送定向广告。同时，它也能够利用用户的点赞、浏览、转发等数据，预测用户的性格和倾向，甚至可以用表情、照片乃至与屏幕的互动来评价一个人的精神状态。如果算法仅仅被用于推送广告促进消费，那么，算法的使用似乎并不会造成多大的危害，大多数人并不介意收到一些自己可能感兴趣的商品的广告。但问题在于，对用户的全面了解将会促使算法逐步接管人们生活中各项事务的决策权。一开始可能仅仅是出行线路的选择，随着算法的优化和数据体量的增大，人们会愿意将生活中更多事项的决策权交给算法。如此一来，算法将逐步从工具性地位上升到主导性地位，而人类个体则更多沦为执行者并日渐丧失思考和决策能力，这种境况加剧了人类主体与算法之间的紧张关系。

算法操控人类个体最为典型的事例即算法在美国总统选举中的运用，剑桥分析公司在 2016 年美国总统大选后，宣布他们基于数据分析的竞选指导对特朗普获胜起了重要作用。通过收集并分析大量美国选民的数以百万计数据，可以较为准确地刻画特定选民的政治人格。在此基础上，"被量身定制的信息将被直接推送给个人，为他们提供符合他们现有世界观的宣传信息，进而操纵他们的选票。"① 不仅如此，通过与监视系统结合起来，算法操控表现为监视机制的内在化。例如，优步会收集司机在驾驶过程中诸如刹车、加速等数据，据此对司机的驾驶行为进行综合评判。于是，处于平台监视之下的司机不得不自我规训，不断地完善自己的驾驶行为，以便能够获得更多的工作机会和收入。"由于优步将司机和客户联系在一起的算法对工人来说是个谜，而后者却被引诱到一个潜在的自我改进的无限循环之中。无论优步在测试什么活动，司机都必须改进数据，以便获得更多的工作机会。这样的系统建立起一种'精神吸纳'的方式，迫使工人将平台的盈利动机内化于自身的行为中。"② 总体来看，算法操控凸显了当代人所面临的主体性困境，尽管算法技术给当代人的生活带来了效率和便捷，却是以人们失去对生活的自我掌控能力为代价的。

2. "机器式征服"取代"社会驯服"

"机器式征服"是意大利哲学家莫雷齐奥·拉扎拉托所提出的概念，他认为数字—生命政治主要是通过"机器式征服"而非"社会驯服"。在社会驯服中，人们是通过话语和意象来告诉他们自己的社会角色是什么。而"机器式征服"则针对的是人们与环境的潜意识、身体以及情感的互动。数字化时代的股票经纪人就是非常典型的"机器式征服"的案例。在算法时代，交易员的意识思维太慢，而纳秒的速度太快，这意味着交易员无法通过理性的思维来做出投资决策。因此，交易员接受了这样的训练，即以预先确定的方式做出反应。如果信号灯变红，他们会不假思索地点击抛售按钮。抛售的决定并不是来自自主的人类主体，而是来自一个由机器和人类元素交互组成的网络。交易员通过身体动作和计算机算法之间的自动交互，从而与市

---

① 〔瑞典〕大卫·萨普特：《被算法操控的生活：重新定义精准广告、大数据和 AI》，易文波译，湖南科学技术出版社，2020，第 36 页。

② 蒂姆·克里斯蒂安斯：《数字时代的生命政治与平台资本主义中的倦怠问题》，杨雷译，《国外社会科学前沿》2023 年第 6 期，第 92 页。

场建立联系。

"机器式征服"也表现在利用大脑的惯性来引导个体的行为：Netflix 的自动排队系统在观众看完某部剧后，通过自动建议和播放新材料来鼓励观众狂看电影。因为人脑受惯性支配，所以人们主动停止观看 Netflix 比继续观看需要付出更多努力。优步对司机也采用了同样的策略：在司机完成一项工作之前，优步就会自动提出新的要求，利用惯性的力量诱使司机延长工作时间。在这里，"机器式征服"的核心在于将权力施加于生物性身体，而非理性的思维。在这个过程中，反思和批判性思考的时间被消解了，人类慢慢转化为汽车、客户和交通的组合中的自动化节点，由平台的算法控制。

3. 全景式监控与人的自我规训

大数据成为透明社会的监控手段。透明的概念有多重含义，此处透明不同于与可信度相关的透明度，而是包含穿透之意，指被彻底照亮的社会。福柯在《规训与惩罚》的第三部分"全景敞视主义"中，将边沁以人道主义为出发点的全景监狱视作隐匿的监视机构以及崭新的纪律社会。新自由主义时代进入"全景监狱"的新阶段即"数字全景监狱"。在"数字全景监狱"中，数字主体全方位接受数据的注视和监控，当代数字主体既充当囚犯又充当看守者，进行自我定位和自我监控。"数字全景监狱"的阐释遵循了福柯"视觉-规训-权力"的理论逻辑，是数字时代的"治理术"。

"数字全景监狱"包含三个特征。其一，大数据充当"视觉"工具。大数据的社会效应之一为人类心理和性格在屏幕和网络中的显化，数字技术大范围渗透至个体的活动选择，个体的社会交际动态被全面获取，个体所做的每一个选择不自觉地被纳入数据创造和攫取的过程中，一切物变得透明、迅捷、相互关联和公开，接受全景注视。其二，大数据成为规训手段。统治者根据大数据信息统治认知，介入人的精神，对精神在前反思层面进行施压，主体被囚禁在数字化总内存中，伴随动力、项目、竞赛、优化和倡议被归为自由主义政权的精神政治学统治技术，成为新的潮流。从福柯的生命规训的范式转向精神规训，极尽利用自由，使人们自愿地将自己交付给全景注视，进行展示和曝光。其三，大数据导向了"数字权力"的结果。"数字全景监狱"的注视不同于边沁"全景监狱"的目光统治，它以彻底照亮的形态存在，不再依赖于目光、不再依赖于中心视角的视觉瞭望，消除了边界和外围的概念，从有视角的监视变身为无视角的透视。透明社会的透视及边界的消逝导致个体之间只会产生偶然的、表面的联系。监狱的看管者与犯人、医生和病人尚且可以出现互动，信息的不对称为隐蔽联盟提供了可能性。而透明社会的数字全景监狱中，信息完全透明意味着信任根基的崩塌，人与人之间不存在纽带关系，个人成了向内追寻的孤岛。

不难发现，在早期资本主义时期，生命政治范式主要体现在工厂空间中资本逻辑对劳动者的肉体规训。在实体的工厂空间中，劳动者的主要任务是通过肉体劳动为资本家创造剩余价值。为了实现所创造剩余价值的最大化，资本家往往会制定严格的工厂制度，要求劳动者按照制度工作，劳动者在工厂中似乎就是一个上了发条的机器，既被预设了工作的内容和动作，也被要求工作的效率。因此，在工厂空间中，面对铁一般的纪律和程序化的机器，个体的精神和意志并没有得以发挥的余地。随着数字信息技术和互联网的兴起，如果说描述工厂空间中资本逻辑对生命过程的主要规范方式是对肉体的规训，那么在数字化生存时代，资本逻辑则使得生命政治的规训方式逐渐转为数字空间的精神规训。利用劳动者进行广泛的数字劳动，资本逻辑的精神规训已经跨越了工厂空间的物理城墙，蔓延至生产与生活空间的方方面面。在规训方式和特点上，精神规训往往以尊重劳动者主体性为名，呈现出一种隐蔽而广泛的影响，与肉体规训形成鲜明对比。例如，很多时候，劳动者能够选择线上或者线下办公，看似给足了劳动者自主选择的机会，其实资本逻辑通过网络信息技术实现了工作空间的扩张，使得其随时随地都能要求和监控劳动者工作。

4. 数字崇拜与数字拜物教

数字化时代出现了新的拜物教形式，即数字拜物教。对"数"的崇拜，最早可追溯到古希腊时期的毕达哥拉斯学派，毕达哥拉斯学派认为"数"是世界的本原，是构成一切事物的始基，世界可用"数"来解释，从而赋予"数"抽象的本体论意义。柏拉图学派延续了毕达哥拉斯学派的观点，认为"理念就是数"。近代时期，科学意识与实证主义的快速发展使"数"的地位明显上升，数字也呈现出科学性、客观性的特征，是理性演绎的结果。现代哲学中的逻辑主义、形式主义也围绕数学展开了各式各样激烈的争论。无论如何，"数"对于人们的认识活动与实践活动一直具有极重的价值是无疑的。数字化浪潮袭来，人们裹挟在数字化生存的状态里，数字化逐渐成为一种意识形态，使人们迷恋于数字化的世界。"数"从最初的作为世界的客观的、抽象的本原转化为现实的数字存在。

人与物的主客关系发生颠倒，物的关系开始支配人的行动，物凌驾于人并取代了前资本主义现代性时期宗教的地位成为世界的主宰。马克思把这种现象总结为"人脑的产物表现为赋有生命的、彼此发生关系并同人发生关系的独立存在的东西。在商品世界里，人手的产物也是这样。我把这叫做拜物教。"① 商品拜物教是马克思通过政治经济学批判对资本主义现代性展开批判的核心。资本关系中的拜物教首先表现为商品拜物教，商品作为物掩盖了人与人之间的关系，使得人与人之间的关系可以被计量化。数字资本主义在借助科学技术不断发展的同时，拜物教的形式表现也呈现出新的特征，从商品拜物教、货币拜物教、资本拜物教到新的以技术至上的拜物教——数字拜物教，但是，数字技术发展带来的并不是商品拜物教、货币拜物教在当代的简单变形，而是一种新型的拜物教形态。一方面，数字拜物教不仅仅是对于"数字"的主观崇拜，更重要的是"数字"作为一种异己的力量支配人的思想和行为。尤其是人机关系的颠倒，智能机器越来越像人，人越来越像机器，人逐渐丧失主体性和能动性，这是资本主义利用数字技术重塑人的后果。另一方面，数字背后的社会权力有着比数字本身更加诱人、更加神圣的地位。数据的商品化，掌握数据就是掌握了财富密钥，平台对数据的追逐就是对其背后可量化的经济利润的追逐，经济价值背后蕴含的则是各种权力关系。人对数字的崇拜，毋宁说是对数字权力的崇拜。在现代性的过程中，对数字拜物教进行批判性的分析，也是为了进一步揭示人与人之间的关系如何变化成为数据与数据之间的抽象关系。

5. 人工智能与人类的存在危机

当代人类至少面临如下两大危机：首先是地球及整个生态系统的危机，我们对这一点最切近的体验是气候变暖，而全球气候变暖所蕴含的毁灭性后果已在大量影视作品及纪录片中被昭示出来；其次是由人工智能的发展所带来的超强人工智能对人类地位的挑战和奴役人的可能性。不妨借助黑格尔的主奴辩证法来讨论人工智能与人的关系。智能设备的发明一开始是作为人的工具，用于提升人类生活的便利度和舒适度的。为了让智能设备更好地发挥其功能，人类倾注了巨大心血不断进行技术升级，与此同时也通过"喂养"大量数据提升智能算法的准确性。随着人工智能越来越胜任它的工作，人们也愿意将越来越多的工作交给智能设备，结果是人类逐渐变得无能、愚蠢并在无所事事中虚度时光。正如黑格尔主奴辩证法中依靠生死斗争的胜利取得

---

① 《马克思恩格斯选集》第二卷，人民出版社，2012，第123页。

对奴隶统治地位的主人一样，人类在面对人工智能时也在经历着主奴关系的翻转。当人们对人工智能的设备和技术装置越发依赖的时候，也就是逐步丧失主人地位的时候，最终的结果是人工智能成为人类的主宰。资本主义的发展带来了工人阶级的被支配和奴役，无论这种奴役是来自资本家阶级，还是来自卢卡奇、马尔库塞等西方马克思主义者所分析的技术本身。今天，我们面临的不再是某一个阶级的被奴役，而是整个人类变成人工智能的奴隶。

人工智能带来的危机本质上是技术的危机，很多人声称人类或许已经进入技术末世论阶段。我们该如何应对技术的危机呢？首先，应该看到技术的危机根源于人与自然关系在近代的决定性转变，我们之所以滥用技术去征服和改造自然，是因为自然本身被祛魅，换言之，自然不再被认为蕴藏着神明、魔法或者灵魂，而仅仅是僵死的质料罢了。既然自然是质料，那么人类作为主体就可以将其作为满足自身需要的手段。为了实现这一点，技术的应用就顺理成章地介入进来。随着人类需要和欲望的不断膨胀，对技术的要求也不断提高，这正是技术不断升级换代的根本动力。然而，技术的进步及对自然的征服和利用，既导致了人类对地球的毁灭性破坏，也使得人类日益接近被技术反噬并成为技术装置奴隶的临界点。从人与自然关系的转变视角来看，破除人工智能所带来的潜在危机，首先需要破除人类中心主义，构建人与自然和谐共生的关系。

其次，应当准确把握人工智能的身份定位问题，进而认识到人工智能技术所具有的"双面性"。在迄今为止的人类历史中，技术的发明对改善人类生活福利水平、满足多元需求起到了不可替代的作用。正是人类对美好生活的欲求为技术的创造、更新提供了不竭的动力。在原始时代，人类依赖打磨石器、制作弓箭来获取必要的生活资料。到了机器大工业时代，人类依靠流水线大批量、标准化地生产大量物质产品，由此带来物质财富的极大丰富。今天，人工智能技术，不仅能使生产过程走向定制化、多元化，从而更为精准地满足人类的个性化需求，而且能极大地解放人类的双手，让人类从繁重的工作中超脱出来。然而，技术在发挥其服务人类的正向作用的同时，也有其不可忽视的"缺陷"和"负面效应"。美国扔向广岛和长崎的两颗原子弹，背后所依赖的原子能技术既可以用于对人类进行毁灭性打击，也可以用于发电等造福人类的项目。人工智能本质上仍然是一种技术，它不仅没有突破人与技术的界限，而且共享了技术本身的双重效应或双面性。技术的负面效应恰恰是在其越来越成熟、越来越强大、越来越有用的过程中逐步凸显出来的，当技术在人类生活中所能发挥的正向作用还很小时，其负面效应也往往是会被人忽视的。相反，人工智能技术在极大地提高生产力并促进社会进步的同时，也使人类的存在面临空前的危机。有学者指出："机器人加上基因工程正在使人类极易陷入机器自主决定的境遇之中，有了机器的自主决定，人也许会感到轻松，但肯定是不自由的，就像动物园中被饲养的动物。慢慢地，人类终将被挤出生存空间，成为'濒危物种'。"①

最后，站在唯物史观的立场上，克服人工智能的发展所带来的人类危机，关键在于超越人工智能技术的资本主义应用。技术本身蕴含着造福人类生活的巨大潜力，但技术的资本主义应用，却使得技术沦为资本增殖的工具，并给人类带来一系列生存危机。正如马克思所言："同机器的资本主义应用不可分离的矛盾和对抗是不存在的，因为这些矛盾和对抗不是从机器本身产生的，而是从机器的资本主义应用产生的！"② 正是人工智能技术的资本主义应用给人类生存带来了一系列困境，具体表现在以下几个方面：技术加速不仅未能让人类拥有更多自由时间，反倒使人们深感时间的匮乏；数字技术成为资本隐蔽剥削劳动者的新手段；数字技术的不平等占有造成了技术垄断与数字鸿沟的愈演愈烈。总之，人工智能及数字技术的发展并未使人在数字化生存中完善自我，反而使其成为算法技术黑箱中的"囚徒"，加剧了由算法产生的技术异化以及人自身异化的现象。

人工智能等技术的发展之所以引发了人们的忧思，很大程度上是因为这是一个涉及存在论的问题。从阿尔法狗到 ChatGPT，人工智能技术的进展一再震撼人心，让人类意识到至少在某一专门技能上人类已经彻底输给了人工智能。赵汀阳指出："所有涉及'存在'的问题都是要命的，所以刻不容缓。这就是问题之所在：如果人类运气不佳，人工智能和基因编辑等技术有可能要了人类的老命。历史经验表明，没有一种批评能够阻止技术的发展，尽管人喜欢吓唬自己，但终究还是抵挡不住技术的美妙诱惑。"③ 或许，人工智能在实际应用层面的危险还远没有理论上的可能性那么大，但是，这不妨碍对人工智能的忧思成为一个严肃的哲学问题。未来向度是人类生活的根本性向度，人总是面向未来而活在当下的，正是在这个意义上对人工智能的

---

① 戴茂堂、彭保林：《人工智能技术的"双面性"及其人生隐喻》，《山东社会科学》2024 年第 1 期。
② 《马克思恩格斯全集》第四十四卷，人民出版社，2001，第 508 页。
③ 赵汀阳：《人工智能的神话或悲歌》，商务印书馆，2022，第 2 页。

前瞻性思考是十分必要的。为了能够让人工智能更好地发挥造福人类的工具性作用，必须立足于社会主义生产方式及以公有制为核心的生产关系，超越人工智能技术的资本主义应用。唯有如此，才能有效应对人工智能技术发展所带来的潜在危机和负面效应，实现对人工智能技术的驾驭和规范。

三　数字化生存的限度

只有从唯物史观的历史总体性视野出发，才能看到数字经济及数字化生存的出现在何种意义上有其必然性，又在何种意义上是对资本积累和流通既有难题的回应。面对生产领域的低迷状况，资本主义已经转向数据，并将它作为维持经济增长和活力的一种方式。进入 21 世纪，在数字技术变革的基础上，数据越来越成为企业竞相争夺的战略资源。在资本与技术的共谋下，当代人成为数据挖掘的对象，并日益深刻地陷入数字化生存的境地。但是，数字化生存并非没有限度：其一，作为遵循特定自然节律的生命体，对人的时空剥夺及数据挖掘遭受了人的生理局限施加的限制；其二，数字化生存所依赖的数字技术复合体对自然资源及生态环境的消耗与破坏遭受了生态系统承载能力所施加的限制；其三，作为资本积累的环节，数字化生存从属于资本增值的逻辑，因此，数字化生存也将随着资本的内在否定性而遭遇自身的限制。

1. 生命体的生理局限

睡眠的存在为人类保留了免于被数字技术和资本殖民的最后"净土"，也为数字化生存对时空的剥夺施加了生理局限层面的限制。历史地看，资本主义自诞生以来就力图强化对人类时间的占有，只是到了数字时代，这一占有才趋于极致。资本主义扩大对人类时间占有的第一步是对农业时间的改造，农业社会"日出而作，日落而息"的时间节奏由此打破，早期资本主义对绝对剩余价值的残酷追求，让"日落"之后的时间也尽可能地变成工作时间。无论是季节还是昼夜，循环往复的时间一直都是农业的根基。农业生活的"自然状态"不利于对生产时间进行必要的控制。在改造农业时间的过程中，尽管工作时间被延长了，但工作与休闲的二分仍旧被保留下来。电视是资本主义侵入日常生活的第一个环节，不过，电视网还是跟传统的人类睡眠模式同步的，到点就不再播送节目。只有到了数字化时代，工作与休闲、公共生活与私人生活的二元框架才被决定性地打破。

乔纳森·克拉里在《24/7：晚期资本主义与睡眠的终结》一书中指出，"不受约束的市场对时间的操控，与人类被要求服从这些要求时面临的固有的生理局限之间，存在着残酷的矛盾。"① 人类的时间是有限的，企图被推销出去的"内容"却是无限的，两者的比例极不相称，这导致各大公司激烈竞争，希望占有或控制人们每天醒着的时间。对时间的剥夺力图达到极致，甚至将睡眠的时间也尽可能地缩减。"如今北美人平均每晚睡大约 6.5个小时，上一代人睡 8 个小时，20 世纪初的人则要睡 10 个小时（尽管难以置信）。"② 由于睡眠时间无法带来数据和流量，资本主义力图从睡眠中尽可能多地窃取时间，但人的生理极限决定了睡眠无法被彻底剥夺和重塑。马克思曾区分了相对剩余价值和绝对剩余价值，如果套用马克思的上述区分，那么可以说窃取睡眠时间意味着对绝对时间的剥夺，而当代数字资本主义则通过"多任务"模式实现了对相对时间的榨取。今天十分常见的情景是，无论是工作还是休闲，我们会同时与多个屏幕或多台机器互动，一边追剧一边在线聊天，或者一边网上购物一边在线处理工作上的事务。尽管数字技术承诺为人们提升效率、节约时间，但我们却愈发感到了时间的匮乏，甚至我们采取"多任务"的策略也无济于事。如果说对绝对时间的窃取意味着量上的延伸，那么"多任务"模式就意味着榨取时间的强度得到了提升。

2. 生态系统的承载能力

数字时代造就了一种假象，似乎数字经济代表了一种与环境污染和资源耗费无涉的生产方式，或者至少可以说相比于传统的工业生产方式，已经极大地减轻了对整个生态系统的压力。一方面，数字技术试图把身边的一切事物非物质化，诸如"虚拟空间""云""流量"等术语正是这一状况的反映。另一方面，数字技术追求集约化，我们所使用的各类电子设备在体积越变越小的同时却集成了越来越多的功能。以上两个方面极大地促进了我们关于数字化时代环境和资源友好的想象。但事实真的如此吗？实际上，随着数据的大规模增长，越来越多的数据中心和服务器被建造出来，而这些设施需要耗费巨大的能量。不仅如此，"它会产生很多热量，这些热量会对微电路造成损害，因此每天需要数百万加仑的水来冷却每个单元。按照目前数据指

---

① 〔美〕乔纳森·克拉里：《24/7：晚期资本主义与睡眠的终结》，许多、沈河西译，南京大学出版社，2021，第 23 页。

② 〔美〕乔纳森·克拉里：《24/7：晚期资本主义与睡眠的终结》，许多、沈河西译，南京大学出版社，2021，第 18 页。

数级的增长速度，从现在算起，50 年后所需的服务器能覆盖整个美国大陆。"① 物联网时代的到来，意味着数据的提供者已经不仅仅局限于人类自身，而是扩展到了几乎一切外在对象，这将使得数据的增长迈上一个新的台阶，而其对能源的耗费也将是惊人的。

不仅如此，当我们拿起身边的电子设备仔细观察时，会发现各种电子设备尽管形态各异，但其所采用的质料总是会包含多种金属。事实上，任何一种电子设备的生产都离不开作为其基础的矿物开采。对铜的巨大需求无疑与其作为发电传输和电信设备的首选导体这一用途有关。除了对铜矿的大规模开采，"还有其他数以百计的公司在为电动汽车的电池掠夺锂，为风力涡轮机掠夺钕，为'捕食者'无人机掠夺钶钽铁矿，为数字设备和网络基础设施掠夺镍、钼和其他元素。这些公司的行为，使这种社会灭绝式的开采规模成倍扩大，危害不可估量，这种情况在南方世界尤为严峻。"② 大规模开采以及用有毒的方式从矿物中提炼所需的金属，已经给土地、水和生命造成了无可挽回的损失。当我们在享受数字设备带来的便捷、高效甚至愉悦感时，我们或许不会想到，数字产品背后牵连着对环境的巨大破坏、对能源的巨量需求，而这一切将导致生态系统的承载能力越来越接近极限。

3. 资本的内在否定性

无论是数字化生存的兴起，还是数字化生存在深度和广度上的持续推进，都可以视作顺应资本积累要求的结果。数字技术的普遍商业化及建立在此基础上的数字化生存有力地抵消了消费不足这一资本主义的固有趋势，一定程度上延缓了生产与实现之间矛盾的爆发。可以说，数字化生存实现了对资本主义的另类"修复"。一方面，数字化生存越彻底，所能提供的数据就会越多，供给与需求就越可能达到精准匹配，生产的无政府状态就越能得到克服。另一方面，借助于各类数字平台对生产、流通、分配、消费活动跨国界、跨部门的整合，整个社会生产与再生产的效率得到提高，流通费用显著降低。各类数字平台使得全天候的、超越时空限制的生产与消费成为可能，"平台根据消费者的个人数据，使产销敏捷对接，缩短商品流通时间，节省

---

① 〔美〕乔纳森·克拉里：《焦土故事：全球资本主义最后的旅程》，马小龙译，中国民主法制出版社，2022，第 38 页。

② 〔美〕乔纳森·克拉里：《24/7：晚期资本主义与睡眠的终结》，许多、沈河西译，南京大学出版社，2021，第 41 页。

流通费用。数字平台'用时间去消灭空间',开拓了社会发展的新天地"①。

　　但是,这并不意味着数字技术能一劳永逸地克服资本主义的基本矛盾,进而化解潜在的经济危机。丹·席勒曾在《数字化衰退:信息技术与经济危机》(以下简称《数字化衰退》)一书中深入分析了信息技术革命与经济危机的关系,他认为,信息技术的发展并未使得资本主义免于经济危机,相反,技术革命与经济衰退同步展开。"一方面,不断崛起的数字资本主义强有力地推动资本的重新积累;另一方面,它也有可能引发天翻地覆的矛盾与张力。"② 所谓数字化衰退,实则意味着生产方式、生活方式的数字化转型将会孕育出新的矛盾形式及危机表现形式。在这个意义上,资本主义恰恰不断通过危机实现结构性调整,从而为重启资本积累进程扫清障碍。

　　在《数字化衰退》一书中,丹·席勒通过丰富的资料与详实的数据,分析了资本主义经济内部危机的趋势,罗列了金融、生产与军事等各方力量围绕信息技术展开的各种竞争、矛盾与冲突,从信息地缘政治学的角度出发鲜明地提出了"数字化衰退"这一概念。数字化衰退何时到来?从历史的角度看,经济危机具有周期性、反复性的趋势,经过一段时间的积累之后危机才会再次爆发。资本主义的发展过程是自我否定、自我调节、自我扬弃的,一旦资本主义实现自我超越再次重生,下一次危机的种子也早已扎根于其政治经济结构中。资本主义的危机是不可避免的,正如大卫·哈维所言,"危机趋势从未缓解,它只是四处游窜而已"。③ 资本主义在发展的过程中呈现出一成不变的特征,即周而复始的停滞趋势是不能完全避免的,繁荣过后周期性的危机就会爆发。"互联网的最重要的成就是使资本主义的矛盾现代化。数字网络深深地嵌入到 2008 年的危机和此后持续至今的停滞综合征中。"④ 经济危机爆发的根本原因在于资本主义的生产方式,数字资本主义不仅无法从根本上解决资本主义的内部矛盾与危机,反而进一步加剧了资本主义经济危机的全球化。

---

① 谢富胜、吴越、王生升:《平台经济全球化的政治经济学分析》,《中国社会科学》2019 年第 12 期。

② 〔美〕丹·席勒:《数字化衰退:信息技术与经济危机》,吴畅畅译,中国传媒大学出版社,2017,导论第 7 页。

③ David Harvey, *The Enigma of Capital: and the Crises of Capitalism*, New York: Oxford University Press, 2010, p. 117.

④ 〔美〕丹·席勒:《信息资本主义的兴起与扩张:网络与尼克松时代》,翟秀凤译,北京大学出版社,2018,第 185 页。

20 世纪 90 年代网络技术萌芽，互联网崛起。2001 年互联网泡沫破碎，在高科技及新兴的互联网初创企业在股价飙升及风险资本的狂热推动下，摒弃传统陈旧的商业模式，盲目扩大市场份额最终未能成功实现预期盈利，导致投资失败"泡沫"破灭，再到 2008 年全球性经济危机爆发。这场由美国爆发的次贷危机席卷全球，导致全球世界经济的崩溃与衰退，数字资本无限扩张的神话随之破灭，让我们清醒意识到数字技术也不能使全球摆脱资本主义的危机趋势。资本主义矛盾与危机的爆发，亦伴随其自身的重构与完善。不可否认，信息技术是进步的，能够给人们带来自由和光明的力量，但是并不能把希望完全寄托于技术身上，将其视为能够帮助人类彻底摆脱资本主义经济危机的"普罗米修斯之火"。

"萧条总是扮演结构转型的助产师角色——目前的数字化衰退也不例外。"① 在经历 2008 年的全球性金融危机后，美国数字通信产业的投资额不降反增，但是数字通信产业的发展并未减缓当前的金融危机，经济不平等、社会贫富差距、劳动剥削现象仍然存在并不断加剧，资本主义改变不了其走向灭亡的必然趋势。在数字技术的支撑下，资本主义运行的模式如盈利模式、投资场域、劳动力的技能以及商品的种类等发生了巨大的变革，但是不变的仍是资本主义追求利润最大化、追求效率的运行逻辑。信息技术为人类打开了新的生存与发展空间，资本主义迅速填满了这个空间，并不断重复其逐利行为。不断更新和增强的信息通信技术一方面大大促进了经济的发展，便捷了生产与生活；另一方面吸引企业盲目、投机、无节制的金融投资活动，新兴投资全方位地将数字化体系纳入整合到当前的政治经济体系之中，最终的结果是数字资本主义变为危机。在经济全球化的背景下，任何领域的破坏与崩溃都会发生连锁反应，局部风险可以引起全球性的危机。

回顾历史，无论是出于对绝对剩余价值的追求还是对相对剩余价值的追求，资本都力图扩大流通范围、生产新的需要、发现和创造新的使用价值。为此，资本必须"既要克服把自然神化的现象，克服流传下来的、在一定界限内闭关自守地满足于现有需要和重复旧生活方式的状况，又要克服民族界限和民族偏见"②。但是，正如马克思所强调的，"决不能因为资本把每一

---

① 〔美〕丹·席勒：《信息资本主义的兴起与扩张：网络与尼克松时代》，翟秀凤译，北京大学出版社，2018，第 224 页。
② 《马克思恩格斯选集》第二卷，人民出版社，2012，第 716 页。

个这样的界限都当做限制，因而在观念上超越它，所以就得出结论说，资本已在实际上克服了它……资本不可遏止地追求的普遍性，在资本本身的性质上遇到了限制，这些限制在资本发展到一定阶段时，会使人们认识到资本本身就是这种趋势的最大限制，因而驱使人们利用资本本身来消灭资本。"①生产力的革新与新产业的开拓短期内的确会缓解生产与实现的矛盾，但最终只会使矛盾更猛烈地爆发。限制资本的是资本自身，因此，这种限制无法因为新技术手段的出现而被打破。作为资本积累与流通总体秩序众多环节之一的数字化生存，必将随着资本积累的不可持续而遭遇自身的历史限度。如果说数字技术的发展代表着资本在生产力更高的发展程度上突破自身限制的尝试，那么，其结局一定是它"遭到一次比一次更大的崩溃"②。

结语　诗性生活与数字生活的矛盾

当前，大力发展数字经济已上升为国家战略，以一种辩证的视角观之，数字经济的积极效应和"文明面"无疑是值得高度肯定的。作为新兴技术和先进生产力的代表，数字经济的发展既关乎全球竞争格局的重塑，又是畅通国内经济大循环的关键抓手。作为现代经济体系中的关键生产要素，数据流可以带动人才流、技术流、资金流的汇集和融合，帮助市场主体重构组织模式，克服时空障碍，打通从价值生产到价值实现的各环节。因此，数字经济的健康和规范发展对构建现代化经济体系具有十分重要的意义。但与此同时，数字经济及数字技术发展所引发的生存悖论也越来越引发人们的忧思。手机、电脑等数字设备的出现原本是为了促进人与人之间的交流和联通，但造成了人机互动逐步取代人与人之间真实互动，结果是数字化时代人的原子化和孤立化胜过以往任何时代。数字技术及其设备以其便捷和高效无疑有助于人们提高效率、节省时间，但现实是人们在数字技术普及化的今天愈发感到时间紧迫、疲于奔命，甚至原本下班之后的休闲时间也被吸纳到为平台生产数据的被剥削过程之中。

正如马克思所言："同机器的资本主义应用不可分离的矛盾和对抗是不存在的，因为这些矛盾和对抗不是从机器本身产生的，而是从机器的资本主

---

① 《马克思恩格斯选集》第二卷，人民出版社，2012，第716页。
② 《马克思恩格斯选集》第二卷，人民出版社，2012，第723页。

义应用产生的!"① 为了克服数字技术所引发的生存悖论，必须打破各类平台企业对算法和软件的垄断。"平台公司运营背后的算法可以而且应当成为工人集体自组织的工具。平台提供商不应提供成品，而应制定允许人们编写自己的工作时间表的基本协议。……如果平台公司将他们的软件开源，那么平台软件就可以成为社会解放的工具，而不是机器式的征服。"② 换言之，只有将数字技术的发展从服务于资本的无序扩张中解放出来，通过国家资源的投入引导数字平台的规范和健康发展，利用大数据分析分配资源并实现民主参与，才能实现技术向善，才能让技术更好地服务于人类对美好生活的追求。

（作者单位：上海财经大学人文学院）

---

① 《马克思恩格斯全集》第四十四卷，人民出版社，2001，第 508 页。
② 蒂姆·克里斯蒂安斯：《数字时代的生命政治与平台资本主义中的倦怠问题》，杨雷译，《国外社会科学前沿》2023 年第 6 期。

数字化生存的历史背景、时代主题与精神实质

宁殿霞

当今世界的世俗基础已经将本体世界分离为两个世界，即原子世界和比特世界，在总体性中建立了一个"隐藏"的、却又形成主导力量的数字化秩序，世界级著名思想家尼古拉·尼葛洛庞蒂（也译作：尼葛洛庞帝，Nicholas Negroponte）最早将这种秩序定义为数字化生存。数字化生存不仅是技术问题，更是一个哲学问题。国内研究数字化生存问题的学者较多，张雄教授最先从哲学层面加以追问，他从尼葛洛庞蒂提出的原子与比特出发，论述了需要-自由-交往——"量的无限性"和人类走向未来的忧患——人类技术进步（形式化的人类）与人类的生存异化（人类的形式化）的二律背反①。研究数字化生存，不仅要关注数字化本身，而且要关注"轴心时代"。"轴心时代"是雅斯贝斯（Karl Jaspers）在《历史的起源与目标》中首次提出的，他认为"这个世界历史的轴心位于公元前 500 年左右，它存在于公元前 800 年到公元前 200 年间发生的精神进程之中"②。在这一段时期，出现了孔子、孟子、老子、释迦牟尼、苏格拉底、柏拉图、亚里士多德等左右人类文明发展进程的先行者，开创了它们各自发展的新起点。继雅斯贝斯之后，托尔佩（John Torpey）在新著《人类史的三个轴心时代：道德、物质、精神》中提出人类历史上事实上曾有三个真正重要的轴心时代存在过，即道德轴心时代、物质轴心时代和精神轴心时代。其中，精神轴心时代

---

① 参见张雄《"数字化生存"的存在论追问》，《江海学刊》2022 年第 4 期。
② 〔德〕卡尔·雅斯贝斯：《历史的起源与目标》，李夏菲译，漓江出版社，2019，第 9 页。

"是在信息与通讯技术、人工智能、机器人科学和技术等迅猛发展的基础上生成的。与这三个时期相关的发展构成了人类这一物种目前所处的基本环境，人类对其面临的挑战做出反应也必须建立在这一环境的基础上。"[①] 托夫勒在《第三次浪潮》中将这一时代描述为信息文明的浪潮。而德国新生代思想家韩炳哲眼中的社会存在的主导性本质主要体现为一种被留痕的数字实体，他的新著《非物：生活世界的变革》试图通过研究性叙事来背景性地指认数字化生存时代的到来，尽管他并未从理论逻辑上直接界定数字化生存。他希望以此宣告一个新的历史转折的关节点，即宣告马克思所面对的资本主义物化时代而今已经过渡到他所指认的以非物世界[②]的体验为社会本体基础的颠倒世界，或者说过渡为一个数字化生存的时代。在今天这个时代，非物—体验的关系本质上是数字资本主义秩序的新的"座架"。

一　从商品堆积到数据堆积：数字化生存的历史背景

马克思用商品堆积形容他所处的年代，相比之下，今天除了不变的商品堆积，还迎来了数据的堆积。毫无疑问，数字化生存世界是一个数据堆积的世界。尼葛洛庞蒂认为，数字化生存与之前最大的区别在于人类生存的根基从原子转向比特。在显微解剖学层面，从商品堆积到数据堆积事实上可以表述为从原子堆积到比特堆积。

1. 工业革命与"庞大的商品堆积"

商品的大量堆积是工业革命的产物，从经济学角度看，这主要是生产力的提高和生产方式的改变所导致的。商品首先是一个矛盾的载体，有着与生俱来的内生对抗性，马克思正是从商品的内生对抗性出发展开他的政治经济学批判研究的。商品首先是一个外界的对象，一个靠自己的属性来满足人的某种需要的物。"资本主义生产方式占统治地位的社会的财富，表现为'庞大的商品堆积'"[③]。在《资本论》第一卷中，马克思讨论了商品生产与资本主义经济中的积累过程和周期性危机。马克思指出，资本主义经济的本质是追求无限的利润和资本积累。在这种经济体系下，生产出来的商品以利润

①　〔美〕约翰·托尔佩：《人类史的三个轴心时代：道德、物质、精神》，孙岳译，商务印书馆，2023，第 6 页。

②　〔德〕韩炳哲：《非物：生活世界的变革》，谢晓川译，东方出版中心，2023，第 3 页。

③　《马克思恩格斯文集》第五卷，人民出版社，2009，第 47 页。

为目的进行出售，由于竞争的存在，各个资本家追求更多的市场份额和利润，导致过度生产。随着过度生产的持续发展，市场上的商品堆积量不断增加。在马克思的理论中，这种过度生产和商品堆积不是偶然的现象，而是资本主义经济体系的内在矛盾和运行规律的一部分。商品堆积是资本主义周期性危机的表现之一。马克思认为，资本主义经济在积累过程中，由于剩余价值的过度提取和工人阶级购买力的不足，需求不足，市场萎缩，从而出现商品需求的短缺和商品堆积的问题。马克思将这种商品堆积问题称为"相对过剩"，即相对于资本主义生产力的扩张和无穷无尽的市场需求，商品供给相对过剩。这种过剩的商品堆积会引发生产过程的停滞和经济危机，导致周期性的经济崩溃，也被认为是资本主义经济发展的内在矛盾之一。

随着资本主义的演进，商品堆积问题越来越严重。西方马克思主义的符号批判、景观批判，正是沿着马克思开辟的政治经济学批判之路逐步展开的。"景观堆积"① 进入思想史的视野。"商品堆积"到"景观堆积"经历了一个多世纪。在商品堆积的时代，马克思揭示了人与人的劳动关系中存在的剥削与异化。德波在《景观社会》中不仅提出"景观堆积"的概念，而且还指出，"景观不是影像的聚积，而是以影像为中介的人们之间的社会关系"②。张一兵认为"德波此处对马克思的改动中其实已经内含了一种否定性的超越，即在今天的资本主义社会里，物质生产方式中的决定性结构开始转向以影像方式为主导的景观生产方式。"③

如今数字化时代已然来临，"资本主义业已超越了它的生产阶段，利用饥饿来实现对被剥削阶级的统治已经是资本主义上个阶段的陈年旧事了。"④进入 21 世纪，迅猛的数字化进程推动了"比特堆积"的到来。

2. 数据堆积：数字时代的基本特征

从马克思的商品堆积到景观堆积再到数据堆积经历了近两个世纪。在数字时代，由于科技的快速发展和广泛应用，数据大量堆积成为一个普遍的现象。这主要有以下几个原因。首先，数字化技术的普及使得数据的获取和存

---

① 参见〔法〕居伊·德波《景观社会》，王昭风译，南京大学出版社，2006，第 26 页。

② 〔法〕居伊·德波：《景观社会》，王昭风译，南京大学出版社，2006，第 3 页。

③ 张一兵：《德波和他的〈景观社会〉》，〔法〕居伊·德波：《景观社会》，王昭风译，南京大学出版社，2006，第 20 页。

④ 张一兵：《德波和他的〈景观社会〉》，〔法〕居伊·德波：《景观社会》，王昭风译，南京大学出版社，2006，第 7 页。

储变得更加容易。现在我们可以通过电子设备、传感器等各种装置获取海量的数据。同时，云计算和存储技术的发展也使得存储海量数据变得更为经济、便捷。其次，数字化技术的广泛应用引起数据的爆炸性增长。从社交媒体上用户的每一条留言、每一张照片，到智能设备产生的传感器数据、交易记录等，各种各样的数字化活动都在产生大量的数据。此外，数据的积累也是由于数据的重要性与价值的认知加深。在数字化时代，数据被视为一种重要的资产，可以帮助企业做出更准确的决策、提高效率、创造商业价值。因此，企业和组织越来越重视数据的收集、分析和存储，导致数据大量堆积。然而，数据的大量堆积也带来了一些挑战和问题。首先，数据的数量庞大，对存储和处理能力提出了极大的要求，需要投入大量的时间和资源来管理和分析数据。其次，数据的质量和价值差异较大，需要进行有效的数据筛选和清洗，以提取有用的信息。此外，数据的堆积也涉及隐私和安全的问题，如何保护个人隐私和数据安全也是一个重要的课题。总的来说，数字化时代数据的大量堆积既带来了机遇也带来了挑战。对于个人、企业和社会来说，重要的是如何善用这些堆积的数据，发掘数据中蕴含的价值，并确保数据的使用符合法律和道德的要求。

数据的大量堆积与数字景观的形成。在数字化时代，数据作为物质的延伸和表现，成为数字化社会的基础元素。数据的大量堆积反映了物质世界的丰富多样性和信息的庞杂性。数字景观的形成则是这种物质世界延伸和表达的结果，数字技术创造了一个虚拟的、数字化的世界，各类数据以数字形式存在于其中，构成了一个全新的景观。数字景观不是数字的聚积，而是以数据为中介的人们之间的社会关系。

3. 万物皆比特：数字化生存时代的到来

数字时代是一个数据堆积的时代，万物皆比特。尼葛洛庞蒂预言了数字化生存。它意指在互联网、计算机和数字通信技术发展基础上的人类特有的生存方式。这一表述最早出现在他的《数字化生存》一书中。这本被称作"关于'智能时代'的'说明书'"（吴伯凡语）[1]。"'数字化'就是'比特化'"[2]。尼葛洛庞蒂曾预言了数字化生存时代的必然性，今天看来，似

---

① 〔美〕尼古拉·尼葛洛庞帝：《数字化生存》，胡泳、范海燕译，电子工业出版社，2017，第 39 页。

② 李曦珍：《理解麦克卢汉：当代西方媒介技术哲学研究》，人民出版社，2014，第 77 页。

乎已是实证性研究的结果，除了一个硬件的名称不同，几乎印证了尼葛洛庞蒂当年的预言。"计算不再只是和计算机有关，它决定我们的生存。"① 如今，正是这种"计算机二进制数字逻辑转化和处理后的 0 和 1 的字符串"，这种"没有颜色、尺寸或重量，能以光速传播"的"信息 DNA"，改变了且还在改变着当下人类的生存世界。数字化的发展和应用改变了人们的生活方式和社会结构，数字化社会结构和数字化的社交方式已经成为现实。首先，随着数字技术的发展，现代社会真正实现了信息的数字化和网络化。几乎任何领域的信息都可以通过数字方式进行获取、传输和处理，使得信息的流动和交流变得更加迅速和全面。这使得人们的生活体验和社会互动的方式发生了巨大的变化。其次，数字化生存时代的到来带来了数字化的社会结构和社会关系的重组。数字技术的普及和广泛应用改变了传统社会的组织形式和社会网络的建构方式。人们通过数字社交媒体来建立和维系社交关系，通过电子商务平台进行交易，通过在线教育平台获取知识等，数字化社会结构逐渐成为现实。此外，数字化生存时代还带来了数据的大量堆积和应用。随着数字化技术的普及和数据技术的发展，大量的数据被产生、收集和存储。这些数据不仅能够被用于科学研究和商业决策，还能够为个体提供智能化的服务和个性化的体验。

数字化生存的普遍性。数字化生存时代的到来是一个全球性的趋势，不仅仅是一种硬件的名称。在数字化生存时代，万物皆比特的概念意味着物质世界的数字化表达。数字化技术将物质转化为信息，通过比特的表示和存储，我们可以以数字的形式处理、传输和交互物质实体。这种数字化的特征催生了数字化生存时代。数字化时代的强大影响力可以从以下几个方面认识。一是，信息获取和传播的速度：数字化技术的便捷性使得我们可以即时获取和传播信息。通过互联网和社交媒体，人们可以随时随地获取、分享和交流各种信息，这改变了我们对信息的获取和传播方式。二是，数字化的社交关系：数字化社交平台改变了我们与他人的互动方式。人们通过社交媒体建立和维持社交关系，进行虚拟的社交互动。数字化社交关系的出现改变了传统的社交模式，扩大了社交圈子的范围，同时也带来了新的社交挑战和风险。三是，资讯环境的转变：数字化时代的信息过载和虚假信息泛滥成严峻

① 〔美〕尼古拉·尼葛洛庞蒂：《数字化生存》，胡泳、范海燕译，电子工业出版社，2017，第 61 页。

的挑战。由于信息的快速传播和大量的信息源，我们面临筛选、辨别和分辨信息的挑战。数字化时代需要我们具备批判性思维和信息素养，以避免受到虚假信息的误导。四是，数据的大量积累和应用：数字化时代大量的数据积累对科学研究和商业发展产生了深远的影响。通过数据分析和挖掘，我们能够发现规律、做出决策和创造价值。大数据分析、人工智能和机器学习等技术应用的出现，改变了我们的工作方式和生活方式。总的来看，数字技术的发展改变了我们对信息、社交、工作和生活的认知和行为方式，数字化的社会结构和数字化的交互方式已经成为现实，数字化生存已成为一种普遍存在。

数字化生存也具有特殊性，它与传统的生存方式的区别表现在以下几方面。首先，在其表征上，数字化生存是以数字形式进行表达和媒介的生存方式。信息、数据、文本、图像等各种形式的内容都被转化为数字的表示形式，以便于存储、传输和处理。这使得信息的获取和共享变得更为便捷和快速。其次，全球互联，数字化生存使得人们在全球范围内能够相互联系和交流。互联网的普及和数字化技术的发展使得地域的限制逐渐消失，人们可以随时随地连接到全球网络，进行在线交流、分享和合作。再次，这是一个虚拟化的世界，数字化生存使得人们可以进入虚拟的世界，通过虚拟现实技术和在线游戏平台等体验和参与虚拟化的环境。这种虚拟化的世界可以提供各种互动和体验的方式，丰富了人们的生活和社交方式。又次，这是一个个性化的世界，数字化生存带来了大量的数据和信息，这些数据可以被用来进行分析和挖掘，以提供个性化的服务和体验。通过对个人的数据进行分析，可以为个体提供更加个性化、精确的推荐、定制和建议。最后，个人隐私和数据安全成了普遍问题。在数字化生存中，个人的信息和数据往往存在于各种在线服务和平台中，与他人、机构和系统进行交互活动。确保个人信息的隐私和数据的安全成为数字化生存的重要问题。总之，数字化生存时代已然来临，无论我们如何对待，这一时代的到来都无法阻挡。随着数字技术和互联网的普及，人们的生活方式和社会结构都发生了巨大的变化。数字化生存已经成为现代社会的重要组成部分，它不仅改变了人们的生活方式，也改变了社会的组织形式和信息交流的方式。在这个时代，数字化技术已经成为人们生活中不可或缺的一部分。

数字化正带来一场翻天覆地的变化，每个人都会纳入网络中，每个人都将有机会与他人进行实时交谈、交易。

二 从占有到体验：数字化生存的时代主题

数字化生存的时代主题也是我们审视这一时代，进而洞察这一时代的关键。从"原子"到"比特"的转变内在实存着人类生存方式——人与自然关系的历史转折。物质轴心时代①以工业革命为标志，在创造出巨大成就的同时，也造成了广泛的环境破坏。而精神轴心时代，"新通讯技术和信息技术可能有助于将地球从毁灭的边缘拉回来"②。尽管未来带有一定的不确定性，但至少从时代主题看，从物质轴心时代到精神轴心时代的转换，是人类心智的一次转折，在其现实性上，是数字化生存时代的到来，"与仅有一部分人能够获得财富和贸易权的工业革命不同，这场数字革命将给每个人一个机会。"③

1. 占有：物质轴心时代的主旋律与资本主义堕落

物质轴心时代的关键词是工业革命，关注的是物质的工业化生产与使用。在德波笔下描述为"使人们实现了从存在向占有的明显堕落——人类实现的不再是等同于他们的之所是，而是他们之所占有。"④ 在这一时代，经济上出现了令人称奇的大发展，马克思恩格斯曾高度肯定这一时期的生产力发展。"资产阶级在它的不到一百年的阶级统治中所创造的生产力，比过去一切世代创造的全部生产力还要多，还要大。"⑤ 然而，迄今为止史上最快、最伟大的变革的快速发展与生产力的迅猛发展，也带来了世界的分化，即未开化和半开化的国家与文明国家的分化、农民民族与资产阶级民族的分化，东方与西方的分化。这一时代基本特征在马克思笔下被定义为资本积累

---

① 物质的轴心时代是美国社会学家、历史学家约翰·托尔佩在其新作《人类史的三个轴心时代：道德、物质、精神》一书中提出的观点，他认为迄今的历史有三个轴心时代，即道德的、物质的和精神的轴心时代。（参见〔美〕约翰·托尔佩《人类史的三个轴心时代：道德、物质、精神》，孙岳译，商务印书馆，2023，第8页。）这一时代在居伊·德波的《景观社会》中描述为"存在（letre）向占有（avoir）的明显堕落"。托尔佩笔下的物质轴心时代与德波笔下的占有都是对马克思所批判的时代的描述，尽管并不一定是完全重叠，但这并不是本文所关注的重点。为了上下文表述的需要，本节中假定两个概念表达一样的内涵。

② 〔美〕约翰·托尔佩：《人类史的三个轴心时代：道德、物质、精神》，孙岳译，商务印书馆，2023，第8页。

③ 〔英〕克里斯·斯金纳：《数字人类》，李亚星译，中信出版集团，2019，第Ⅶ页。

④ 〔法〕居伊·德波：《景观社会》王昭风译，南京大学出版社，2006，第6页。

⑤ 《马克思恩格斯文集》第二卷，人民出版社，2009，第36页。

和贫困积累。一方面是资本主义生产不断吮吸自然力实现资本积累，推动经济持续增长；另一方面，与资本积累相对应的贫困积累却不断地警示人类：经济的发展带来广泛的环境破坏不可持续。物质轴心时代的显性特征为商品堆积。也即马克思笔下"资本主义生产方式占统治地位的社会的财富，表现为'庞大的商品堆积'"①。这种商品堆积的时代，也正是庞蒂所揭示的原子时代。而物质的轴心时代也正是以原子的消耗为基础的物的丰富时代。

物质轴心时代是指以物质财富和经济发展为主要特征的社会阶段。"自然不再是神秘之物，而是征服之物；自然使人类找到了一条通往工业化的道路。现代技术仅仅是控制自然的这一更大谋划的工具，在现代性运动中，人类走上了通过技术去消除自然的不确定和占有自然之路。"② 这个时代是原子的时代，它给我们带来了机器化大生产的观念，以及在任何一个特定的时间和地点以统一的标准化方式重复生产的经济形态。原子的有限性决定它只能由有限的人使用，所以占有就成为这一时代的主题，使用的人越多，其价值越低，故原子时代最强调商品生产以及价值增殖。物质轴心时代的财富创造与积累原则——占有。这个阶段则是经济积累的结果完全占据了社会生活，商品堆积的时代，人与人的劳动关系颠倒为物与物的关系，"颠倒为物与物关系的人与人的劳动关系"。

2. 体验：精神轴心时代的主旋律与数字化生活场景

韩炳哲在《非物：生活世界的变革》一书中提出"从占有到体验"③的重要观点。其实，就数字化生存而言，它与《景观社会》有异曲同工之妙。"抽象地说，体验意味着对信息的消费。我们今天更愿意去体验而非占有，更愿意存在而非拥有。体验是存在的一种形式。"④ 体验的重要载体在于社会关系的物化转向社会关系的数字化，抑或社会关系的比特化。从唯物史观的角度看，这也可以称之为社会关系的物化，只是这里的物指的是比特。这里的比特化至少包含三个向度：一是，在数字化秩序里，个人的现实如果不能被数字留痕，个人就将一无所有，更确切地说，在数字化秩序里一无所有；二是，如果个人没有数字化可依赖的设备（如智能手机）或没有

①《马克思恩格斯文集》第二卷，人民出版社，2009，第47页。
② 张成岗：《技术与现代性研究—技术哲学发展的"相互建构论"诠释》，中国社会科学出版社，2013，第215页。
③〔德〕韩炳哲：《非物：生活世界的变革》，谢晓川译，东方出版中心，2023，第19页。
④〔德〕韩炳哲：《非物：生活世界的变革》，谢晓川译，东方出版中心，2023，第21页。

轻松熟练操作这种设备的能力（食指滑动屏幕的能力，当然，几乎咿呀学语的孩童似乎都已习得这一能力，所以，有学者称之为"数字原住民"、数字原生），他也将在数字化秩序里一无所有；三是，在数字化秩序里，人的生命以外的电力、网络，也成了人的生命（确切地说是数字的人）的组成部分，一旦发生断电、断网、数据丢失，可能导致生活的瞬间瘫痪，甚至数字生命的丢失。今天的周遭，所有的活动，倘若离开了数字载体，似乎就没办法执行。就此意义而言，数字化生存是本体论的。在现代生产条件无所不在的社会，生活本身展现为数据的庞大堆聚。直接存在的一切全都转化为一个比特。而且，数字化世界不仅是数据的堆积，更是以数据为中介的人们之间的社会关系。在马克思那里，资本主义市场中经济现象之间的关系实为物化了的人与人的社会关系，而在数字时代，这种物化关系被数字化了。数字劳动成立的前提之一便是个体活动的价值实现也只能通过数字平台承认才能实现。物质生产方式中的决定性结构开始转向以数据为主导的数字化生产方式。

当物质生产阶段发展到一个独特的数据（比特）生产阶段，生活的每个细节几乎都已经被留痕为数据：所有的活生生的东西都成了数据，而且是可精准测算消费者行为的数据。如果说资本主义生产方式在人的生存方式上已经从存在堕落为占有，那么数字化生存则进一步把占有转变为体验。托尔佩在《人类史的三个轴心时代：道德、物质、精神》一书中称这一时代为精神的轴心时代[①]。种种迹象表明，原子的占有时代转向比特的涌现，体验的时代已经来临。数字资本窥视着作为人的生存的一切行为，精神的轴心时代在召唤。精神轴心时代的典型特征是对资源"多中少得"[②]。在德波眼中，人们因为对景观的迷入而丧失自己对本真生活的渴望和要求，而资本则依靠

---

① 关于"精神轴心时代"与"数字化生存时代"的关联，目前学术界并没有一个明确的定义或共识。这两个概念来自不同的学术领域和理论体系，它们描述的内容和视角也不完全相同。因此，无法直接根据学术研究和理论给出这两个概念之间的关联和特征。在理解"精神轴心时代"的典型特征时，"多中少得"指的是在社会中对资源的需求和追求变得多样化和广泛，包括对精神层面的满足和发展的需求。这个概念着重于强调精神层面的价值和个体的内心世界。而"数字化生存时代"则指的是在数字化技术和互联网的普及下，数字化的方式成为人们生活的基础和主要方式。人们通过数字化方式获取信息、进行交流与社交，以及进行各种活动。数字化生存时代的典型样态是以比特（bit）为基因存在的，这意味着数字化的数据和信息成为社会活动和互动的基础单元。

② 〔美〕约翰·托尔佩：《人类史的三个轴心时代：道德、物质、精神》，孙岳译，商务印书馆，2023，第6页。

控制景观的生成和变换来操纵整个社会生活。而在数字化秩序中，人们因为对数字景观的迷入而丧失自己对本真生活的渴望和要求，而资本则依靠控制数字景观的生成和变换来操纵整个社会生活。这里只需要增加一个修饰词。物化存在转向了数字存在，一种新的实体性存在，尽管"大多数"并不能识别。当前数字化发展阶段的本质是普遍转向"体验"，即社会存在数字化已凸显为资本的主导性范式。数据成了决定性的力量。通过数据测算精准掌握欲望，欲望决定广告投放，决定生产，物质生产虽然依旧是客观的，但却是在数字化、智能化的引导之下劳作。"随着我们越来越少地使用原子而越来越多地使用比特，就业市场的本质将发生巨变。这一变革发生的时间，恰好与印度和中国的 20 多亿劳动大军开始上网的时间同步（这一点毫不夸张）。"[1] 比特的无限性决定它的外溢性，也就是可以由无限多的人使用，使用的人越多，其价值越高。

3. 数字化生存的时代主题与人的主观能动性发挥

20 世纪 60 年代，《景观社会》问世，该书的重要观点之一是"从占有向显现"[2] 的普遍转向。他认为社会存在表象化已凸显为资本主义的主导性范式。作者德波认为，个人的现实如果不能被虚化为一种非真实的景观式的"名望"，个人就将一无所有，换句话说，也可以叫无名则无利。德波的研究对象是以图像为主导的景观，而今天我们面对的世界是以比特为主导的数字景观。在数字化的今天，个人的现实如果不能数字化为一种比特式的数据，或者说个人如果不能够通过屏幕体验数字化世界，个人就将一无所有。换句话说，可谓是无数据则无利。在数字化背景下，人的主观能动性如何发挥，我们需要从"体验"概念出发加以追问。与德波一样，韩炳哲在他的新著《非物：生活世界的变革》中提出"从占有到体验"的重要观点。

在数字时代，"与商品的物性相比，信息变得越来越重要。一件商品的美学文化内容才是真正的制造品。体验的经济学取代了物的经济学。"[3] 人们似乎更愿意游戏而非劳动，更愿意体验与享用而非占有。消费观念也发生了深刻的变化，人们消费的可能依然是物，而在消费过程中所期待的则是体验，也就是物所负载的作为信息内容的软条件比作为硬条件的物本身更为重

---

① 〔美〕尼古拉·尼葛洛庞帝：《数字化生存》，胡泳、范海燕译，电子工业出版社，2017，第 228 页。

② 〔法〕居伊·德波：《景观社会》，王昭风译，南京大学出版社，2006，第 6 页。

③ 〔德〕韩炳哲：《非物：生活世界的变革》，谢晓川译，东方出版中心，2023，第 23 页。

要。这里的问题是，在数字化的体验的世界里，人的主观能动性如何发挥？

首先，通过体验不仅能创造大量数据，而且能传递有价值的信息。"Paper"到"Screen"的转换大大增强了人们获取信息的能力，特别是当获取信息变成以食指滑动屏幕的免费简单动作之后，一切信息都变得可以被消费了。人们通过屏幕不仅可以查阅海量的信息，而且能够购买各种商品，甚至是异国他乡售卖的商品，所购买的商品甚至一日内可送达。在这一系列便捷的体验背后，个人所有的浏览信息、购买信息甚至他的偏好，都不可避免地传导到了其他的领域。更令人惊悚的是很多平台在使用前还需要点击"同意"，这个同意往往包含获取用户手机上的所有信息。换句话说，人们在网络上的所有行为都会以数据的形式留下痕迹，甚至移动设备上的私人信息也会被摄取。特别是在智能家居面前，一方面是设备可以更加人性化地服务于人，另一方面，人似乎24小时都在被监视着、窥视着。"食指所触碰的一切都变得具有了商品的形式。"① 几乎所有的非物质性的事物都可以变成商品，就连生活本身也具有了商品的形式。

其次，生活本身具有商品的性质。"人们首先是通过信息来生产出同一身份。我们在社交媒体上制造自己。"② 生活本身能够具有商品的形式的原因在于人们都拥有一个数字自我，这会给人一种假象，不是我在生活，而是数字自我在生活。不是我在浏览信息，而是信息在浏览（消费）我。透过移动互联设备，似乎有一个强大的导游、导购一样的能动主体在引导着人们，这个主体不仅引导人们浏览、查看、选择、支付，而且还会将人们的所有行为实时记录。各种商业平台依据自己所获取到的信息，为该平台用户推送个性化商品信息。屏幕上过多的信息刺激压抑着人们的想象。是我们的生活过度数字化了吗？似乎不是，而是占有的时代向体验的时代转换的特有现象，是人们在平台生成信息中产生的噪声，是喋喋不休的、过剩的、外延的交流的产物。我们在数字化进程中同时面临信息高度过剩的挑战。人们退缩到自恋的场域，沉迷于刷屏的快感，对于扑面而来的带有一定刺激性的信息，越来越失去了甄别，乃至拒绝的能力，从而导致主观能动性不能很好地发挥。

最后，发挥人的主观能动性，增强驾驭信息的能力。发达的信息传播和

---

① 〔德〕韩炳哲：《非物：生活世界的变革》，谢晓川译，东方出版中心，2023，第34页。
② 〔德〕韩炳哲：《非物：生活世界的变革》，谢晓川译，东方出版中心，2023，第24页。

存储技术往往只能解决信息资源稀缺性的问题，解决不了信息驾驭力（判断力）稀缺的问题。当信息不仅不稀缺而且日益过剩时，信息驾驭力的稀缺性变得日益明显。长期关注数字化生存的吴伯凡提出数据的删除力概念，他认为，"删除力，以及降解垃圾信息和意见的正见，正在成为一种对抗非生产力的力量，成为媒体和信息服务企业的新型竞争力"①。也就是避免心智陷入无效运转，延搁对真正有价值的问题的关注和追问，这既是从古至今的哲学家一直关心的问题，也是深具现实性的问题。无论是新媒体还是旧媒体，都要面对如何解决这个时代真正的稀缺性，如何面对信息和知识的非生产力和非创新性，找到生产力和创新性。"体验的全新准则说的是：我体验得越多，我才存在得越多。"② 然而，体验什么与不体验什么？人们如何从刷屏中逃离？诸如此类问题已成为发挥主观能动性的重要观测点。

三　数字化生存的精神实质及其二律背反

在数字化背景下，如何对待自然成为反映精神实质的关键，同时，因数字化而生成的数字财富成为数字时代新的数字化实存，其内在充满矛盾。

1. 数字化生存精神实质在于对自然资源的"少中多得"

数字化生存的反思在于工业革命以来，人类对地球的不断索取所导致的环境恶化能否得到修复。如果说数字化是一场新的革命，"人类第四次革命"③，那么，这场革命与工业革命的区别在哪里。其一，在存在论的本体论层面，工业革命从原子的逻各斯中心原点出发，人类的生存依赖碳基，人的行为发生主要依赖于经验、习俗和惯例等，而数字革命以比特的生成为出发点，人类的生存依赖硅基，人的行为发生主要依赖于直觉的体验、想象的创意等因素的驱动。其二，在技术驱动层面，工业革命是以蒸汽机、电力等实体技术的发展为基础，而数字革命则是以信息技术的发展为基础。数字革

---

① 吴伯凡：《删除力，一种新的生产力》，《21世纪商业评论》2013年第24期。
② 〔德〕韩炳哲：《非物：生活世界的变革》，谢晓川译，东方出版中心，2023，第21页。
③ 人类第四次革命：在《数字人类》一书中，作者克里斯·斯金纳将人类历史划分为五个时代，第一个时代为确立共同信仰，第二个时代为发明货币，第三个时代为工业革命，第四个时代为网络时代，第五个时代为未来。他指出，第四个时代是价值数字化的时代，是一个全球实时互联和几近免费的数字网络价值体系，和前几个时代的主要区别在于时间和空间的崩塌。（〔英〕克里斯·斯金纳：《数字人类》，李亚星译，中信出版集团，2019，第284页。）

命依赖于计算机、互联网、人工智能等技术的快速发展。其三，在生产方式层面，工业革命重点推动了物质生产方式的变革，带来了大规模工厂化生产，提高了生产效率。而数字革命则主要推动了信息的生产、传播和利用方式的变革，使得信息可以快速、广泛地流通和共享。其四，社会变革层面，工业革命造就了"史上最快、最伟大的变革"，加剧了悬殊的不平等，使"西方"骤然领先于"东方"。同时，城市化进程和社会结构的变化，加剧了城乡差距，也带来了一系列社会问题。数字革命则更加强调信息共享和数字包容，更有可能推动社会的平等和包容。

与工业革命以来的工业化相比，数字化重要的精神实质在于如何对待自然。关于这一点，可以从石油与新石油两个概念谈起。石油是地质勘探的主要对象之一，是一种黏稠的、深褐色液体，被称为"工业的血液"。石油是工业赖以存在的自然基础，也就是工业离不开石油。进一步讲，工业是以消耗自然资源而存在的。马克思表述为一切生产力都归结为自然力。数字化重要的精神实质在于对自然的"少中多得"①，更注重可持续性，对能源的利用从之前的石油等化石燃料转向可再生能源。数字化生存赖以存在的数据被称为数字经济时代的"新石油"，作为一种新兴的生产要素，它是基础性资源和战略性资源，也是重要的生产力。在数字时代，"我们致力于将所有可数字化的东西数字化，让所有的东西快速、便宜地链接起来。"②

2. 比特为基因存在的财富成为数字时代人的自由的定在

以比特为基因存在的财富成了数字化生存时代人的自由的新的定在。这里的自由在其现实性上至少包含以下三个方面。一是数字化使人的选择更加全面。以智能手机为主要载体的移动互联网正在将每一个人纳入其中，无论何时何地，只要得空人们就会拿出手机，食指的滑动让这个设备来代理我们的感知。人们通过屏幕来感知现实，个性化的屏幕呈现通过食指滑动将人们的体验转化为一串串记录下来的数据，在这里，人与物、人与人没有发生任何现实的原子式关联。在移动互联设备上，原子式的存在失去了它的当下在场状态，人们感知到的是比特式的呈现，而不是现实的原子存在。智能设备

---

① 〔美〕约翰·托尔佩：《人类史的三个轴心时代：道德、物质、精神》，孙岳译，商务印书馆，2023，第6页。
② 〔英〕克里斯·斯金纳：《数字人类》，李亚星译，中信出版集团，2019，第285页。

的移动性给人以自由的感觉。智能设备特别是智能手机已经成为我们时代的最重要的电子设备，它可以将我们的社会生活世界转化为比特世界，"世界显现在完全可控的数字化表象中。"① 在比特世界里，物与物的交换成为一对一的精准对接，而中间的过程都被比特所取代。我们买一盆绿植，只需要在屏幕上看着合适就可以下单了，这盆植物无须以物的形式对顾客加以展示。古有兵马未动，粮草先行，现有原子未动，比特先行。二是数字化使人们实现前所未见的便利的交往。人们挣脱了时间、空间的局限和"原子"的束缚，得以到更为广阔的世界遨游，进而接触更广泛的人群，这种便利表现为"时间和空间的崩塌"②。时空的限制作为传统生活特征已经被逐渐遗忘，对于新生代的数字原住民，所谓的时空限制已经成了一个故事。这一切似乎来得过于迅猛，从工业革命到工业化用了将近 300 年，而迄今为止的数字化经历的时间似乎只有半个世纪之多，变化的发生如此急剧。过去，收集、剪辑资料需要使用大量时间进行翻阅、查找、整理，最终以书籍、报纸、杂志等原子的形式呈现，而在数字化时代，这一切似乎只需要点几个按钮就可以通过数据传输瞬间实现，甚至，通过 ChatGPT 还可以直接输出想要表达的文稿。获取一本书有时候只需要几秒钟的时间，而这本电子书，只是一串比特式的信息，而非原子式的纸本。信息已成为举世共享的资源。三是每个人都有链接世界并出彩的机会。斯金纳在《数字人类》中提出，"与仅有一部分人能够获得财富和贸易权的工业革命不同，这场数字革命将给每个人一个机会"③，这在人类历史上尚属首次。确切地说，这场数字革命给每个人一个体验的机会，无论何人，无论身处何地，只需拥有一部能够上网的智能手机。在移动互联网上，人们的选择比过去任何时代都要多，都要丰富。哪怕是一个不怎么识字的老人，都可以通过智能手机触达任何他喜欢的信息，甚至可以通过直播展示自己。真正的个人化时代已经来临了。机器与人比传统的人与人之间更为熟知且默契，可以说，其对人已经几近了如指掌。

3. 数字化实存的内生矛盾与数字化生存的二律背反

数字化实存是数字化生存的具体存在，它不仅是一个语言问题、技术问

---

① 〔德〕韩炳哲：《非物：生活世界的变革》，谢晓川译，东方出版中心，2023，第 33 页。
② 〔英〕克里斯·斯金纳：《数字人类》，李亚星译，中信出版集团，2019，第 16 页。
③ 〔英〕克里斯·斯金纳：《数字人类》，李亚星译，中信出版集团，2019，第Ⅶ页。

题，更是一个哲学问题。每一项发明，每一次技术革命，都有着引人注目的文明面，也必然有其黑暗面，数字化生存也不例外。张雄教授率先以哲学的方法研究了这一问题，他指出数字化生存是指对数字过于迷恋和崇拜，从而产生的一种以"数字"作为唯一标准的生存方式，其表现形式有数字决定论、数字的主体性认同、数字的基督性等，它认为数字化可以改变人的一切行为。现实历史发展总是在充满异化、背反、祛魅和辩证否定性运动中行进，数字化生存也不例外。在作为具体存在的数字化实存中有着深刻的内生矛盾及其二律背反。

一是虚拟与真实的矛盾及其二律背反。数字化实存，从"虚拟"被误解开始。虚拟（virtual）是一个舶来词，原意是指"（虽未在名义上或正式获承认但）具有可产生某种效果的内在力，实际上起作用，事实上存在"①。翻译成中文后，"虚拟"之"真实"的一面失落了。虚拟生存绝不是对现实生存的突破和超越，只是一种电子意义上扩展和延伸，是一个由人的符号和观念构造能力创造出来的属人世界，是在现实基础上由人类文明创造出的具有间接抽象性的新的实在。网络表面上看是电脑之间的联结，而在其现实性上，它是人与人之间关系的纽带，是人与人关系的载体。互联网的成功不在于技术层面而在于对人的影响。事实上，我们所说的虚拟现实在某种意义上就是现实本身的一个数字化反映，在算法的加持下，虚拟比真实还要真实。Virtual 一词不仅是虚拟的真实，也是真实的虚拟。庞帝在《数字化生存》中并没有使用"虚拟生存"（beingvirtually），而是使用"数字化生存"（being digital），他探讨的不只是技术层面上的"数字化"，而且包含精神感受层面上的"数字化"。确切地说，对"虚拟"的误解源于"原子思维"②，在原子世界里，各种比特存在是虚拟的，而在比特世界里，所有原来认为的虚拟无一例外地成为现实，所以，原来的虚拟与现实的矛盾具体化为比特与原子的矛盾，当我们生活在数字化的比特世界时，表明比特已经开始逐步主导原子，而且比特思维代替原子思维已经成为必然趋势。

二是噪声与安静的矛盾及其二律背反。对信号还是噪声的疑问实际上是活数据概念的确认，以及非活数据混杂带来的干扰。人的眼睛不仅是所有兴趣的出发点，而且是注意力的观测点，人对事物有兴趣就会用眼睛去看它。

---

① 张华、完权：《数字化实存与生存自由》，《自然辩证法研究》2008 年第 3 期。
② 胡泳：《原子与比特》，《新闻战线》2016 年第 12 期（上）。

以各种屏幕为载体的数字信息以扑面而来的阵势强制性地吸引人们的注意力，甚至是掠夺注意力。人们失去了具有深度的注意力，也因此而失去了安静。"我们已经没有时间闭上眼睛，由此引起了数字化交流的灾难。眼睛被迫变成了'不停歇的饕餮之物'。"① 人们失去了安静，失去了具有深度的注意力。"只有安静、想象力才为主体性开启了欲求具有深度的内在空间：人们只是在一种安静的状态中、在对安静的追求中才达到了绝对的主体性。"② "安静让人们对更高阶秩序的注意力变得敏锐，这种更高阶的秩序无疑是统治和权力的秩序。"③ 受强制的沉默不是安静，真正的安静无须强制。在数字化生存状态，安静已成为一种奢侈，看似安静的世界，实则比噪声还要喧闹。

三是自由的体验与信息全裸的矛盾及其二律背反。在数字化世界中，自由的体验与信息的全裸是一个值得深思的问题。一方面，数字化技术为我们提供了前所未有的自由体验，另一方面，信息的全裸也带来了风险和挑战。数字化世界打破了时间和空间的限制，让人们可以随时随地获取信息和交流。例如，通过电子商务，人们可以不受地域限制地购买全球各地的商品；通过社交媒体，人们可以与世界各地的朋友实时互动；通过在线教育，人们可以随时学习新的知识。这些便利为人们的生活带来了更多的选择和自由。然而，没有任何一个时代像今天一样，个人信息被如此容易地收集、存储和分析。虽然这为人们提供了个性化的服务和便利，但也导致信息的全裸。例如，一些企业在收集用户数据时可能没有得到用户的明确同意，甚至滥用用户数据进行广告推送或诈骗等行为。此外，随着物联网和智能设备的普及，越来越多的个人生活细节被数字化，这也使得隐私保护面临更大的挑战。在数字化世界中平衡自由的体验和信息的泄露已成为数字时代的一大政治难题。总之，在数字化世界中，自由的体验和信息的全裸是一个矛盾的两个方面。通过修订法律法规、提高安全意识、企业承担社会责任和政府监管等措施，我们可以在享受数字化带来的便利的同时，保护好自己的隐私和信息安全。自由是自由的选择，连不自由也是自由的选择。

---

① 〔德〕韩炳哲：《非物：生活世界的变革》，谢晓川译，东方出版中心，2023，第131页。
② 〔德〕韩炳哲：《非物：生活世界的变革》，谢晓川译，东方出版中心，2023，第131页。
③ 〔德〕韩炳哲：《非物：生活世界的变革》，谢晓川译，东方出版中心，2023，第128页。

小　结

数字化生存标志着精神轴心时代的到来。黑格尔指出，就世界历史而言，"它包含着衰颓灭亡的时期，其实，衰颓灭亡标志着在这个民族中出现了一个作为纯粹否定它自己的更高原则。这种情况指出，精神过渡到了那个更高原则，而另一个民族获得了世界历史的意义。"① 在数字时代，数字化科技已经深入我们的日常生活中，对我们的思维方式、社交关系、价值观念和人际互动等都产生了巨大的影响。可以说，谁掌握了数字化的制高点，谁就把握了世界历史的主动，而这个精神的更高原则需要从三个方面加以反思。首先，数字化生存让我们更加注重自我价值和个体主义。互联网上的社交媒体平台让我们能够通过展示个人生活、意见和观点来获得关注和认可。我们可以通过个人博客、YouTube 频道、社交网络等形式，表达自己的声音和观点，从而塑造自己的个人品牌。同时，互联网的匿名性也让我们能够更加自由地表达自己的真实想法，尽管这也可能导致虚假信息和仇恨言论的传播。其次，数字化生存加快了信息的传播和消费速度。我们可以随时随地获取新闻、娱乐和其他信息，通过社交媒体迅速分享和传播。这使得我们更容易受到各种信息的影响和干扰，也容易陷入信息过载的困境。此外，数字化技术的普及也使得我们更容易受到广告、营销和媒体的影响，需要更加警惕自己的信息选择和判断能力。最后，数字化生存也给我们带来了社交关系和人际互动的变革。人们越来越依赖社交媒体和即时通信工具来维持和发展人际关系。虚拟社交网络和在线游戏让我们能够与远在他乡的人们建立联系和互动，但它也可能削弱了现实生活中的社交关系和亲密关系。我们需要更加注意自己的虚拟社交与现实社交的平衡，不断加强与家人和朋友们的面对面交流和互动。

从物质轴心时代到精神轴心时代，意味着人们的价值观念和关注点的转变。在数字化生存的时代，我们需要保持对数字技术的批判性思维，同时明确自己的价值观、目标和生活方式。我们需要保持真实和真诚，不被虚假的网络形象迷惑，同时也需要更加警惕信息的真实性和可信度。只有在保持自身独立思考和价值观的同时，我们才能在数字化时代中找到自己的方向，并

① 〔德〕黑格尔：《法哲学原理》，范扬、张企泰译，商务印书馆，2009，第402页。

实现个人、社交和精神的平衡。转向精神轴心时代并不意味着人们会完全放弃物质生活或忽视物质需求。物质和精神并存，二者相互关联、相互促进。然而，在精神轴心时代，人们将更加重视内心的需求和追求，将精神成长和心灵满足放在更高的位置，追求更全面、更有意义的生活。总而言之，从物质轴心时代到精神轴心时代，标志着人们关注点的转变：从单纯关注物质财富和物质需求，转向关注内心的需求、精神成长和价值观念的重塑。在这个时代，人们更加关注个人的心灵世界和内心的满足，追求更高层次的生活品质和全面的幸福感。

（作者单位：西北工业大学马克思主义学院）

数字经济的伦理边际

郝　云

数字经济的发展引发人们对伦理边际问题的思考。伦理边际不同于伦理边界，边界是两区域之间的分界，是相对静态的、确定的；边际一般指一个事物的边缘，是动态的、可根据变化进行再确定的。伦理边际是变化着的伦理规定性或限度。由于数字经济发展的技术性、广泛性、复杂性、易变性等特征，相应的伦理边际问题会不断出现。因此，要用动态变化的伦理边际原则而不仅仅是伦理边界的固态标准来思考数字经济的伦理问题，平衡好数字经济发展的经济合理性与伦理合理性，确定数字经济发展的伦理限度，助力推动数字经济高质量发展。

一　数字经济发展带来的伦理边际问题

数字经济发展带来的伦理边际问题主要有以下四个方面。

1. 数字技术变化带来的伦理边际问题

从技术理性看，数字技术的基础单位是比特，比特是我们使用计算机、手机、互联网等技术进行信息处理和信息交流的基础，它可以被同时或分别重复使用，体现了比特单位所能开创的无限可能性，而这种数字技术的运用需要在一定的伦理张力范围内进行，如果突破了价值理性"度"的规定，就有可能产生负面影响。如数字技术的运用在拓展人际交往向度、扩大人际交往的自由度并延伸个人生活空间的同时，也会促使新的网络圈层不断出现，技术革新与伦理关系变化会产生新的紧张关系，形成人际交往的鸿沟，导致人与人之间关系的冷漠、对立等。面对技术理性与价值理性的冲突，不能简单用伦理合理性的标准来调节，而要对伦理限度进行调整，平衡数字技术的发展与伦理合理性的关系。

2. 数字劳动引发的劳动者权利的伦理边际问题

传统的生产要素随着数字化、智能化发展，在生产要素、劳资关系等领域出现了新变化，技术与伦理的张力日益凸显。从积极意义上看，数字经济下的远程协作、平台共享等新型工作形式的兴起，使劳动者有了更为自主的灵活就业方式。但数字劳动中数据精准、算法控制等手段在让传统雇佣关系变得模糊的同时，加剧了劳资关系的不平等。如有些互联网企业运用算法精准计算外卖行业劳动者单位时间内工作任务，劳动者常常处于超时工作、无休假等工作状态，还有劳动时间的不稳定性和工资计算的不透明性等，给劳动者带来了巨大的压力和不确定性。再比如，随着人工智能的发展，部分劳动者被人工智能代替，劳动者的劳动权利相对被削弱，劳动者权利受到侵害的问题变得更加复杂且隐蔽。这就带来了如何合理解决劳动者权利的伦理边际问题。

3. 数字经济追求高效率带来的公平伦理边际问题

数据作为数字经济时代的关键生产要素，与实体经济融合后，在推动高效率发展的同时，对公平伦理也产生了较大影响。如数据的共享和流通能使更多的企业和个人参与到数字经济的建设中来，分享数字红利。但同时，也带来数字鸿沟不断加深的问题，不仅会影响个人的发展机会，而且可能对整个社会的公平与和谐造成冲击。此外，在数字技术的普及与应用过程中，一部分人会通过率先掌握先进技术和大量数据资源获得巨大的经济利益，而一些人则因为数字技能和信息资源的缺乏，被排除在数字经济的大门之外。

4. 数字经济发展对自由度的拓展带来的责任伦理边际问题

数字经济高速发展带给我们快捷方便和多样化的生活方式，也为我们提供了更多自由选择空间。在自由边际拓展的同时，责任的边际也需要相应地拓展。如在线教育、网络评价、平台经济等新型服务模式和经济模式的出现，使人们可以在任意时空中进行工作和学习，大大提高了学习和工作的便利性和灵活性。但这种匿名性和距离感也导致了一些不负责任的行为，如传播网络谣言、恶意攻击、使用虚假信息、侵犯他人隐私等，因此，罚责的边际要相应地扩大。此外，还有扩大积极责任的问题，如数字技术的普及和应用为企业提供了更多的市场机会和创新空间，提高了企业的市场竞争力，但也面临如何重新界定企业的社会责任、增强企业的社会责任感和使命感的问题。

二　确立数字经济的伦理边际可接受原则

要解决数字经济的伦理边际问题，确立伦理边际可接受原则非常重要。从一般伦理学的角度而言，在对一个经济行为进行伦理判断时，可将其区分为伦理可接受和不可接受。二者中间有个边界，边界就是伦理底线。这种伦理评价方法只是从伦理学自身的逻辑出发来进行判断。然而，在现实生活中，由于受各种环境的影响，各种变化因素使单纯的伦理判断方法有一定的局限性，对行为简单否定的思维方式可能会影响到行为决策的合理性，甚至影响到经济、社会的发展。既然数字经济的发展带来了新技术、新模式、新形态的变化，数字经济与数字技术发展的伦理标准也该有相应的拓展和应变，除了确定可接受和不可接受标准，还需要有伦理边际可接受原则的衡量标准。边际可接受原则是个相对动态的标准，作为伦理标准，其可接受度的边际扩张和缩小还要取决于其他综合因素的作用力。基于此，综合考量的伦理边际决策应注重以下几个方面。

1. 伦理边际问题不能仅局限于伦理自身的标准

要综合考虑经济因素、政治因素、社会因素与技术因素等。伦理标准不是固态的，也不是唯一的标准，是综合各种因素考虑后的动态标准。如一种新技术的运用给经济带来了巨大的利益，边际效用增加，但同时出现了伦理负效应。这就需要综合衡量技术进步推动社会进步的情况，同时也要重视伦理边际负效应带来的影响。

2. 充分运用边际分析方法

边际可接受是介于可接受和不可接受之间的，可以动态变化的标准。经济理性对数字经济的发展有其衡量的标准。经济学的判断标准是经济利益或效用最大化，边际分析是其中的一种分析方法，通过对边际效用、边际成本、边际价格等进行分析，求得最佳方案，以利于经济决策。相应的，伦理边际也有一个博弈和平衡的过程，这并不意味着道德的牺牲，而是在新的情况和环境下对伦理的综合考量。

3. 对边际可接受行为的补充措施

由于数字经济的发展变化带来的伦理边际的变化，有些经济行为变为边际可接受行为，但其实还需要采取措施消解其所产生的负面影响。此外，随着经济和社会的变化，这些行为有可能会失去伦理合理性。因此，还要防范伦理麻木、伦理冷漠、伦理失范等现象的出现，要加强经济伦理建设，重视数字经济中出现的新伦理问题。

三　数字经济伦理边际问题的解决方案探索

针对以上提出的数字经济伦理边际问题，结合伦理边际问题的基本原则，可以确立以下解决方案。

1. 综合评估数字经济带来的经济利益和伦理效应，以确立权利伦理和公平伦理的限度

基于综合因素考量的原则，从权利伦理的角度看，在评估数字劳动的合理性以及人工智能运用对劳动者权利影响时，不能仅从权利伦理的维度来判断机器代替人的问题，因为技术的发展也促进了权利伦理的进步，减轻了劳动的强度，使人的择业方式、劳动选择等更加灵活和自由。从公平伦理的维度看，经济与伦理的综合评估就是效率与公平的综合评估，数字经济的公平一定是有效率的公平，效率应该是有公平的效率。前面论及的数字鸿沟、数字垄断等显然是违背公平伦理原则的，也会降低市场经济的效率。因此，要综合考虑经济效应和伦理效应。在具体评估和方案的选择上，可以采取优选原则和底线原则相结合的评估方式。优选原则是在经济与伦理综合评价上确立综合最优选择。如果没有优选方案，就需要确立经济和伦理底线原则，这是伦理边际决策在权利伦理和公平伦理运用上的实践标准。总之，在运用伦理边际原则作出行为选择时，应该充分评估数字经济作为"新质生产力"代表的经济形态，以及数字经济在升级数字技术、优化资源配置、创新产品和服务等方面为推动经济高质量发展发挥的重要作用，不能一味地用传统伦理标准来评判新技术引发的伦理问题。

2. 以动态标准要求夯实伦理责任

由于数字经济给企业带来诸多变化，数字技术的革新使企业有了更多自由发展和创新的空间和机会，但这也要求企业承担起相应的责任。与传统相对较为固定的责任相比，动态责任是需要企业有更加自觉的意识，也要求政府部门及时出台数字经济领域的规制措施，还要加强对数字技术运用的监督等。对企业自身而言，要遵守社会道德规范、行业自律规定和法律法规等，并以强烈的责任感和使命感融入数字经济发展大环境以及强化企业自身的责任伦理建设，积极参与社会公益事业，努力为社会做出贡献。对政府部门而言，要加强技术防范和管理措施，保护公民隐私和数据安全，防止信息滥用和泄露，维护公平竞争的市场环境等，这样才能确保以动态标准来确定和执行责任伦理。

3. 采取伦理补救措施而不是简单的禁止行为

数字人的出现，AI 复活技术等不能无限制、无边际地发展。劳动关系也不能无限度地虚化劳动者的身份。针对线上交往出现的问题，可以增加线下交往、线下会议等机会和场合，充分体现在场性。针对数字经济、数字技术发展地域不均衡的问题，可以通过深入实施"东数西算"工程、构建全国一体化算力网，解决数字资源区域性分配不公的问题。"加快建立数据产权归属认定、市场交易、权益分配、利益保护制度，提升数据安全治理监管能力，建立高效便利安全的数据跨境流动机制"，这些都是保障数据安全的有力举措。

（作者单位：上海财经大学马克思主义学院、上海市伦理学会）

本文原载 2024 年 8 月 26 日《光明日报》，收入本书时有改动

数字劳动与新质生产力

数字劳动分配正义问题探析

魏小萍

数字信息与网络的结合，意味着万物互联时代的到来。数字劳动是伴随数字经济的发展而产生的与传统物质性劳动有所不同的新型劳动现象。数字经济给人们的日常生活、生产、教育、医疗、金融、社会交往等各个领域的活动带来了极大便利，运行效率显著提高。与此同时，数字劳动现象的出现也产生了与之相关的分配正义问题，引起了国内外马克思主义学者的广泛关注与讨论。产生于资本主义工业化时代的马克思劳动价值理论，能否有效地分析万物互联时代的数字劳动问题，成为学者关注的核心话题。

一 如何理解数字劳动的价值创造问题

马克思的劳动价值理论从具体劳动和抽象劳动两个维度来把握劳动内涵，从使用价值和交换价值两个维度来把握劳动价值。我们首先从第一个方面来分析数字劳动。抽象劳动作为无差别劳动是所有劳动共有的属性，而从具体劳动的角度来看，马克思用复杂劳动概念来把握创造科学技术的脑力劳动，用简单劳动概念来把握物质性生产劳动。

与信息技术相伴的数字劳动在具体劳动的意义上来理解，可以分为两类，即数字创造型劳动和数字操控型劳动，也可以相应地理解为自主型、创造性劳动与操控（从使用数字产品的意义上来说）或受操控型（受数字产品控制）劳动。前者主要包含软件设计、信息生产类劳动，后者主要包含通过互联网渠道操控数字或者受数字操控的劳动。从操控的角度来看，各行各业的劳动者在互联网时代多多少少都受互联网工具的管理，对一部分劳动群体来说，这种管理模式具有特殊的意义，不过数字劳动概念主要并不是从这一意义上来说的。国外学者对工作概念与劳动概念的区分，有时被用于数字劳动的这两种类型，类似于白领与蓝领的区分，前者更多包含的是脑力劳动，后者更多是指体力劳动。国内语境没有对工作（work）与劳动（labour）概念在这一意义上进行区分，劳动概念更多与农业生产相关。

数字化劳动，或者非物质劳动问题的提出，所要突出的是这一类劳动与传统物质性生产劳动在劳动价值的创造上是否有所不同，或者说如何用马克思的劳动价值理论来分析数字劳动的价值创造问题。这既是一个老问题——因为马克思讨论过复杂劳动与简单劳动的区别，又是一个时代发展中的新问题——因为数字劳动的价值创造问题显然比复杂劳动还要复杂。客观且科学地对此进行分析并非易事，这是一个跨越哲学、政治经济学、社会科学的综合性问题，既离不开抽象的哲学思维，又离不开经验性的实证科学分析。如果用复杂劳动概念来归类软件设计、网络管理与经营及数字计算、信息生成类劳动，用简单劳动概念来归类数字程序操作或者受数字程序控制的劳动，那么前者接近于传统意义上的脑力劳动，后者类似于传统意义上的物质性生产劳动或者体力劳动。

马克思如何理解复杂劳动与简单劳动在价值创造方面的区别呢？马克思将劳动价值区分为交换价值和使用价值，对于作为创造性劳动的数字劳动来说，具有特殊意义的是其使用价值，交换价值则是其劳动力的生产成本（比简单劳动多了教育成本等）。交换价值与价值具有同等含义，不是以正在进行时所创造的劳动价值来衡量，而是以生产劳动力的那个劳动价值来衡量的，前者总是要大于后者，否则资本就没有利润空间了。

由于复杂劳动所需要的生活费用及教育费用等较高，其劳动力成本要大于简单劳动，因而复杂劳动的劳动力价格就会高于简单劳动，即使我们将管理性劳动归为复杂劳动，情况也是一样。但是，即便复杂劳动的劳动力成本高于简单劳动，其差异幅度也是有限的。

这只是就一般情况而言，现实中并不存在绝对的劳动力价格，受各种社会因素影响，价格围绕着价值而上下波动。克里斯蒂安·福克斯在《数字劳动与卡尔·马克思》一书中对此解释道："劳动力价格（工资）取决于政治上规定的劳动条件，这是资本和劳工之间阶级斗争的实际、时间和动态变化的结果。"① 除了劳动力市场的供求关系，工人阶级的工会组织会尽可能提高劳动力的价格，而资本一方会尽可能使其处于最低水平。

既然简单劳动与复杂劳动的劳动力成本差异是有限的，那么现在问题就来了，网络大亨、平台经营商百万倍、千万倍于受众劳动群体的收入从何而来呢？为了回答这一问题，除了与数字劳动相关的简单劳动和复杂劳动，我们还必须注意两种情况，即数字操控者如网络大亨、平台掌控者与创造性数字生产者和软件设计者之间的区别。后者可以看作从事复杂劳动的劳动者。

根据马克思的劳动价值理论，网络经营者的收入是通过资本在投入运营过程中与他人劳动结合而获得的剩余价值。其前提条件是与他人劳动相结合，对于网络经营商来说，这个结合是如何发生的是问题所在。由于网络经营商雇佣的员工非常少，因此，网络经营商的巨额利润不可能全部来自自己员工的剩余价值。那么这些利润来自哪里？这个问题我们放到后面讨论福克斯的观点时再谈，先来分析高科技劳动能否成为个人高额收入的正当理由。

我们需要先看看数字劳动涉及的基本成分：简单劳动、复杂劳动，经营者和雇佣劳动者，还有自主劳动者。他们之间具有相互重叠关系：雇佣劳动者、自主劳动者，既可以是简单劳动者，也可以是复杂劳动者；经营者可以是复杂劳动和资本经营活动的统一。在理解数字经济分配正义的问题时，人们往往用数字经济的高科技属性来为数字经济中产生的贫富分化现象进行辩护，因此对数字经济中的资本经营者与高科技劳动者进行区分，并且从马克思所理解的复杂劳动的角度来分析高科技劳动的收入，就十分必要。

我们将依据马克思的劳动价值理论从两个方面来分析高科技劳动收入。从使用价值角度看，物质性生产劳动带来的产品具有直接的生活消费方面的可用性，脑力劳动带来的产品多半存在于科学研究、管理、生产、流通等非直接消费领域。马克思所说的使用价值是从抽象意义上来理解的，即一般商品的使用价值在于它的有用性，这适合于物质性生产劳动生产出来的劳动产品，而劳动力商品的有用性是相对于雇佣他的资本而言的，在于他所创造的价值要大于他维持自身生存延续的成本价值。使用价值不同于交换价值，没有量化概念。网络大亨、平台经营商的劳动不同于创造性数字劳动或复杂劳动。前者运营着自己掌控的资本，即使这个资本是借贷来的；后者离不开他

---

① 〔英〕克里斯蒂安·福克斯：《数字劳动与卡尔·马克思》，周延云译，人民出版社，2020，第73页。

人的资本运营。

如果说劳动力商品的使用价值在于工人在与资本交换过程中能够创造大于他自身劳动力价值的价值（暂且略去价格围绕价值波动这一因素），那么软件设计者、科学技术工作者的脑力劳动，或者一般地说，复杂劳动的交换价值和使用价值该如何理解？

首先，从交换价值的角度来看，如果说简单劳动劳动力的交换价值取决于其所消耗的生活成本的社会必要劳动时间，那么复杂劳动劳动力的交换价值所需的社会必要劳动时间则无从比较。高科技劳动产品可以取决于一个人的瞬间灵感，也可以耗费一个人的毕生精力。如果对于高科技劳动产品来说，社会必要劳动时间无从比较，那么高科技劳动者的生活成本也就无法借助社会必要劳动时间来确定，它可以非常长，也可以非常短。

其次，从劳动力的使用价值来看，复杂劳动的使用价值与简单劳动的使用价值是否可以比较？简单劳动的使用价值在于能够创造出大于自身劳动力的价值。这个剩余价值或者剩余劳动是现代文明社会的物质基础，在一定限度内必须存在，只是在私有制经济中它掌握在私人手上，在公有制经济中它不是以剩余价值的身份，而是以剩余劳动的身份掌握在社会手上。马克思因此在《哥达纲领批判》中批判了拉萨尔那种公共占有条件下的所谓不折不扣的劳动所得。而复杂劳动如科学技术的使用价值则如其称谓那样复杂得多。

科学技术产品或者说科学技术成果使用价值的兑现，并非像简单劳动产品那样直接或者间接地取决于市场上的销售，科学技术产品的销售价格取决于它向实体经济转化后所能产生经济效益的预期值。科学技术劳动产品的使用价值至少可以从两个方面来分析。

第一，类似于简单劳动产品的使用价值，即它在实体经济中的转化使用能够通过提高劳动生产率而降低生产成本，创造更多的物质产品，或者说创造更多的使用价值（此使用价值非彼使用价值），在竞争中具有价格优势，由此带来更多的相对剩余价值。之所以说相对，是因为科技普及的结果是生产成本的普遍下降与产品价格的相应降低。由于马克思的使用价值概念是一个定性概念，不是定量概念，科技劳动产品的使用价值与简单劳动产品的使用价值可以一比。

第二，科学技术在实体经济中的运用能够给人们的生产、生活中所有人类活动可能涉及的领域带来质量的改善和效率的提升，其所带来的社会价值是不可估量的。但是这一社会价值与科技劳动产品的交换价值、与资本获得的相对剩余价值不属于同一个价值范畴。

数字经济的分配正义问题并不主要产生于数字创造性劳动与数控劳动之间，而在于平台经营商的巨额利润来自哪里、由谁创造？平台经营商的情况不同于科技工作者的数字劳动，他们借助平台，通过获取、掌控、生产数字信息分享实体经济的利润，至此，资本"家族"又新增了一个成员，即数字信息资本，由此引发了平台经济与分配正义问题的讨论。

二　如何解析数字劳动的分配正义问题

数字信息资本的力量有多大？以经营数字信息为主业的平台经营商的迅速崛起就足以说明问题。平台经营商能够在短短数年间获取超越传统产业数代人积累的资本，这是如何做到的？福克斯在《数字劳动与卡尔·马克思》一书中提出了这样的问题，网络平台巨额利润的剩余价值是从哪里来的，或者说是谁创造的？他经过对脸书（Facebook）2011 年经济数据的分析与计算，得出其 2011 年的利润率是 512%。这一高额利润是在脸书雇佣员工人数很少的情况下实现的，也就是说，高额利润不可能全部来自员工的剩余劳动。福克斯提到的这个数字可能并非那么精确，但仍然是相当惊人的，这是一般行业可望而不可即的。

网络平台面向社会，具有社会公共性，为信息共享提供场所，呈现了共享经济的特征，然而在这一现象背后运行的仍然是资本逻辑。福克斯批判了那种普遍流行的观点，即具有共享特征的互联网经济将直接通往无阶级社会。福克斯认为："该论点是这样的一种还原论，它构成了一种意识形态，即赞美当代社会，隐瞒和否认在此社会中所发生的生产力的变化与进步是由剥削关系驱动的。"[①] 资本发掘并利用了这一公共性，将自身潜能开发得淋漓尽致。

福克斯尝试用马克思的劳动价值理论来分析网络大亨如何在共享经济面纱下破土而出，并从网络平台所面向的社会层面去寻找问题的答案。他用受众劳动（Audience labor）这一概念来表达徜徉于网络的数字劳动/消费群体，将之看作平台经营剩余价值的发源地，认为网络经营商的利润来自这些数字劳动/消费群体所生产的信息数据。

---

① 〔英〕克里斯蒂安·福克斯：《数字劳动与卡尔·马克思》，周延云译，人民出版社，2020，第 194 页。

人们在平台上彼此沟通、交流，获取并产生新的信息。阿尔文·托夫勒用产消者（Prosumer）概念来称谓这一群体，以此强调这一群体劳动与消费合二为一的特征，劳动即消费，消费即劳动。福克斯借助史麦兹的说法解读这一群体的特征："受众本身——其主体性和主体创造性活动的结果——被作为商品出售。"谁是购买者，这一群体的产品又是如何为网络经营商带来剩余价值的呢？福克斯认为受众劳动所创造的信息，被网络经营商作为商品出售给广告商，而这些劳动本身没有获得任何报酬，是一种无酬劳动，这成为网络经营商的主要利润来源。

平台经营商的高投资回报率是传统工业资本所不可比拟的，相对于金融资本的高回报与高风险，平台经营商的高额利润具有更为可靠的确定性。福克斯将这种确定性归于平台上的数字劳动，认为"互联网在很大程度上以剥削数字劳动为主"①。平台上的数字劳动这一新型大众劳动模式，这里更应该称为受众劳动，或社会劳动，主要发生于法定劳动时间之外的自由劳动时间。福克斯认为正是这一受众群体的无酬劳动，在为平台创造剩余价值，成为互联网经营的主要利润来源。员工数量少而无酬用户数量大，使得巨量用户劳动时间的奉献为平台提供了巨额剩余价值。他以此来解读"脸书"、Youtube、"推特"（Twitter）的主要利润来源。然而，这恰恰是令人费解的地方。

福克斯在书中对此进行了讨论，这里涉及文化劳动产品的属性问题。社会上存在这样一种声音，即文化劳动产品不是商品，历来是无酬的。我们知道今天在西方世界，一般学术论文仍然是没有报酬的，资本主义社会的物化现象似乎没有侵蚀到这一领域。对此，他并没有给出有说服力的解释。

福克斯这部著作很可能是他自己不同写作材料的合成，他设想用马克思的劳动价值理论来分析当代资本主义条件下的数字劳动问题，他的分析与他对马克思劳动价值理论的阐述并没有有机结合起来。他尝试用数学公式对网络平台获取的剩余价值进行实证，但是他论证的问题与他的数字证明之间并不那么吻合，问题似乎存在于他的数学公式之外。他所面临的问题并不是剩余价值的存在与否，这是显而易见的事实，而是这一剩余价值产自谁手？这使得他的论证在某种程度上缺乏说服力，因为人们质疑的正是平台的剩余价

---

① 〔英〕克里斯蒂安·福克斯：《数字劳动与卡尔·马克思》，周延云译，人民出版社，2020，第 388 页。

值直接产生于受众群体的无酬劳动这一观点。

　　根据马克思的劳动价值理论，雇佣劳动的使用价值在于劳动者与资本的交往中所创造的交换价值大于其所获得的用于维持生存的劳动力价值，两者之间的差就是资本占有的剩余价值。但是网络平台与受众劳动群体之间，除去付费的信息和软件，在大多数情况下，并没有直接的交易行为，没有依据合同的买卖关系。也就是说，在没有发生劳动力购买的情况下，占有了劳动者的剩余劳动，这是匪夷所思的。

　　除去依托平台进行典型劳动的群体，确实有相当一部分受众劳动群体是在自由时间驰骋于网络，消耗的是用于维系自身生存的劳动时间之外的自由支配时间，简单说就是利用业余时间从事文化活动。从工作的角度，人们有时也用自我剥削的概念来形容，因为这一部分工作是自愿而无酬的。福克斯将所有受众群体消费在网络上的时间都看作信息商品生产时间，无论是主动的信息撰写、传播还是被动的广告消费，其使用的时间都包含在内。福克斯认为正是受众劳动群体创造的数字信息所具有的这种特殊性质，即它是一种劳动产品，并能被作为商品出售，然而获得它无须支付相应的劳动报酬，才使得网络经营商只要付出很少的经营成本，就能获取巨大的利润。为了更大的利润，网络经营商的努力方向就是赢得更多的无酬受众劳动者，其利润空间取决于无酬劳动者的数量。福克斯将这一类型的无酬劳动看作网络经营商的剩余价值来源：在网络社交媒体上，知识被商品化，这种商品化并没有导致文化产品与生产者的完全分离，"而是导致用户与经济使用权以及利用这些权利获得的货币利润的分离"[1]。

　　福克斯的这一分析方法存在理论上的困境。我们可以换个角度来分析这一问题。受众群体在网络平台上生产的信息产品具有社会共享性，他们既没有凭借这一产品与网络经营商之间形成经济交往行为，也没有凭借这一产品与其他产消者形成经济交往行为。所以这些产品没有被商品化，具有名副其实的社会共享性，网络平台为这一共享提供了场所。

　　但是，正是受众群体自身对信息的产消行为，成为实体经济代理广告商的标的，网络平台也因此被广告商看中，广告费的多少取决于产消者数量或者人们常说的流量的大小。广告代理企业看重的是这些受众群体未来的生活

────────────

　　[1]　〔英〕克里斯蒂安·福克斯：《数字劳动与卡尔·马克思》，周延云译，人民出版社，2020，第390页。

行为，他们被视作潜在的消费群体，是未来兑现各种产品的潜力军。企业代理广告商为此支付的是未来产品销售的预期值，平台经广告商之手获取的是厂家对未来剩余价值兑现的期待值。这样来理解，受众群体的劳动就不是剩余价值的直接生产者，而是未来兑现剩余价值的潜在市场。创造剩余价值的主体仍然是生产领域的劳动者。从这个角度来看，福克斯对平台巨额利润来源的理解是值得商榷的。

我们退一步从量化数字的角度看，除了购买软件费用、广告消除费用，平台没有从受众群体那里获得实际的货币支付。平台与金融信贷的融合，其利润来源属于另外一种情况，一种类似于银行业务的信贷差价收入，虽然量小但是面广，这一部分利润收入是相当可观的，不过，这不在福克斯所讨论的受众劳动作为利润主要来源的这一问题范围内。

网络上传播的知识具有被商品化的可能，这里知识产权的保护作用是相对的、有限的。知识产品不同于物质产品，物质产品在使用中损耗、消失殆尽，而知识在使用中会叠加，成为生成新知识的要素。所谓知识产权的专属问题，也是相对而言的，无论是从社会科学还是从自然科学的角度来说，都没有绝对的意义，任何知识都是在前人既有研究成果基础上发展起来的。

知识产权问题的形成，主要是为了激发和保护脑力劳动者的积极性，是物权概念的演绎。知识本身能被商品化吗？这一问题是相对于知识的共享属性而产生的。这里我们不要混淆两种共享形式：溢出效应与真正共享。溢出式共享是一种消极共享，在资本主义市场经济中，新科学技术知识是受到严格的专利制度保护的，并不存在真正的共享，溢出来的多半是过期知识。哲学社会科学知识产权的保护受同样理念的支配，专著和论文中常见的处处、层层引语现象就是这一理念深入人心的结果。与自然科学不同，这里不存在概念、句子和思想的金钱交易，体现出来的是一种对他人精神劳动、知识权利的尊重。在当下社会，借助网络平台，真正被共享的大多数是科普知识、社会科学知识等。

数字劳动的分配正义问题主要在于网络平台运营商的巨额利润从何而来，基于上述分析可以说，它既不是来自创造性数字劳动（mental）、管理性数字劳动和受数字操控劳动（manual）之间的收入差异，前者有时会以知识资本化的途径直接参与资本股权分配和资本利润分配；也并非来自受众群体的剩余价值。网络平台的巨额利润，除了网络金融、收取相应服务费，主要通过实体经济或其他行业经济实体的广告收入分享其剩余价值。

网络平台对广告的吸引力在于，其受众群体本身就是一个庞大的信息消费和生产资源。这些资源都具有天然的社会性、公共性，包含人们的日常生活数据以及本来属于每一个人的个人信息。在某种程度上，这些社会资源就像土地一样，在没被占有之前属于整个社会。平台经营商借助技术手段收集和控制这些信息资源，并对其加以垄断，借此获利，分享实体经济的剩余价值。

问题在于这些社会资源如何能够回归并且直接惠及整个社会？中国特色社会主义应该发挥制度优势，促使网络平台真正为社会大众服务。探索构建拥有多渠道信息资源、强大搜索引擎、杜绝各类商业广告、向全社会提供免费服务的综合性、多功能、非营利性质的安全的公共网络平台的可行性路径，让源于社会的数字信息资源回归社会、服务社会。数字劳动的出现是否意味着生产关系的相应变化？

数字经济与互联网时代的到来对生产力进步的意义堪比 17～19 世纪电的发现与应用。在数字劳动这一新型劳动形态中，与网络平台相关联的是受众劳动——一种社会性、大众化劳动，与传统产业化、集约型劳动模式相比，这一劳动形态具有非集约性、发散性、劳动场所不固定、劳动时间机动的特点；与工农业生产领域相关联的是自动化、智能化现象的出现。哈特和奈格里在《帝国全球化的政治秩序》中将数字劳动称为非物质劳动，在一定程度上把握了这一劳动的特征。在他们看来，这一为"帝国"建构新经济基础的非物质劳动，已成为价值创造的中心元素，因此认为传统经济中的时间、地点等因素已经无法限制主体性的生产，并认为这种情况从根本上改变了资本对劳动的支配关系。

所谓非物质劳动（哈特和奈格里讨论的情感劳动除外，将情感付出也看作一种劳动，应该是拜物教社会化或者社会拜物教化了的现象）是数字劳动的特征，生产领域的信息化、智能化取代了人的劳动，但数字劳动的载体、数字劳动的操控对象、数字劳动的终端产品都是实实在在的物质性存在。非物质劳动在劳动场所和劳动时间上的自主性在一定程度上给人以独立、自由的错觉，这一劳动所仰赖的载体及其经济关系仍然受资本控制。

数字经济条件下，高科技在生产领域的应用催生了产业智能化升级，互联网与物质生产的结合，打开了万物互联的局面，提高了现代产业从生产、流通到消费的循环效率，削减了流通领域的时间和空间成本。如果我们将此看作数字经济条件下生产方式的变革，这一变革无疑推动生产力发展又上了一个新台阶。在马克思那里，"社会关系和生产力密切相联。随着新生产力的获得，人们改变自己的生产方式，随着生产方式即谋生的方式的改变，人们也就会改变自己的一切社会关系。手推磨产生的是封建主的社会，蒸汽磨产生的是工业资本家的社会"①。数字经济时代的到来，是否会带来相应的生产关系的变化？机器人生产是否意味着剩余价值的消失？这是国内外马克思主义学者普遍关心的问题。然而要分析这一问题并非易事，因为它具有跨越哲学、政治经济学、实证社会科学边界的综合性特征。

数字经济是一个统称，包含网络化、智能化及其在一切生产领域、生活领域的运用。它同时向宏观世界与微观世界延展，人们也用元宇宙时代的到来形容它的无限拓展空间。尼古拉·尼葛洛庞帝在《数字化生存》一书中用比特（bit）概念来象征信息，用原子（atom）概念来象征信息的物质载体，认为比特"就好比人体内的 DNA 一样，是信息的最小单位"，是数字化计算中的基本粒子。

信息由比特组合而成，其组合者即数字劳动者也就成为信息的生产者，信息借助网络平台传播，为社会所共享，成为公共资源，一些学者推测，信息有助于形成共享经济并将成为直接通往未来无阶级社会的捷径。皮凯蒂与福克斯从不同角度否认了这些观点。

为信息传播提供平台的是资本运营者，收入分配的话语权不是由信息生产者，而是由资本持有者决定，在资本逻辑主导的经济关系中，信息的现实化过程离不开资本的运作。皮凯蒂借助当代大数据论证了当今世界资本逻辑的节奏没有发生变化，而是继续向着资本积累速度快于国民经济增长速度的方向发展；福克斯则设法论证平台经济的暴利来自对受众劳动者剩余价值的无偿占有。皮凯蒂针对的是 21 世纪资本主义发展趋势，福克斯针对的是资本主义社会的平台经济。

在资本主义社会，科学技术对生产力发展的推动是通过资本对相对剩余价值的追逐来实现的，数字经济也不例外。信息化、大数据、智能化通过提升资本有机构成，促使生产率大幅度提升，活劳动占比相应大幅度减少，物质产品更加丰富。然而，物质产品在量上的增加与其所包含的劳动价值量成反比关系，资本通过对高科技的垄断掌握定价权，由此带来的相对剩余价值能够在相当一段时期保持利润优势。这一优势受科学技术竞争状态左右，并

① 《马克思恩格斯选集》第一卷，人民出版社，2012，第 222 页。

不是一劳永逸的，这在某种程度上促使科学技术不断进步、发展并向实体经济领域转化。

产业智能化与物联网的结合提升了产业资本的有机构成，但是并没有改变资本靠剩余价值增值自身的运行机制。在这种情况下，资本利润率的增加一方面是借助技术专利带来的相对剩余价值，另一方面是借助与反垄断政策相伴而行的高科技市场垄断。福克斯因此批判了那种将信息社会冠冕堂皇中性化的观点，认为当代数字经济所带来的生产力新变化延续着资本主义的剥削关系，同时也延续了传统经济关系所包含的内在矛盾。

各种行业性的网络经营商为供需双方搭建了沟通平台，提供了交易机遇、提高了交易效率。但是行业性的网络平台借助对数字信息的掌控与出售，通过与实体经济受众群体的交易和广告收入分享实体经济的利润。这一获取利润的方式，在为实体经济提供交易便利的同时，也增加了其运营成本。网络经营商垄断的信息资源变身为虚拟资本，掌握获取利润的经济权力。

数字经济并不是独立于传统经济体制之外的真空世界，它存在于传统经济体系中，是传统经济的数字化升级，由此带来的生产方式变化并没有从根本上动摇资本主义经济体制。在资本逻辑主导的经济关系中，数字经济本身所具有的抽象化、虚拟化特征，成为资本借助高科技手段获取高额利润的捷径。

社会主义是在充分吸收资本主义一切成就的基础上发展起来的。中国特色社会主义市场经济离不开科学技术的进步，数字经济的智能化、万物互联将助推社会主义市场经济的发展。从全球历史进程的角度来看，在中国特色社会主义现阶段，资本逻辑在一定范围内的存在与运行有其必要性和合理性，数字经济因此也难免受到资本逻辑的捆绑。对资本运营的规范、驾驭和管理，同样应延伸至数字经济领域。抑制其弊端，发挥其积极因素，才能使数字经济成为中国特色社会主义经济健康发展的助推器。

数字经济对现代社会发展的促进作用不仅存在于经济领域，对于整个社会文明进步同样具有重要的政治意义。社会化的数字管理、数字透明，将有助于强化各个方面的社会监督作用，规范资本运营，促进数字劳动的分配正义，从技术层面抑制腐败问题，促使整个社会的经济文明、政治文明同步发展。

（作者单位：中国社会科学院哲学所）

本文原载于《江海学刊》2023 年第 7 期，收入本书时有改动

无形经济：一个值得深究的哲学问题

张　雄

　　马克思主义哲学的发展，需要关注两大领域的新变化。一是科技革命出现的新态势，它是马克思主义哲学发展的时代根据。恩格斯指出："甚至随着自然科学领域中每一个划时代的发现，唯物主义也必然要改变自己的形式。"① 二是人类经济生活范式的新变化，它是马克思主义哲学发展的经济动力源。马克思指出："物质生活的生产方式制约着整个社会生活、政治生活和精神生活的过程。"② 应当说，两个领域都是马克思主义哲学精准把握时代精神精华的轴心坐标。

　　21 世纪随着互联网、大数据、人工智能叠加发展的时代到来，数字成为人类新的生产要素，它已经构成现代经济发展的重要引擎。利用数字技术和 AI 来推动资源优化配置和生产力发展的经济范式，有着高度抽象、高度虚拟、高度精神意向性特征，被国际学术界指认为"无形经济崛起"的新态势。无形经济不仅是一个经济学范畴，更是一个值得深究的经济哲学问题。反思人类行为和经济动因方面最根深蒂固的一些观念，关注因此观念变化而带来的新的人类生存境遇，乃是马克思主义哲学经济思辨之所好。我们应当从马克思主义哲学高度，甄别这一范畴的内涵与外延，梳理人类经济发展史的规律与趋势，赋予无形经济事实判断与价值判断。本文仅就两个问题做重点解析。一是无形经济到来，传统有形经济的"物质本体论"被质疑，

---

　　① 《马克思恩格斯选集》第四卷，人民出版社，2012，第 234 页。
　　② 《马克思恩格斯文集》第二卷，人民出版社，2009，第 591 页。

物质地位和作用受到冷落或弱化，物质还是我们这个"无重量世界"的第一性原理吗？二是如何正视无形经济带来的意识对物质的嵌入，以及精神意象性智能造物等现象？摒弃物性化思维，重视"意识能动性原理"的新解。

一　无形经济范畴的历史哲学追问

（一）无形经济是有形经济长期发展的产物

德国学者韩炳哲指出："物构成了大地的秩序、地球的秩序；这些物具有绵延的形式，为居住构建出安定的环境。这样的物是汉娜·阿伦特所说的'世界之物'，它们具有'安定人类生活'的使命，它们支撑着人类的生活。"① 千百年来，正是这个物的世界，构成了以物为轴心的人类经济活动的有形经济形式。所谓有形经济，是指看得见、摸得着的物质经济活动范式，如物品经济、实物经济、物质经济。用经济学话语说，资产是指可以触摸的实物，而投资是指建造或购买实物资产。远溯前古典经济学时代，在古希腊、古罗马以及欧洲中世纪教会经济思想中，物质经济是所有经济学叙事的中心概念。物质生产、物品交换以及财富积累离不开看得见、摸得着的实物财产。近代英国工业革命爆发，斯密撰写了人类第一部科学意义上的"物质经济"理论教科书。在斯密看来，劳动概念不应包括精神劳动，精神生产本身既不生产价值也不能用于交换，因此，政治经济学应当是关于物质经济的学问。可见，有形经济是工业革命以来人类积极打造原子式资本经济时代的经济范式。实体性、物质性、物品质料性是该时代经济本体的哲学内涵。一切经济活动，都围绕追求可触摸实物多寡的中心议题竞争。因此，所有资产、资本、财富等隐喻着一种权力，即对一定数量可触摸到的实物的占有或支配。

法国古典经济学家萨伊批判了斯密对于财富和生产的狭隘理解，通过效用理论拓展了人们对财富创造的认知，首次提出精神生产创造精神产品也应当被视作生产性劳动的理念。19世纪上半叶，精神生产力范畴被德国经济学家李斯特首次提出。他指出，从国家视角出发，精神生产者的任务是一个涉及内政国防外交，贯穿政治经济文化各领域的命题，根本目的就是通过这

---

① 〔德〕韩炳哲：《非物：生活世界的变革》，谢晓川译，东方出版中心，2023，第3页。

样一个高效综合体制的建构来提高整个国家的精神生产力，使精神生产和物质生产实现良性互动、相互促进，实现国家富强。[①] 马克思在批判继承古典政治经济学关于精神生产思想的前提下，从唯物史观视域提出了三种社会生产理论：物质生产、精神生产、人的自身生产。精神生产大致分为两部分，"思想、观念、意识的生产"和"政治、法律、道德、宗教、形而上学"[②]等社会意识形态的生产。精神生产由物质生产的一定形式决定，必须依附于一定的物质条件才能实现。马克思的贡献在于大大开拓了人类对经济性理解的视野，从单纯的物质选项转变到物质与精神双重选项的辩证原理上。

20 世纪下半叶，"无形经济"范畴在未来学家托夫勒的三次浪潮理论中被提出。他指出："一旦我们认识到第二个部类可计算的生产（和生产力），和第一个部类无法计算的生产（和生产力）这个无形经济之间的强大紧密关系时，我们就被迫重新对这些关系作出解释……富科斯说：'消费者的知识、经验、诚实和动机，影响着服务行业的生产力。'"[③] 他已经预感到信息社会的经济学，应当足够重视人的个性结构的性质本身、计算机模式和矩阵等非实物要素的影响。美国未来学家丹尼尔·贝尔在《后工业社会的来临》中明确指出，后工业社会有五大变化趋势：①从产品经济转变为服务型经济；②专业和技术人员阶层处于主动地位；③中轴原理，理论知识处于中心地位，它是社会革新和制度政策的源泉；④未来的方向，对技术的控制以及技术评估；⑤制定决策，创造新的"智能技术"[④]。他意识到以知识经济为中轴原理的后工业社会，经济活动的内涵已发生了根本改变：从单纯的物质选项，走向物质与意识的双重选项。尤其是，对信息、知识、技术等非物质要素的经济哲学观察，让我们对经济概念的理解进入看不见、摸不着的非实物经济视阈中。20 世纪下半叶，英国《独立报》经济编辑戴安·科伊尔在《无重的世界》中非常简洁形象地概括了无形经济体的经济学特征：无重量经济，并认为人类很快进入"靠无形事物过活"的时代。"无重经济学的先驱"英国经济学家丹尼·奎指出，在无重世界里，"比特是唯一的货

---

① 〔德〕弗里德里希·李斯特：《政治经济学的国民体系》，陈万煦译，商务印书馆，1961，第 140 页。

② 《马克思恩格斯文集》第一卷，人民出版社，2009，第 524 页。

③ 〔美〕阿尔温·托夫勒：《第三次浪潮》，朱志焱等译，生活·读书·新知三联书店，1983，第 352 页。

④ 〔美〕丹尼尔·贝尔：《后工业社会的来临》，高铦等译，江西人民出版社，2018，第 11～122 页。

币，而塑造我们生活的商品（全球金融交易、电脑信息和自动控制领域的商业）实际上并无重量"。可以断言，这是一个"非物质时代"。① 应当说，进入 21 世纪，有三个发展趋势加速了人类对无形经济新范式的关注和思考。一是全球经济活动中无形资产投资和政府研发的投入长期呈指数增长趋势，它使人们对经济有形和无形的财富效应有了更直观的认识。全球财富总量出现倍增效应②。二是数字智能化技术改造，推动工业自动化和人力节约设备的应用，导致制造业的生产率增长普遍高于服务业。电脑、互联网、大数据等高科技成果的商业化，使得经济效能提高的动力以及工作机原理，愈来愈呈现虚拟化、抽象化、无形化特征。三是"微软资产评估"事件震惊世界。2006 年，微软市值约为 2500 亿美元，而厂房和设备等传统有形资产的价值仅为 30 亿美元，只占微软资产的 4% 和市值的 1%。其他都属于无形资产的资产份额。微软案例深刻向世界昭示：无形经济时代已经到来。我们应当做好宏观经济的应对措施。韩炳哲认为："我们今天正处在从物时代向非物时代的过渡。并非物，而是信息在规定着生活世界。我们不再安居于大地和天空，而是居住在谷歌地球和数字云之中。很明显，世界变得难以把捉，变得缥缈，变得幽灵化了。没有任何东西具有朴实牢靠的手感。"③ 数字智能化生存世界，是原子与比特共生、现实世界与虚拟世界同在的世界，有形经济和无形经济并蒂发展，相互渗透，相互影响，这是 21 世纪世界经济发展的重要规律特征。

（二）无形经济概念的内涵辨析

无形经济概念有广义和狭义之分。

首先，广义无形经济概念。意指经济的抽象表达，表现为：经济图腾、货币符号、实物图像、数字货币、商品符号等。经济活动何时开始、经济抽象伴随而至。原始思维有一特征：原始人以感知、图像符号表达为基本思维方式。罗兰·巴特把语言符号分为能指和所指，能指是具体存在的事物，所指是抽象化的概念。譬如，早期商人随着交易数量的增加，开始寻找交易媒

① 〔德〕黛安·科伊尔：《无重的世界——管理数字化经济的策略》，罗汉等译，上海人民出版社，1999，第 1 页。
② 〔英〕乔纳森·哈斯克尔、斯蒂安·韦斯特莱克：《无形经济的崛起》，谢欣译，中信出版社，2020，第 352 页。
③ 〔德〕韩炳哲：《非物：生活世界的变革》，谢晓川译，东方出版中心，2023，第 4 页。

介，货币的早期约定，使它既有有形资产的实物样式（铸铁等），又有脱离该实物并仍然用来交易他物的媒介符号功能，即无形资产。早期经济活动的各种象征符号，应当属于广义无形经济范畴，但由于不可量度、不可计算，不能用来直接交换，这种对无形经济意义的理解多数存放在集体无意识的经验劳作中。原始经济商品制作者，往往不自觉地把美学、哲学、宗教、艺术融入对象存在的物品元素中，以视觉模仿及想象的方法、抽象的符号形式来制作商品。质料是肉体，形式是灵魂，肉体是有形的，灵魂是无形的。

其次，狭义无形经济概念。与广义无形经济概念相比，它们有两点不同。一是概念的内涵不同。广义无形经济，只是强调经济抽象行为的性质本身；而狭义无形经济，重在强调 21 世纪人类经济活动特有的某种范式，意指数字智能化时代人类经济活动特征的抽象表达。以无形资产为核心，软件、芯片为心脏，创意品牌为牵引，知识产权保护为红利，数字智能化为原理，物质经济为始基和根本，这些要素共同构成无形经济的新范式。正是在这个意义上，学术界对狭义无形经济概念有着多种认知：知识经济、后工业经济、信息经济、数字经济、比特经济、虚拟经济等。在笔者看来，虽然它们之间有着解释的历史间距，但同时都有概念的家族相似性："抽象、无形、非物质"特征。二是无形经济起源的时代不同。广义无形经济起源于人类经济活动的远古时期，经济活动何时出现，经济抽象就何时发生；而狭义无形经济源自 20 世纪后工业社会的来临，它与第三、四次工业革命密切。狭义无形经济对人类社会生产力的影响巨大：比特劳动的贡献率大大超过体力劳动的贡献率；生产者的知识化、生产工具的智能化、生产资料的数字化，既放大了生产力的实体和虚拟空间，又提高了先进生产力的效能。辩证理解狭义无形经济概念，有五个方面的关注点。第一，狭义无形经济是有形经济发展的最新形式，它不是告别以物质经济为特征的有形经济，而是有形经济发展出现了"精神和物质双重选项"的经济生存形式。第二，狭义无形经济始于后工业社会，兴盛于数字智能化时代，动力源在于科技进步成果的商业化。第三，有形经济是原子时代的经济，它受绝对物质、绝对时间与空间的条件限制，一切交易必须遵守有重量世界的"物质属性"准则；而狭义无形经济是比特时代的经济，有着虚拟世界和物理世界共存、比特与原子同在、理性计算和非理性情感共生的物质与精神互动的特点。第四，狭义无形经济加速了世界历史发展总进程。第五，狭义无形经济的局限性评估。

二　狭义无形经济到来是否意味着哲学唯物论的破产

历史总是在正反两方面因素推动下辩证行进的。狭义无形经济在世界范围的崛起，使一些发达资本主义国家产业结构发生了"脱实向虚"的重大变化。经济性的物质本体论判断正在一些领域弱化，唯物主义是否破产？

狭义无形经济从三个方面提出了哲学唯物论问题。其一，世界经济发展的极端"金融化"趋势，以空套空、买空卖空的财富流转形式愈演愈烈。由信息、知识和创意等构成的生产要素，是狭义无形经济内在的轴心原理。它与传统的以物品经济、物质经济为轴心的经济存在论相冲突。在经济系统中对物质的觉解越来越弱化，传统的物质第一性原理被深度解构，在世界观领域，唯物主义的物质决定论受到挑战。其二，以往投资，主要是代表工业辉煌的有形资产或实物商品；现在的投资，往往出现看不见、摸不着的东西，也就是所谓的"暗物质"。无形资产的品质大大压倒有形资产的品质，非物质的东西在经济上的重要性越来越被广泛接受。符号逻辑成为物质商品世界价值构成的逻各斯灵魂，物质始基论受到质疑。其三，虚拟经济决定实体经济的价值溢出效应。上市公司股票资产往往远远高于该公司物质生产部门实物资产，物质似乎成为一个无关紧要的存在。

显然，这是马克思主义经济哲学理论工作者必须思考、应当回答的智能化时代经济发展的哲学问题。首先，历史有着惊人相似之处。其次，今天拯救哲学意义的"物质"命运，似乎再次被提及。20世纪人类正在经历本能时代向智能化时代的转变，尤其是互联网、云计算、数字化等高科技工具理性的运用，经济性的物质内涵发生了变化。经济学变得愈来愈不"经济"了，它离传统的物品经济、实物经济、物质经济越来越远，离创意经济、意识经济、视觉经济愈来愈近，经济性内涵选项的变化，再一次引起人们对哲学物质第一性原理的思考。再次，笔者以为，狭义无形经济崛起并没有驳倒马克思主义哲学的物质第一性原理。事实上，对哲学问题的不同回答，决定着人们对经济性问题回答的站位立场。是单纯经济理性思维，还是融入辩证理性思维？是坚持经济发展"脱实向虚"的技术总方针、总路线？还是坚持"在实体经济基础上的虚拟经济与实体经济辩证综合发展"的技术总方针、总路线？这决定了经济的事"理"与经济的事"道"是否两极相通，决定了经济学实证分析方法能否上升为思辨经济学"方法论"，决定了经济生活是否始终坚持物质第一性原理。依辩证法分析，狭义无形经济是有形经济长期发展的产物，是对有形经济的高度抽象。"物质经济内在需要"、"工具理性"加"人的意识功能"是狭义无形经济构成的核心要件，缺一不可。倘若滑向唯心主义世界观，就会信奉"思中无物"的经济世界观。经济的虚无性、经济单纯的意志论背书、经济的纯文学叙事等，可能被视为经济存在与发展的根本，如此错误的认识，必然导致经济成为无根浮萍、空中楼阁，人类世俗之城最终变成观念梦呓的乌托邦之城。显然，这不是人类经济活动本身所追求的。坚持辩证唯物主义，就会信奉"思中必有物"的经济世界观。计算机、互联网、大数据、区块链等工具的运用，使得经济流转形式越来越抽象、越来越意识流，但人类的物质劳动始终是财富创造的根本源泉，物质生产永远是财富创造的根本动力。虚拟经济虽然具有杠杆性和倍增效应，但一旦离开实体经济的根脉，就只能是虚幻的存在。因此，辩证唯物主义的物质第一性原理，始终是我们智能化时代经济世界观的根本依据。经济行为的最终效益确认，是实体经济的物质量度。没有强大物质生产力发展，没有实体经济的发展，哪来国富民强？人类经济行为的本质，不是画饼充饥，而是物质与精神关系的辩证统一。经济学的资源优化配置原理，从最终意义上说，不是观念与观念的资源配置，而是物质与物质的资源配置。金融衍生工具的多样性是加大资源流动和精准配置的重要手段，但金融的"寻根"意识必不可缺、必不可少。有了这个"根"，金融运行才能确保安全，财富倍增效应才能真正物质化，才能从根本上避免金融风险的发生。

　　区别在于：哲学世界观的物质论追问和经济性物质内涵的追问有着根本性质的不同。主要表现在四个方面。其一，哲学世界观的物质论追问，在于回答世界存在的终极原理，有着始基论、本体论的意义指向；而经济领域的物质追问，只是回答经济体构成的有形资产占比与无形资产占比的实证判断问题，有着财富创造的"虚与实、快与慢、要素和实体、质料与形式、物质与暗物质"的心理选项。其二，哲学世界观的追问，是物质第一性原理的追问。其三，哲学物质第一性原理，具有"始基—质料"含义。其四，哲学物质第一性原理，具有"本体"含义。本体有两层含义：事物的原样和自身，第一性的存在。实际上，"本体"在今天无形经济领域中的反映，就是在"实与虚"关系的事实判断上，世界变化再大，我们也要紧紧抓住"物质本体之根"，不可以从本体上"脱实向虚"。殊不知，"质料因决定形式因"有着终极意义上的绝对真理。它是我们理解世界存在与发展的根本基点，任何时候丝毫不能动摇。

三　狭义无形经济与意识能动性原理新解

马克思关于意识能动性的强调，有两个特点：意识能动性来自现实的感性活动本身，意识能动性是辩证唯物主义与旧唯物主义区别的重要特征。旧唯物主义只是物性化理解世界的存在，把人与外部世界的关系理解为 A＝A 的直观反映的关系。而辩证唯物主义意识能动性原理，重点强调实践活动的能动性，意识所特有的积极反映世界与改造世界的能力和活动。它主要包括：意识具有目的性，意识具有自觉的选择性，意识具有主动创造性。狭义无形经济的意识能动性，是 20 世纪以来高科技成果转化的经济版哲学读写。准确地说，人工智能使经济活动变成"编程与思维、算力与联想、经济与哲学"人机互动的派生物。人工智能显示的"意识"范畴内涵有了新变化。①意识是人脑的机能，但它受到诸多非意识因素的激活和制约，如社会因素、科技因素、数据因素、人—机互动因素、环境因素、互联网因素等。应当说，智能化时代，意识是人脑综合因素协调共振所呈现的物质—精神互动现象。②意识包括形象思维、逻辑思维、历史向度思维、多维度交叉思维、实证数据推演思维等。狭义无形经济关涉的大数据分析应用，拥有超人的实证数据推演思维能力，无论深度和广度都是人脑无法比拟的。可以说，在"人—机"共同构成的意识功能载体作用下，人的意识功能大大增强，计算机成为人脑意识功能的延伸，这是当前考量人的意识能动性的最新变化特征之一。那种用干瘪、纯粹抽象的人或原子时代有形经济的人所形成的哲学教条，来理解 21 世纪比特时代意识能动性丰富而又复杂的原理，已经不合时宜。

狭义无形经济所显示的意识能动性突出反映在以下几个方面。第一，经济的抽象和工具的智能化，使得意识对物质商品的嵌入赋予了商品的灵魂和意义。没有它，物质就是僵死被动的质料；有了它，物质就被价值赋能。譬如，芯片产品，浓缩着人的设计意识及集成电路技术信息。芯片载体的材质是很微小的物质颗粒，但芯片内容汇聚了极为重要的信息，它是意识对客观物质的反映与再创造。芯片这个物质载体，在意识的充盈下，载体中看不见的抽象价值变得大大高于载体本身。显然，意识能动性改变了物质的命运。

第二，精神意象性智能造物。智能造物的本质是人类利用计算机系统或计算机系统本身自动生成的内容，是由人类提供基础数据并由非人类的人工智能通过数据分析和算法完成的内容。它有三种形式：人机交互性相互协同完成的新产品，智能机器人自感知、自决策、自执行完成的产品，产业链协同共创的物质附属物等。这里所有的物质创造，都离不开意识活动。机器本身功能的协同造物，再次引发智能机器人的意识探索问题。

第三，以实证分析为底板的智能机器人，具有极强的"意识能动性"。譬如，新物种 ChatGPT。其意识能动性突出反映在两个方面。一是信息检索具有超强的选择性功能。在信息海洋中可以按某一内容指向要求瞬间撷取相关信息。二是具有在实证分析基础上的抽象思维、逻辑推理、情景模拟等方面所显示的意识能动性。可以断言，智能化就是人与机器同构的意识能动性读写。

值得重视的是，狭义无形经济彰显的意识能动性，脱离不了物质的"纠缠"。马克思指出："意识并非一开始就是'纯粹的'意识。'精神'从一开始就很倒霉，受到物质的'纠缠'。"[①]"纠缠"说明意识能动性永远是在物质本体论基础上展开的。其一，芯片的制造。其二，3D 打印彰显精神变物质的哲理，但打印原理离不开物质生产实践活动的前提条件。其三，无形资产的评估。其四，上市公司股票资产认定。总体而论，机器人的意识、意识能动性是一个很值得探索的哲学新问题。笔者认为，人工智能显示了意识、意识能动性，它参与了人类认识世界、改造世界活动，尽管目前是实证分析基础上的意识、意识能动性。甚至我们可以说，机器人永远赶不上大写的人类智慧，是人类赋能给机器人的。但就具体的每个人来说，现实个人和机器人各有思维优势：在理性方面，机器人更加实证、更加精准。在非理性方面，现实个人情感拿捏要复杂得多，其空间要大得多。人比机器人更显灵性。

四　关于狭义无形经济认识的"真相"与"真理"澄清

罗素认为："思想要比感官更高贵而思想的对象要比感官知觉的对象更

---

① 《马克思恩格斯文集》第一卷，人民出版社，2009，第 533 页。

真实。"① 事实上，真相是未加反思的表象存在，与事物的本质若即若离。譬如，记者到事件现场所抓拍的照片，从第一时间反应，它似乎记录了真实场面。但事件背后的本质原因，仍需要诸多因果关系的逻辑推理和思辨反思。由直接表象性存在进入必然性本质判断的"存在之存在"，这样才能获得真理认识。

关于狭义无形经济的"真相"认识，有两个指向。一个是未加反思的狭义无形经济阐释。譬如，把狭义无形经济理解为"没有资本的资本主义"，混淆了从生产关系的特征划分资本主义的客观尺度。它代表了未加反思的经济必然性指认。这是直接现实性的表象显现，与经济发展的趋势判断不相吻合。另一个是朴素的真实判断。譬如，把狭义无形经济解释为"背离原子时代经济特征的无重量经济"的形象描述，概括了事物的某一方面真实特征，但并不是最本质的特征。熟知未必是真知。这些表象的真实，犹如黑格尔批评那些企图通过"超凡脱俗的直观""经验"等手段来认识"绝对者"或"绝对现实性"的做法，尽管可以直接认知命题，但这种思维方式表明这是不折不扣的独断论者。

狭义无形经济的"真理判断"应该是什么？笔者以为，当意识以真相为对象，经过概念的反思并达到与这个对象相一致或契合的时候，就达到了真理判断。关于狭义无形经济的"真理判断"，因此，精神的认识过程尤为重要。精神就是对追求绝对的现实性即"真相"的提问，如果说真相是一个本体论层次的概念，那么真理就是一个认识论层次的概念。真相与真理的区别在于，真相不仅是实体，而且也是一个主体。作为主体，它不仅仅是一种辩证运动，而且是一个自己制造出自己，引领自己返回到自身的过程。因此，从根本上说它是同一个东西。只有这个以他者为中介的自身反映——而不是原初的或直接统一性——才是真相。真相是一个整体。但整体只不过是一个通过自身的发展而不断完善的本质。真相就是精神，真相是精神的各种呈现。

关于狭义无形经济的"真理判断"，笔者认为，马克思主义经济哲学的三个追问给了我们启示。

①本体论追问——欲望、利益、需要的经济原在性原理。狭义无形经济本质上并不神秘，人类欲望是狭义无形经济活动重要的内生动力和根据。简言之，狭义无形经济发展来自有形经济，经济行为的根永远是物质经济。

---

① 〔英〕罗素：《西方哲学史》上卷，何兆武等译，商务印书馆，2009，第45页。

②认识论追问——经济行为本质上是"自然的计划"还是"历史的计划"的追问[①]。"自然的计划"注定了人类经济发展脱离不了自然理性的框架，狭义无形经济发展无疑受经济发展客观规律的支配，没有科技的快速进步，无形经济不会获得如此快捷的发展。"历史的计划"是人类追求自由自觉、全面发展的意志显现，毫无疑问，狭义无形经济也是"历史的计划"的产物。二者展现了"必然"与"自由"的辩证关系。③价值观追问——关于进步观念的审查。狭义无形经济带来的财富增长是否意味着文明的提升和人的全面发展。财富的丰裕是人全面自由发展的前提，但财富的一般抽象可能使人心理上形成可以通约一切的权力幻象，遮蔽了自由发展的前景。只有把财富的使用价值与人的全面发展相贯通，才能真正创造人类经济正义的社会。

最后，值得注意的是，由无形经济带来的"无物"世界的思考，进而带来"真相""真理"消亡论的哲学意识的出现。韩炳哲认为："数字化秩序结束了真相的时代，引入了后真相的信息社会。"[②] 在他看来，在数字化时代，数字比特运动稍纵即逝，瞬息万变，它使物性的不迁论荡然无存，人类似乎又回到古希腊克拉底鲁的相对主义诡辩论时代。一切都是数字符号的产物或幻象，数字创造众生，人类软弱无能。数字化生存秩序彻底颠覆了人类生活世界的认知秩序。笔者对此不敢苟同。其一，数字化秩序并没有从根本上否定和抛弃人类认识论的反思功能，社会再进化，人的认知世界的功能不可能倒退到婴儿襁褓"无待""无己"状态，关于自然密码的技术追问，离不开关于自然存在的真理探究，任何用直观替代反思或以客体的流变性拒斥可知论的行为，都是表现、经验的认识独断论。其二，真相永远是事物的客观存在。当意识以物理世界的真相为对象，经过概念的反思并达到与这个对象相一致或契合的时候，就形成了真理。人类的知识论反思是人类追求命运打击不到的领域的智慧利器，从真相到真理，从自然人到"文化"人再到智能人，历史化前行的每一步都离不开它的作用。

（作者单位：上海财经大学）

本文原载于《哲学研究》2024 年第 1 期，收入本书时有改动

---

① 〔德〕康德：《历史理性批判文集》，何兆武译，商务印书馆，1990，第 3、16 页。

② 〔德〕韩炳哲：《非物：生活世界的变革》，谢晓川译，东方出版中心，2023，第 11 页。

数字劳动正义：出场语境、基本要义及实现路径

毛勒堂

在当今信息社会，经由互联网、大数据、云计算、人工智能、区块链等技术的加速发展及其在经济生产、社会生活、劳动领域的广泛渗透和深度运用，人们的生产劳动、社会交往、精神生活越来越依赖于数字技术、大数据、信息和通信技术及其设备的支撑，从而步入了名副其实的"数字化生存"境况。由于劳动是人类的基础性存在方式和人之本质的重要规定，数字劳动成为"数字化生存"的深度表征和集中体现，并在现代经济生活和社会发展中扮演着越来越重要的角色和承担越来越多的功能。与此关联的是，我们发现数不胜数的人对数字劳动抱持盲目乐观的估价，呈现出一种无批判和非理性的膜拜心理，坚信随着数字劳动的全面普及其深度发展，必将迎来文明和谐的劳动秩序、公平正义的劳动关系、幸福美好的劳动自由，从而对数字劳动讴歌有加，而对数字劳动过程中可能引发的诸如数字正义困境、数字劳动异化、数字劳动霸权等负面效应则缺少应有的反思态度、警觉意识以及积极的应对谋划之策。譬如，如何应对劳动者在数字劳动力市场遭遇排斥而可能引发的劳动权丧失问题？如何规制凭借数字垄断而实施的劳动强制和劳动霸权？如何守护数字劳动关系中主体间的人格尊严平等？如何对数字劳动资料进行合理确权与公平共享？如何做大并公平分配数字劳动之"蛋糕"？这些问题皆需要深入的哲学反思，给予数字劳动正义层面的价值审问和伦理规制。因此，在数字劳动快速崛起的新时代中国特色社会主义的现实语境中，数字劳动正义问题成为一个亟待关注并予以积极解答的思想课题和现实任务。本文立足经济哲学视域，对数字劳动正义凸显的存在论背

景、数字劳动正义的基本要义，以及数字劳动正义的实现路径等问题进行初步探讨并予以应答，以促进数字化劳动语境中的劳动正义课题研究，进而为建构和谐有序的数字劳动关系和成就美好数字化劳动样态提供有益的思想支援和价值支持。

一　数字劳动正义：出场语境解析

劳动是唯物史观的基础性概念，也是唯物史观得以科学创制的关键范畴，从而是我们深入理解和把握唯物史观的重要切入点。在唯物史观的叙事中，劳动是人之为人的本质规定和基础存在方式，是现存感性世界的深刻基础，是社会关系生成发展的本体根据，是人类历史演进和跃升的动力所在。历史唯物主义正是在劳动中科学揭示了属人世界的来历，探寻到人类社会的存在基础，并在劳动中发现了历史的奥秘和底色，破解了人类思想观念的源生流变之根据。所以唯物史观认为，对于社会历史的变迁、时代发展的脉动、思想观念的流变，以及对现实的人的科学把握，切实的方式是将其置放到特定的社会劳动关系和生产方式之基础上加以求解。马克思曾指出："手推磨产生的是封建主的社会，蒸汽磨产生的是工业资本家的社会。"① 从马克思主义技术社会形态理论视阈来看，人类社会的发展依次经历石器时代、铜器时代、铁器时代、蒸汽时代、电器时代、电子时代，而现在则大踏步跨入信息社会与数字化时代。然而如马克思所言，透过这些时代的变迁和社会形态的演进过程，我们可以发现"除了在次要事情上的变化以外，始终只是由于劳动工具的革命"②，"因此，一方面，它表现为社会的经济形成过程中的历史进步和必要的发展因素，另一方面，它表现为文明的和精巧的剥削手段"③。上述的马克思关于人类社会历史之发展根据和时代变迁之内在动力的思想，对于科学理解数字化时代和解析"数字劳动悖论"，依然具有深刻的思想启示和方法论意义。

正如"机械化"是工业时代的重要标识一样，"数字化"是信息社会和智能时代的显著特征。在当今的信息社会，数字与信息及其相关技术像空气

① 《马克思恩格斯文集》第一卷，人民出版社，2009，第 602 页。
② 《马克思恩格斯文集》第五卷，人民出版社，2009，第 421 页。
③ 《马克思恩格斯文集》第五卷，人民出版社，2009，第 422 页。

一样渗透和嵌植于人们的日常生产生活领域，使得现代人展开了"数字化生存"模式。而数字劳动既是数字化生存的深度表征，也是数字化生存的重要维度。数字劳动是人类劳动工具革命的产物，是对传统劳动形式的更新和升级，它是现代数字信息技术在劳动过程中广泛运用和深度渗透之产物，从而是人类以往劳动技术、劳动形式的综合集成和智慧结晶。然而，随着数字劳动的快速崛起及其在日常生产生活领域的广泛化和深度化，给现代人的生产生活带来了全面深刻的影响，这种影响既有积极文明的向度，也有消极负面的后果，由此呈现出数字劳动的"悖论"性质。

　　一方面，随着现代数字技术的迭代更新、海量数据的倍增、先进信息与通信技术设备的广泛应用，以及拥有巨大计算能力的数字平台之建立，劳动的数字化或数字化劳动成为一种溶解和支配传统劳动方式的新型劳动样式，且以不可阻挡的现实力量和发展态势成为主导的社会劳动形式。毋庸置疑，伴随数字劳动的普遍化和深度化，数字劳动的文明效应逐渐彰显。从哲学的层面来审视，由于劳动是人的基础存在方式，是人之为人的基础存在规定和本质属性，数字劳动会深度改变人的存在面貌。因为"个人怎样表现自己的生命，他们自己就是怎样。因此，他们是什么样的，这同他们的生产是一致的——既和他们生产什么一致，又和他们怎样生产一致"。[①] 数字劳动作为一种充满数字信息技术的劳动形式，将深刻改变人们既有的生产、生活和思维方式，并因此形塑和造就出具有数字化人格特征的"数字人"，从而提高人们的数字化和智能化的生产生活水平。从经济学视域观之，数字劳动对于促进和发展数字经济乃至提升整个社会经济的质量具有重要意义。经济是社会的重要基础，劳动则是经济的有力支撑。如果说数字经济是数字化生存的重要基础，那么数字劳动则是数字经济的深刻基础和动力源。在数字化时代和信息社会，没有数字劳动的强力支撑，数字经济就成为无本之木，进而数字化生存就会沦为一句空谈。因此，数字劳动对于数字经济的发展具有基础性的意义。事实上，数字经济对于我国 GDP 的贡献逐渐增大。2020 年我国数字经济核心产业增加值占 GDP 的比重达到 7.8%，而在《"十四五"数字经济发展规划》中则提出到 2025 年这一比重要达到 10% 的要求。显然，数字经济对于我国 GDP 的贡献将会与日俱增，而这在根本上有赖于数字劳动的健康发展。从社会学的视野分析，数字劳动的意义也是巨大的。马克思

[①] 《马克思恩格斯文集》第一卷，人民出版社，2009，第 520 页。

主义社会学认为，物质资料的生产劳动是社会关系生成的基础，是社会交往秩序和制度形成的重要根据，从而劳动对于社会结构的形成演化具有重要的本体论意义。因此，随着数字劳动的快速普及和深度发展，数字劳动将深刻改变社会交往关系，提升社会结构效率，从而促进人们的生活便捷和社会运行成本降低，使人们的社会生活更加文明和合理。所以，数字劳动的快速崛起，将极大促进我国社会的劳动生产力水平和劳动效率，在促进我国经济快速发展、推动社会文明进步、促进日常生活便捷等方面产生积极的文明效应。

另一方面，数字劳动尽管具有文明的属性并产生积极的社会历史效应，但并非白璧无瑕。事实上，诚如马克思所言，正像任何文明的事物内含其矛盾和反面属性一样，"在我们这个时代，每一种事物好像都包含有自己的反面。我们看到，机器具有减少人类劳动和使劳动更有成效的神奇力量，然而却引起了饥饿和过度的疲劳。财富的新源泉，由于某种奇怪的、不可思议的魔力而变成贫困的源泉。技术的胜利，似乎是以道德的败坏为代价换来的"。[①] 今天，与数字劳动的效率提升、灵活便捷等一道而来的是，数字劳动控制、数字劳动剥削、数字劳动霸权、数字劳动异化、数字主义泰罗制等背离人的存在本质和有损人道尊严的劳动后果，从而呈现出数字劳动的深刻"悖论"：数字劳动效率与数字劳动沉重一道增长，数字劳动丰裕与数字劳动贫困共存，数字劳动便捷与数字劳动牢笼同在，数字劳动者创造的巨额财富与自身的贫困化相对立，等等。按理来说，随着数字劳动效率的提高，数字劳动在单位时间内创造出来的财富越多，花费在单一劳动产品中的劳动时间越少，人们可以从沉重乏味的劳动过程中解脱出来，并获得更多的自由时间，进而实现更为丰富的自由生命存在潜能。然而，实际的情形则是，随着数字劳动对劳动领域乃至对整个生活世界的钳制，人们的劳动时间和劳动强度有增无减，劳动的沉重与强制日益剧增。同样，随着数字劳动技术、数字劳动信息与通信技术及其设备的发展和普及，人们理应可以凭借数字技术进行更加自主的劳动活动，进而提升劳动的幸福和自由程度。然而极具讽刺意味的是，劳动因受制于无形的数字之链束缚而动弹不得，因精细的数字算术操控而无所逃遁，从而劳动强制和劳动异化依然成为数字化时代人类难以摆脱的存在之痛。由此可见，对于数字劳动我们不能抱持浪漫的态度和天真的

---

① 《马克思恩格斯文集》第二卷，人民出版社，2009，第580页。

期待，认为随着数字劳动的崛起和普及，快速的经济发展、公平的财富分配、和睦的共享经济、平等的劳动关系以及美好的劳动自由和劳动幸福就会如期而至。现实已经证明，数字劳动发展过程中产生的负面效应，已经严重损害了数字劳工的劳动尊严、经济权益和身心健康，深度压抑着数字劳工的劳动自主性、积极性和创造性，并阻碍中国特色社会主义公平正义核心价值理念的深入人心和现实进程。思想建构源于生活实践之需，理念出场系于实践矛盾推动。为切实促进数字劳动和数字经济的健康有序发展，构建美好数字化生存样式，迫切需要对数字劳动发展过程中存在的有悖劳动人道、有失劳动尊严、有违劳动伦理、有损劳动人权的劳动现象和问题进行深度的哲学正义反思和伦理矫治。因此，数字劳动快速崛起的客观情势、数字劳动发展过程中呈现的"劳动悖论"现象及其所遭遇的社会正义困境和劳动之隐忧，成为数字劳动正义出场的深刻存在论背景。建构和谐有序、充满活力的数字劳动需要数字劳动正义价值的现实匡扶和伦理支撑。为此，需要进一步阐释数字劳动正义。

二　数字劳动正义：基本要义阐释

阐释数字劳动正义的基本内涵及其要义，需对数字劳动和劳动正义概念进行先行说明。对于数字劳动，迄今为止人们之间存在不尽一致的理解视角和叙事话语。譬如，意大利学者泰拉诺瓦将"数字劳动"（digital labour）界定为网络用户浏览网页、评论、聊天、娱乐、社交、网站设计等遭受剥削的免费劳动行为。泰拉诺瓦对数字劳动的这种界说，一是在性质上强调数字劳动是一种遭受剥削的免费劳动（free labour），二是在外延上强调数字劳动是人类在网络空间中所从事的活动行为。而英国学者福克斯则认为，数字劳动不能被简单地规定为社交媒体用户在网络空间中所从事的无酬劳动，因为"社交媒体产消只是一种形式的劳动，并与其他形式的数字劳动联网和相联系，一起构成使数字媒体得以存在的全球剥削生态"。① 所以，福克斯认为必须拓展数字劳动的含义和外延，从而对数字劳动采取了外延更广的理解策略，认为数字劳动是"与信息和通信技术（ICT）行业相关的各

---

① 〔英〕克里斯蒂安·福克斯：《数字劳动与卡尔·马克思》，周延云译，人民出版社，2020，第 387 页。

种形式的劳动"①，是以信息和通信技术剥削工人而使企业在金钱上受益的劳动形式，"包括了关于数字媒体的存在、生产、传播和使用所需的所有形式的有酬及无酬劳动"②。其实，对于数字劳动，人们还有更多不同的理解和规定，如把数字劳动称为"玩-劳动""影子劳动"等。结合泰拉诺瓦和福克斯对数字劳动的不同理解视角，我们可以这样发问，即数字劳动是一种狭义的生产数字的劳动，还是广义的数字化的生产劳动。我们认为把二者综合起来去理解和规定数字劳动更为优越。或许加拿大学者尼克·斯尔尼塞克对数字经济的定义和描述可以为我们界定数字劳动概念提供一定的方法论启示。尼克·斯尔尼塞克认为，"数字经济是指企业越来越依赖数字信息技术、数据和互联网的商业模式。这是一个横跨传统行业（包括制造、服务业、采矿业和电信业）的领域，实际上对当今大部分经济体都至关重要。以这种方式理解，数字经济表现得比简单的领域分析重要得多"。③借鉴同样的逻辑思路，我们可以将数字劳动界定为：以数字信息技术、数据、信息和通信技术及其设备为根本介质的劳动形式，既包括生产数字的劳动，也包括数字化的生产劳动，是二者的集合。它既横跨传统行业的劳动领域，也包含新兴数字信息技术产业的劳动领域。因此，数字劳动在本质上是一种借助数字技术、依赖数据要素，以数字平台、互联网、信息与通信技术及其设备为重要媒介而组织建构起来的新型劳动形式。数字劳动是对传统劳动形式的"数字化"塑造与升级，从而与农业劳动、工业劳动在技术层面上存在重要差别。但对数字劳动的理解不能限于技术层面，因为人类的劳动活动不仅是人与自然之间的技术关系，更重要的在于它是人与人之间的社会关系。因此，数字劳动的本质，是人与人之间的财富生产、分配、交换等基本的现实社会生产关系，从而数字劳动不能回避正义价值的合理性追问和合目的性审视，由此产生数字劳动正义的理论诉求和现实化要求。

对数字劳动正义进行内涵释义，不仅要阐明何谓数字劳动，同时要厘定何谓劳动正义。然而，正如人们对数字劳动存在不同的理解一样，在何谓劳

---

① 〔英〕克里斯蒂安·福克斯：《数字劳动与卡尔·马克思》，周延云译，人民出版社，2020，第5页。

② 〔英〕克里斯蒂安·福克斯：《数字劳动与卡尔·马克思》，周延云译，人民出版社，2020，第387页。

③ 〔加〕尼克·斯尔尼塞克：《平台资本主义》，程水英译，广东人民出版社，2018，第5~6页。

动正义的问题上，人们之间也存在不同的认识视角和理解路数。譬如，国民经济学的劳动正义话语从资本天然神圣的原理出发，把是否符合资本利益、能否实现资本增殖作为评判劳动正义与否的核心价值坐标和根本依据，劳动正义话语从而实质上沦为资本正义的注脚，劳动正义也因此沦为关于资本天然合理、资本永恒神圣、资本正义至上的意识形态话语。又如，抽象伦理学的劳动正义话语以自然法作为其哲学基础和逻辑起点，声称每个人都拥有与生俱来的平等和自由权利，由此要求在现实的劳动关系中确保人们在劳动起点、劳动过程和劳动成果方面的平等，进而对现代社会普遍存在的劳动不公、劳动剥削和劳动异化等现象进行充满激愤的道德批判并提出浪漫主义的伦理诉求。然而，这种立足自然法和抽象人性论的劳动正义话语由于不能切中现实的人及其社会历史发展所具有的客观性，从而既不能深入劳动正义话语的历史存在论根据，也无法触动不公正的现实劳动关系，从而陷入空疏无力的伦理浪漫主义思想迷思和价值迷误之中。再如，形而上学的劳动正义话语从超验的正义理念出发，借助抽象的逻辑推理和理论演绎，建构出关于劳动正义的绝对理念和价值原则，并以其作为观照人类劳动活动、社会劳动关系和现存劳动方式是否正义的思想尺度和价值刻度，进而诉求劳动的正义化和正义的劳动化。尽管形而上学的劳动正义话语表征了人类对劳动正义的终极价值追求，但是由于它以现象界与理念界的二分为前提、以感性世界与超感性世界的分离为基础，从而陷入对劳动正义的纯粹观念化理解，致使其关于劳动正义的话语遗忘和远离了现实的劳动关系，从而无力触及和变革现实的劳动境况。①

　　事实上，劳动正义作为由"劳动"与"正义"构成的复合概念，既包含形而下的生产劳动内容，又具有形而上的正义价值维度，因此对其做经济哲学的规定和释义更具优越性。经济哲学是哲学和经济学的跨学科融合，既有经济学的形而下眼光，又有哲学的形而上视阈，从而自觉秉持经济理性与价值理性相统一、经济效益与社会效益相融合，以及经济发展和人的发展相互促进的价值主张。因此，在经济哲学的视野中，劳动正义是基于历史唯物主义的原则高度和人类自由的终极价值向度，对现存的社会劳动活动、劳动关系和劳动方式的正义审视，追问其合理性前提和合目的性根据，进而提出对背离劳动正义价值的劳动活动、劳动关系、劳动方式进行矫治的规范要

---

① 毛勒堂：《劳动正义：劳动幸福不可或缺的价值支撑》，《江汉论坛》2021 年第 8 期。

求。因此，作为经济哲学范畴的劳动正义概念，蕴含经济学与哲学的双重理论品格和价值视野，旨在实现劳动效率与劳动公平、劳动理性与劳动人道的有机统一，进而成就人之自由自觉的劳动存在本质。

以对数字劳动和劳动正义的上述理解为基础，可以将数字劳动正义界定为：基于历史唯物主义的原则高度和人类自由存在本质的价值向度，对数字劳动活动、数字劳动关系和数字劳动方式的合理性前提和合目的性根据的正义追问，进而对数字劳动过程中存在的数字劳动强制、数字劳动霸权、数字劳动剥夺、数字劳动异化等有违社会公平正义的劳动现象提出规制和矫正要求，旨在实现健康、有序、人道和自由的人类数字劳动状态。从数字劳动正义的上述规定中可以看出，数字劳动正义首先是一个利益关系范畴。正如利益是正义的存在本体和关注焦点一样，数字劳动正义是对人们在数字劳动关系中所发生的利益关系是否正义的价值审视，其核心是对数字劳动中发生的利益关系是否正当合理的价值关切。其次，数字劳动正义是一个规范性概念。正义的基本意涵是"应得的赏罚"即"一视同仁""得当所得"，因而平等地待人处事、公平地分配权益和负担是正义的基本要义，从而正义内含对违背公平原则的行为及其后果进行惩戒和矫正的要求。同理，数字劳动正义意味着对数字劳动中发生的违背社会公平正义价值的劳动行为及其造成的后果提出矫正的规范要求，从而成为一个具有价值规范属性的范畴。最后，数字劳动正义是一个批判性的范畴。它以哲学的超越性眼光审视现有的数字劳动状况，揭示其中的不足和欠缺，进而提出对其批判性变革的现实要求。可见，数字劳动正义是一个内涵丰富、论域广阔且饱含深刻价值维度的总体性概念，既有对数字劳动主体尊严的价值关切，又有对现存数字劳动关系是否合乎公平正义的理性审问，同时对数字劳动方式中隐含的"存在之隐忧"秉持审慎的反思自觉。具体来说，数字劳动正义至少蕴含如下基本要义。

其一，对数字劳动资料持有的正义性审视。马克思主义哲学认为，劳动作为人类特有的感性对象化活动，是人类借助劳动资料改变劳动对象以满足自身需要、实现自己目的的活动，是在一定的社会关系中劳动者和生产资料之间的对象化活动过程，因此劳动内含有目的的活动、劳动对象和劳动资料三种基本要素。劳动是劳动者和生产资料的结合过程，因而没有生产资料劳动者就难以展开现实的劳动过程，从而意味着自主劳动的不可能乃至威胁基本的生存保障。因为"一个除自己的劳动力以外没有任何其他财产的人，在任何社会的和文化的状态中，都不得不为另一些已经成了劳动的物质条件的所有者的人做奴隶。他只有得到他们的允许才能劳动，因而只有得到他们的允许才能生存"。① 在迄今为止的人类阶级社会历史中，之所以广泛存在劳动剥夺现象，其重要原因就是部分人通过对生产资料的垄断而剥削他人的劳动成果。如封建地主阶级通过对重要生产资料土地的垄断实施对农民劳动的剥夺，资本家通过占有大量资本实现对雇佣工人劳动的剥夺。因此，公平地持有和占有生产资料对于建构平等的劳动关系和确立公平正义的劳动秩序具有本质重要的意义。而在数字化时代，"数字"已然成为极其重要的生产资料和关键性的劳动要素，对"数字"的持有与占有状况将直接影响数字劳动关系的公平建构、数字劳动平台的合理运作以及数字劳动财富的正义分配。诚如有学者所言："如果我们希望避免所有财富和权力都集中在一小群精英手中，关键在于规范数据的所有权。"② 因此，如何公平地获取和持有作为数字劳动要素的"数字"，如何合理地分配和共享作为生产资料的"数字"，这是数字劳动正义必须直面的现实问题。然而，不能否认的事实是，在数字化劳动发展过程中，的确存在对数字资料的不当获取、非法占有和不合理运用等情况，以致某些人或社会集团利用不当手段获取"数字"并对其进行垄断和非法运用，进而实施对劳动者的剥削和劳动霸权，严重损害了劳动者的权益，加剧了社会的数字鸿沟，阻碍建设公平正义的数字劳动关系和共同富裕的美好生活。因此，对数字劳动资料持有的正义性审视，构成数字劳动正义的基本要义。

其二，对数字劳动主体际关系的正义性审阅。劳动既是劳动者重要的生命存在形式和意义彰显方式，也是社会人际利益关系形成的深刻基础，同时是个人与社会之间相互作用的重要介质。因此，建构公平互利、人格平等的劳动主体际关系对于塑造公平正义的劳动秩序具有重要意义。追求主体人格平等以及公平地待人处事是正义的基本要义。正如罗尔斯所指出："每个人都拥有一种基于正义的不可侵犯性，这种不可侵犯性即使以社会整体利益之名也不能逾越。因此，正义否认为了一些人分享更大利益而剥夺另一些人的自由是正当的，不承认许多人享受的较大利益能绰绰有余地补偿强加于少数

① 《马克思恩格斯文集》第三卷，人民出版社，2009，第428页。
② 〔以〕尤瓦尔·赫拉利：《今日简史——人类命运大议题》，林俊宏译，中信出版集团，2018，第72页。

人的牺牲。所以，在一个正义的社会里，平等的公民自由是确定不移的，由正义所保障的权利绝不受制于政治的交易或社会利益的权衡。"① 同样，平等的劳动关系尤其是劳动主体之间人格平等是劳动正义的内在价值要求。劳动正义反对以强力或欺骗的手段对待劳动主体，主张在劳动主体之间建立平等的人际关系，捍卫主体人格尊严。因此，对现实数字劳动关系中存在的剥夺数字劳工主体人格、损害数字劳工利益、践踏数字劳工尊严等行为进行正义审问和切实规制，是数字劳动正义的题中要义。事实上，在现实的数字劳动关系中，数字平台及其背后的公司凭借强大的资本力量、绝对的数字垄断和有力的平台优势对数字劳动者实施深度的劳动剥削、劳动强制和劳动霸权，严重损害了数字劳工的主体性，从而在数字资本家和数字劳工之间形成了一种不公平的劳动人际关系，严重背离了劳动正义的价值要求。因此，如何在数字劳动中构建平等的主体际关系，建立公平和谐的数字劳动关系，进而切实有效地捍卫数字劳工的切身利益和人格尊严，成为数字劳动正义的内在要义。

其三，对数字劳动活动情状的正义性审问。数字劳动是信息化、智能化社会人们的重要劳动形式，也是数字化时代数字劳动者基本的生命呈现方式，从而数字劳动在根本上塑形数字化时代人们的存在样式和劳动者的生存面貌。与此相应，数字劳动正义是数字化社会劳动正义的集中体现，也是数字化时代社会正义的重要表征。事实上，随着数字化生存的开启和数字劳动的快速发展，关涉数字劳动正义的问题大量涌现。譬如，在数字劳动过程中采取了数字主义泰罗制，使得数字劳动者的劳动活动、劳动步骤、劳动节奏皆被数字信息技术控制和支配，劳动者在劳动中失去了基本的自主性，沦为数字劳动体系中的零件和木偶，从而导致数字劳动者与数字劳动资料之间的主体性颠倒。与此同时，数字平台及其公司和企业通过精确的数字算数，最大程度地延长数字劳工的劳作时间，不断增加数字劳工的劳动强度，最大程度地侵占数字劳工的剩余劳动，以此实现平台资本的利益最大化。在此过程中，数字劳动者被迫承受过长的劳动时间和过重的劳动强度，从而不得不承受极限的劳动强制、劳动剥夺和劳动霸权，致使劳动者整体的生命力遭遇前所未有的掏空，从而陷于深度的劳动异化和深刻的虚无状态。可见，数字资本凭借强大的数字技术、大数据、互联网平台以及信息通信技术和设备，对

---

① 〔美〕罗尔斯：《正义论》，何怀宏等译，中国社会科学出版社，1988，第3~4页。

数字劳动者及其行为采取了全方位、多层次的立体监控和最大程度的劳动压榨，严重损害了劳动者的主体性，危及劳动者作为人的基本尊严，从而与社会正义相背离，为劳动正义所不齿。因此，对数字劳动活动中存在的劳动异化、劳动强制、劳动霸权等劳动现象进行正义审问和规制要求，构成数字劳动正义的题中要义。

其四，对数字劳动财富分配的正义性审查。人类劳动的深层动机和根本目的在于创造满足自身需求的对象，因而不管历史上的劳动形态发生了多么大的变化，劳动的这一根本目的是唯一不变的宗旨。因此，尽管数字劳动是当代社会出现的新型劳动形态，但是其根本目的依然是满足人们的生存、享受和发展之需要。而如何分配劳动财富，历来是一个关涉社会经济生活、政治生活、精神生活和道德生活的重大社会焦点问题。因为如何分配劳动财富以及财富分配结果如何，不仅直接关乎个体的生活水平、生存质量和发展前景，而且会进一步影响到社会人际关系的有序性和社会发展的动力源。所以，劳动财富分配正义是社会正义的重要内容，也是实现社会善治的重要构件。在数字化时代，由于数字技术的赋能和信息通信技术设备的加持，数字劳动极大地提高了现代社会生产效率，创造出更为丰富的社会财富。然而，数字劳动财富的巨大涌现并不意味着大众能够公平地共享数字劳动的果实而拥有富裕的生活。事实上，数字劳动的快速发展虽然造就了大批数字企业、数字平台，并生产出海量数字资本和巨额的社会财富，从而产生了不少资本家和富豪，但与此相连的另一端则是无数的数字劳工尽管付出了艰辛的劳动，却依然难以摆脱沉重的生存处境，从而形成数字劳动关系中极度分化的贫富现象。这说明在现存的数字劳动关系中，存在数字劳动财富分配正义缺失或不足的问题，从而需要关注数字劳动财富分配中的正义性问题，强化数字劳动关系中的分配正义价值关照和规制。因此，对数字劳动财富分配的正义审查和矫治，是数字劳动正义的基本要义。

上述可见，数字劳动正义是通过对数字劳动活动、数字劳动关系和数字劳动方式的合理性前提和合目的性根据正义性审视，进而对背离正义价值的数字劳动关系、数字劳动活动以及数字劳动方式提出规制和矫治要求，旨在建构公平正义、合乎人性的数字劳动形式，从而实现人之自由觉的劳动存在本质。那么，数字劳动正义如何可能？其现实化途径何在？这是需要进一步探寻的问题。

三　数字劳动正义：实现路径探寻

由于数字劳动是由数字劳工、数字技术、数据、公司、数字平台、信息与通信工程技术等诸多要素集合而成的复杂劳动结构体系，其中包含人与人、人与技术、资本与技术、人与平台之间的诸多关系，所以在推动数字劳动正义的现实化过程中，没有一蹴而就的通途，而是需要多管齐下、多策并施、多措并举，并需要切实做好以下几方面的工作。

一是深化数字劳动研究，破解数字劳动"黑箱"。要建构公平的数字劳动关系和合理的数字劳动方式，首先需要全面把握数字劳动体系的结构要素、运行机制和内在肌理。相较于传统的农业劳动和工业劳动形态，数字劳动的显著特征在于数字技术、数据、信息通信技术、数字平台与劳动的深度融合，"数字"因此渗透于劳动的每一个环节，全面系统的数字技术控制劳动的步骤和过程，使得传统劳动关系中劳动主体之间的平面实在关系转化为劳动主体与"数字"之间的复杂虚拟关系。如此一来，感性实在的劳动主体经由数字信息技术的中介和遮蔽而"隐退"，现实感性的劳动活动与客观的社会劳动关系也因此变得"虚拟化"。不仅如此，数字公司、平台系统还通过"数字控制"对劳动过程进行重构，把数字劳动关系中存在的劳资矛盾冲突"无形地"转化为数字劳工与平台之间、数字劳工与消费者之间乃至数字劳工之间的矛盾和纷争，进而逃避数字劳动关系中平台和资本应该承担的法律义务和伦理责任。同时，在形式上隐蔽了资本剥削劳动的直观性，在实质上则不断强化资本对劳动的控制和剥削。所以，数字技术具有把劳动活动及其关系置入数字"黑匣子"的功能，遮蔽了感性直观的现实社会劳动关系，从而具有了神秘色彩和"黑箱"属性。因此，要构建公平合理的数字劳动关系，促进劳动正义的现实化，首要的工作之一是要加强对数字劳动的研究，破解数字劳动的"黑匣子"，揭开笼罩在数字劳动之上的神秘面纱，呈现数字劳动的内在结构及其运行机制，把握数字劳动背后深层的社会关系本质，让数字劳动的真实面目呈现于天下，进而找出实现数字劳动正义的切实途径。

二是打破"数字"垄断，消弭"数字"鸿沟。"数字劳动"这一概念本身已经明示劳动与数字及其相关技术的内在关联。数字劳动无论是作为一种生产数字的劳动，还是作为数字化的生产劳动，数字都是关键的生产要素。我们知道，土地在古代是最重要的生产资料，机器和工厂则成为现代重要的生产资料，"但是到了 21 世纪，数据的重要性又会超过土地和机器，于是政治斗争就是要争夺数据流的控制权。等到太多数据集中在少数人手中，人类就会分裂成不同的物种"。① 所以，对数字资源占有的情况以及其在人与人之间的分布状况，不仅关系到社会的劳动效率和经济发展状况，而且直接影响到个体的劳动地位、财富状况及其生存质量和发展前景。因此，我们必须关注数字资源在人与人之间的合理分配和公平共享。然而，我们不能回避的事实是，在数字劳动快速发展的当今社会，出现了大规模的数字垄断以及数字、资本和技术合谋剥夺劳动的数字资本主义现象，致使人们之间的数字资源两极分化，社会的数字鸿沟不断扩大，进而衍生出数字资本主义劳动体系。如此的结果是，数字资本集团凭借对数字的垄断以及绝对的资本力量和技术优势，实施对数字劳工的不断控制与劳动剥夺，从而实现数字资本的无限增殖和扩展。而数字劳工则遭遇深度的数字控制、数字剥削和数字霸权，从而陷入难以摆脱的数字劳动异化深渊。显而易见，在以数字垄断为基础的数字劳动关系中，劳动正义价值遭遇严重侵蚀，数字劳工的人格尊严和经济权益严重受损。为此，需要从根本上打破数字垄断，推动数字资源公平共享，通过逐渐弥合社会层面的数字鸿沟来促进数字劳动正义的现实化。

三是强化数字劳动规制，促进数字劳动公平。在数字劳动快速发展过程中之所以出现有违劳动公平、有悖劳动人道、有损劳动正义的失范现象，其重要原因之一是对数字劳动的监管不力和规制不足。数字劳动作为一种新型的劳动形态，在某种程度上是一种新事物，人们对其的认识和把握是一个逐步加深的过程，由此导致对数字劳动的规范和制度约束方面存在一定程度的滞后现象，从而出现了数字劳动的无序发展乃至野蛮生长。尽管我国也制定和颁布了有关数字劳动的法律和规范，但是相较于数字劳动发展的快速性以及数字劳动所具有的虚拟性、黑箱性以及智能化等复杂特征，我们在对数字劳动的监管和规制方面仍存在短板，出现监管不力和无法可依等问题。譬如，对数字劳工信息的过度搜集和不法运用，迫使数字劳工签订不平等的劳动协议，对数字劳工的数字主义泰罗制强制，等等。这一切严重损害数字劳

---

① 〔以〕尤瓦尔·赫拉利：《今日简史——人类命运大议题》，林俊宏译，中信出版集团，2018，第 73 页。

工的身心健康，压抑劳动者的主体内生动力，阻隔和谐数字劳动关系的形成。因此，在建设数字劳动正义现实化的道路上，政府需要加快有关数字劳动的立法速度和加大其执法力度，加大对不法数字劳动现象的监管和规制，从而为数字劳动铺设法治轨道和提供法律保障，遏制数字劳动的无序化和野蛮化。与此同时，要激活对数字劳动的社会舆论监督力量，以制衡数字平台及其背后的资本力量对数字劳工的无度剥削和劳动霸权，从而积极建构健康有序、公平正义的社会主义数字劳动关系，打造合乎人性的美好数字劳动样态。

四是激活数字劳工主体意识，抵制数字劳动霸权。数字劳动正义不可能自然到来，也不会在空疏的口号中变为现实，而是需要付诸切实的行动和不懈的斗争，其中激活数字劳工的自觉抗争意识和采取自我维护行动是不可或缺的环节。在数字劳动关系中，实际上存在着诸如数字劳工、数字平台、数字资本家、政府等各种不同主体，他们之间存在错综复杂的利益关系和力量博弈。相对而言，数字劳工往往处在弱势地位，从而在激烈的利益矛盾和权益纷争中难以切实维护自己的合法权益，遭遇不公的劳动剥夺和权益损害。为此，数字劳工要自觉提高自身的数字素养和能力，培养自我的主体意识和抗争精神，在数字劳动关系的博弈过程中积极作为，积极争取自己的合法权益。同时，数字劳工可以利用数字、信息与通信技术建立广泛的数字劳工联盟，凝聚数字劳工力量，抵制数字劳动霸权。在此过程中，需要政府为数字劳工提供必要的政策支持和法律支援。与此同时，工会要积极作为，切实承担起自己的职责，为维护数字劳工利益出谋划策，为捍卫数字劳工合法权益保驾护航。质言之，在实现数字劳动正义的实践进程中，需要激活数字劳工的主体意识和抗争精神，进而形成制衡数字资本和抵制劳动霸权的坚强力量。

总之，数字劳动作为一种新型的劳动形态在数字化时代以不可阻挡的力量快速崛起，它深刻改变了传统的劳动要素构成及其结构形式，并深度重构了当代社会的劳动关系和人类生存方式。数字劳动在给人类带来高效的劳动生产、宽广的劳动时空以及便捷的劳动交往等积极后果的同时，也带来了深度的数字劳动强制、数字劳动剥夺、数字劳动霸权以及数字劳动异化等消极负面的后果，不仅损害了数字劳工的权益及其劳动内生动力，而且阻碍建构公平正义、和谐有序的劳动关系。这一切现实地呼唤着数字劳动正义的有力出场和坚实在场。然而，正如数字劳动是信息智能时代出现的复杂劳动形式一样，数字劳动正义是一个亟待研究的全新思想课题，需要学界的共同研究和学者的思想努力，进而为建构公平正义、和谐有序的数字劳动关系提供思想智慧和价值支撑。

（作者单位：上海师范大学哲学系）

大模型 Sora"抽象-具象"
生成逻辑的真理观叙事

涂良川

继 ChatGPT 生成文本之后，大模型 Sora 可以在抽象指令下生成多镜头的画面逼真、逻辑连贯、情节具体、视角多元的长时间"真实"视频，再一次拨动着人们的神经。一方面，作为生成式人工智能目前最先进技术形态的 Sora 将数据转换成驱动数据选择、场景微调和动态修正的规则，使抽象的指令调动由 patches 表达的事件组成可以被视觉认定为真的场景，使我们不得不质疑人类长久以来眼见为实的真实感；另一方面，Sora"抽象-具象"的生成逻辑在强化生成式人工智能技术范式的同时，也在以技术变革的方式重塑产业格局、影响社会运行逻辑，使人不仅要忙于应对技术范式的变革，也必须直面职业的动荡与存在的焦虑。因此，当大模型以技术的力量展现出对复杂对象的处理能力时，在结构性的算法和数据性的学习中获得"理解"和模拟物理世界能力的时候，我们在赞叹技术的巨大进步的同时，也必须正视技术发展对人类社会的反噬，深思技术对思想观念的改变。因为，Sora"抽象-具象"的生成，并非只是取代技术智能化后"人工智能换人"①的单一效应，更是对人类对象世界的模拟复现、数字重构和真实考问，是直逼人类面对世界的真实性问题。或者说，由 LLM 模型支撑的大模型，无论其是以语言的方式（如 ChatGPT），还是以图像视频的方式（如 Sora），都表明今天人工智能的高集成度、强运算力、大数据量大、快处理速度和准预测

① 涂良川：《"人工智能换人"技术取代叙事的历史唯物主义审视》，《理论与改革》2024 年第 2 期。

性等已开始挑战人类真的知识以及对真的认知。因为，大模型 Sora 等视频生成系统基于其技术逻辑的真理叙事对人类世界理解、知识获得、职业分类和行为方式等方面的介入，不像传统科学基于对复杂性的妥协、以假设-检验来确证真之事实，不以抽象公式化简化知识的真理，不以专业化的方式呈现现实的真实。所以，面对人工智能时代新技术的层出不穷，与其在追赶不同样态技术之中乐观地盲目或悲观地犹豫，倒不如真诚地面对新技术定义时代、改变现实和变革观念的现实，使我们的思想观念"同自己时代的现实世界接触并相互作用"①，使我们改造世界的实践真正"是对现实的冲破，是对现实的改变"②。

一　多模态的转译与对象的真实

人工智能的大模型为复杂系统的模拟和再现提供了技术可能。Sora 的横空出世，更是对传统模拟复杂系统的技术方案和实现路径实现了降维打击。一方面，借助大语言模型生成的算法，Sora 实现了对图像要素类自然的"合理的延续"③，既体现出物理光影的连续性，又体现出视觉逻辑的连续性，还体现出意义表达的连续性。另一方面，借用强劲的算力，系统通过深度学习挖掘文本和代码，获得了多模态的转译能力，使生成式人工智能具备处理能力和处理对象的可扩展、处理进程和处理过程的可并行，使系统转译的生成对象成为真实的存在。因此，相对于文本生成的大模型，视频生成的大模型更是对"总爱好感觉""尤重视觉"④ 的人的重大考验。因为，从技术逻辑上看，Sora 代表的大模型在模拟世界的通用性上开创了可行的路径，能够将对象的存在形态、运动方式和时空结构合乎对象物理存在规律地表达出来，解决物态模拟的复杂性问题；从存在逻辑上看，生成式人工智能系统在视频生成中能够使转译的多模态构成视觉难以区分、感知能够确认、意义能够认可的对象性存在。这意味着，经由其生成的多模态也获得了对象性的

---

①　《马克思恩格斯全集》第一卷，人民出版社，1995，第 220 页。

②　〔匈〕卢卡奇：《历史与阶级意识：关于马克思主义辩证法的研究》，杜章智等译，商务印书馆，1999，第 94 页。

③　〔美〕斯蒂芬·沃尔弗拉姆：《这就是 ChatGPT》，WOLFRAM 传媒小组译，人民邮电出版社，2023，第 3 页。

④　〔古希腊〕亚里士多德：《形而上学》，吴寿彭译，商务印书馆，1959，第 1 页。

真实性，生成式成了呈现、展示和建构真实对象的重要方式。因此，Sora 生成能够以假乱真的视频侵入人类对对象真实性的视觉感知，更以模拟甚至建构真实对象影响着真实对象，从根本上考问对象的真实性。

生成式人工智能本质上是经由深度学习训练的神经网络，其"发现"了蕴含在实例中集中的原则，并将之"发明"成多模态转译的规则，虽然它不是物理引擎，但是能够在统计学的加持之下用时间和空间来刻画对象之真。大模型 Sora 之大，首先就体现为训练数据之大，然后是支撑多模型转译的参数之大。作为生成式人工智能，大模型"有某种特定的基本结构，以及用于拟合数据的一定数量的'旋钮'（也就是可以设置的参数）"。① 因此，生成式人工智能并不依赖于人类确认对象之真的物理模型、因果逻辑和意义规范来建构呈现为视觉之真的对象。因为，通过"发现"与"发明"糅合，大模型使像素耦合成可以相互规定、相互解释和整体联动的视觉对象，完成了抽象概念与具体形态、动作描述与运动展开、场景规划与形象展示、意义表达与形态呈现的同一与合拍。如此看来，作为生成式人工智能的Sora"抽象-具体"的生成，延续大语言模型无先验语法的生成"语法"的逻辑，调用光影、形态、轨迹和时间使原来无意义的像素构成对对象的理解与呈现。于是，咖啡杯中的战舰、云端的小狗和东京街头的女士等就成了真实的对象。显然，Sora"抽象-具象"生成的对象之真显然不是由其数字像素表达的可视之真来确证的，而是由其对时空客观性、运动规律性、意义连贯性和因果联系性的刻画来保障的。因此，生成式人工智能依赖自回归来保障多模态转译的客观性，并不依赖对象的描述知识，而是建构了基于模态和数据来刻画对象的时空逻辑。由此生成的对象之真不由外在输入的表示知识和"概念化的规范"② 来保障，而由转译成时间与空间的模态来维系。如此"真"的对象，已然不同于人类依赖科学知识、先验知性、实践理性和实践感知等方式来确立的真的对象；而是从既有的数据中产生出来，机器系统匹配大数据集中的有限要素，以及以"玻尔兹曼分布"等为参考的随机性重构而成的对象③。

---

① 〔美〕斯蒂芬·沃尔弗拉姆：《这就是 ChatGPT》，WOLFRAM 传媒汉化小组译，人民邮电出版社，2023，第 18 页。
② 许煜：《论数码物的存在》，李婉楠译，上海人民出版社，2018，第 72 页。
③ 〔美〕斯蒂芬·沃尔弗拉姆：《这就是 ChatGPT》，WOLFRAM 传媒汉化小组译，人民邮电出版社，2023，第 5 页。

　　大模型"抽象-具象"的生成，不是在对对象规律理解与认识之后来还原性表现或创造性建构抽象表达的对象，而是基于相关性生成的对象的合理版本。表面上看，大模型在实现"抽象-具象"生成中，理解了"抽象"所指与"具象"所指。实质上，模型自身的训练基础、训练过程和训练原则是在算法逻辑中展开的相关性逻辑建构，而非基于体验与在世的领会。我们不能否认这种认知先于理解、有效试错排除可能错误、有限归纳应用于无限事实的有效性，以及刻画对象的逻辑合理性、表现对象的感知稳定性、生成对象意义的环境连续性等。更无法否认生成式人工智能只是基于既定事实的转译，而且是对与人工智能系统自身存续无关的既定事实的转译。当然，因为表达对象的属性（人工智能特别充分地利用属性的排他性区分，而非关注本质属性与特有属性的问题）足够多，所以系统转译的成效就越好。这里有两个极为重要的方面。其一，生成式人工智能是在相关性基础上的转译，多模态使拟合或模拟能够以假乱真甚至是以假成真，特别是在 Sora 的视频生成中，其既可以表达模态的 patch 既有属性可以被无损地还原，又在相关性的规定中将之转化为吸引"注意力"① 的要素。因此，Sora 这类大模型在实现 LLM 核心功能中，使多模态的转译获得了逻辑自洽性、表达连续性与时间稳定性等特质，在一本正经的对象表现中展现符合内置人类确认对象之真逻辑的诸多可能性。其二，大模型崇信"规模越大能力越强"②、描述越清、刻画越准的原则，使相关性摆脱了"随机鹦鹉"的魔咒，获得了基于数据可用集的分析能力，从而使对象体现出来的感性直观性、时空具体性和规律一致性等更加符合对象之真的规定性。这意味着多模态的转译不是形态、内容和逻辑的变换，而是力图运用源于已知数据集中的属性实现表现对象之真，使之从复现存在的已知规律和原则到验证与表达"成为"原则。如此生成的"后真实"对象是系统"去人化"的自我对抗与智能运算的结果，但在时间一致性上保持了对象的真实性。因此，基于规模力量化的原则，生成式人工智能在生成对象真实性上的进展，与其说是全面创建了真实存在的对象，倒不如说其证明了真实对象之真实在于其内在原则也可映射到外化生成要素的 patches 和 token 之中，再次证明了以表达为数据的、由人对

---

① Vaswani, Ashish, et al., "Attention Is All You Need", Advances in Neural Information Processing Systems, edited by Isabelle Guyon et al., vol. 30, Curran Associates, Inc., 2017, pp. 5998-6008.

② https：//www.quantamagazine.org/new-theory-suggests-chatbots-can-understand-text-20240122/.

象性感性活动生成的规定性。

　　大模型基于表达为数据的对象属性和代码训练的表达能力实现多模态转译，以离散像素建构了眼见未必为实的对象。大模型的多模态转译的成功，证明了生成式人工智能融合不同类型数据的有效性，也隐喻地表达了对象之真不在于呈现某一个侧面或单一维度之真，对象之真是诸多属性相互规定的结果。就目前 Sora 的生成内容来看，主要是以智能增强补足描述对象概念的断裂、以内容转译实现视觉要素对概念的具体化、以语义转译来达到对对象多层面刻画、以属性关联来达到时空的互释等。这和一年多之前风靡的 ChatGPT 用文字来描述对象有着根本的不同，Sora 更强调对象之真的直观感受性，其本质逻辑是以系统内部的 patches 和 token 等表达的概念及其相互规定来强化"眼见为实"的观念。对象之真，在生成式人工智能之中不是本质主义展开的视觉呈现，而是"预设的物质环境，并传播一种非物质的假象"[1] 从而将人带入对象之中。或者说，多模态转译所实现的"抽象-具象"生成，并非在于提供一个绝对的全新的对象，从而否认人类社会历史生成的真实对象，而是"将历史与文化的变迁、科学与技术的发展综合成个体化的境域，将现实存在带入提升创造自我理解的能力之中"[2]。因此，面对大模型是不是世界模拟器的争论，我们无意回答是或者不是，而在于回答其直指的对象之真实性的问题。显然，无论如何大模型所呈现与揭示、生成或建构、耦合与互释，都具有对象之真必要的时间与空间、静止与运动、变化与稳定等以触动感官来确证对象的要素性条件。或者说，大模型多模态转译生成对象之真的逻辑与印象派以"画的不再是事物，而是光"[3] 来刻画对象之真的方式与逻辑是一致的。但是，这些由转译而来的对象一旦与人的感觉发生关系（就目前而言，Sora 生成的视频主要是视觉，当然也可以加入听觉），那么就构成了对象展开自我的真实性、与人发生关系的现实性、表达对象属性与客观的实存性等。当然，这样的生成在感知上尚不充分、其系统的归纳与分析也有限度、在表现对象属性与规律上也需完善，是非物理引擎和实践存在对对象的再现，具有眼见非必定为实的对象。显然，在人工

　　① Kirschenbaum, Matthew G. , *Mechanisms*: *New Media and the Forensic Imagination*, Cambridge, MA: The MIT Pess, 2008, p. 135.

　　② 涂良川：《数码物"去物化"的唯物主义叙事》，《江海学刊》2023 年第 4 期。

　　③ 〔奥〕卡尔·西格蒙德：《疯狂年代的精确思考》，唐璐译，湖南科学技术出版社，2022，第 25 页。

智能时代，我们无法回避大模型多模态转译生成的对象对于对象之真实性深层考问。比如，到底什么样的对象是真实的？人类认知对象的方式和大模型生成对象的方式之间的差异是否构成对象之真的差异？人类的有限认识通过大模型转译之后能否开辟出确认对象之真的新渠道？等等。

　　大模型已开始全面介入对对象之真的刻画之中，特别是 Sora 这类能够在多模态支持下将文字转译成视频的系统，更是在对象给出、确认、解析、研究和改造上带来了全新的问题。一方面，大模型在多模态转译中将曾是碎片化的对象整体性地呈现出来，重置对象时空方位和历史价值，从根本上考量着我们的历史观和真实观。因此，面对一个正在被"梦想外挂"深刻影响的时代，在社会历史的整体逻辑中、从整个人类文明发展的趋势、直面技术生成建构的文明与文化，将时代变化内化于我们正确的时空观、历史观和存在观之中，就应该是我们能够确认真实对象的思想理论前提。另一方面，大模型多模态转译呈现亦真亦假的对象，并非意味着先进的人工智能技术解构了真实对象、建构了非真实的真实对象，而是深度地揭示了刻画、表达和呈现对象之真的全新的维度。因此，在人工智能时代，我们必须认真审视我们确认对象之真的理论框架，在创新中不断地纳入新技术所敞开的文明要素，使之构成我们面对对象、认知对象和改造对象的时代规定和文明内涵。因为，Sora 这类大模型，无论背后存在怎样的技术差异，但总是人"以我们自身的形象创造的、具有智能的人工造物"①，是推进人类自我认知、自我理解和自我提升的对象化产物。所以，面对大模型生成"真实对象"的事实，与其在质疑与害怕中踟蹰不前，不如深入地理解其建构的内在逻辑对我们知识的影响逻辑，从而不断提升我们发现真理、创造真理、运用真理和坚持真理的能力。

二　浸入式的读写与知识的真理

　　大模型"抽象-具象"的生成，之所以有以真示真、以假乱真、以真造真的能力，不是因为正在逼近 AGI 的生成式人工智能②达到超越人类智能的

---

① 〔英〕乔治·扎卡达基斯：《人类的终极命运》，陈朝译，中信出版社，2017，第 288 页。

② 涂良川：《"生成式人工智能"逼近通用智能的哲学叙事——ChatGPT 追问智能本质的哲学分析》，《东北师大学报（哲学社会科学版）》2023 年第 4 期。

奇点，并成为"一项关键的宇宙事件，是神之自我实现的完成。"① 大模型能够实现"抽象-具象"的转译，其关键在于以技术的方式实现了再现、生成与改造对象的知识逻辑、技术架构和评价方式的重构。因为，大模型不是简单处理数据来获得生成能力，而是在前置算法内置、归纳规律反向传递、生成对象的再次解读和反馈数据的内化中实现了浸入式的读写，既创造了生成要素的 token，又给出了组成 patches 的能力，还形成调动、重组、调整和优化生成结构的逻辑。因此，生成式人工智能不仅从生成对象展开出对真的考问，更是在生成对象的基础性原则上对知识内容、逻辑和成效的真理性考问。

生成式人工智能浸入式地读写，为知识的真理加入对象和社会主体之外的机器要素。这不仅改变了验证知识的真理性方式，而且改变了知识真理获得的途径，更是推进了对知识真理绝对性与相对性关系的根本看法。我们知道，在人工智能发轫之初，知识真理验证的自动化一直是人工智能研究与技术的重要领域。哥德尔、王浩、罗宾逊、马库恩、塔尔斯基等人工智能巨头都在此问题上有过创见卓越的深耕，特别是吴文俊的工作更是证明代表知识真理完备性的数学也因为机器要素加入而呈现出新的局面："每一次数学的突破，往往以脑力劳动的机械化来体现。"② 当然，今天我们都知道以符号表示知识的人工智能虽然在专用人工智能领域获得了极大突破，但是在通用型人工智能领域却存在极大范式障碍。所以，当 2006 年辛顿（Geofrrey Hinton）发表了深度学习的论文之后，人工智能就不再作为知识真理性的验证工具而被人们所关注，而是成了创建知识真理不可或缺的一个角色。此一情况，在今天更是如此。且不说用于科研助手的人工智能系统，只论 ChatGPT 可以根据关键词写出让专业人士难以分辨的学术论文就足以证明生成式人工智能已经深度介入知识真理的表达之中了。当然，Sora 这样"抽象-具象"生成的大模型更是将这一进程推到了新的高度。从知识真理的角度来看，大模型生成的具象并非问题的严峻之所在，而在于生成具象本身所表达的知识及其真理结构远远不再是手工时代、自动时代的知识与真理逻辑，而是人工智能时代被浸入式写入深度改变的全新逻辑。或者说，生成式

---

① 〔斯洛文尼亚〕斯拉沃热·齐泽克：《连线大脑里的黑格尔》，朱羽译，西北大学出版社，2023，第 109 页。

② 尼克：《人工智能简史》，人民邮电出版社，2021，第 48 页。

大模型能够实现 "抽象–具象" 的生成，一方面表明人类社会历史生成的知识的真理性，不仅表现为逻辑一致性、非矛盾性、同一性和可证明性，而且还表现为驱动对象的有效性；另一方面则表明由知识真理驱动的物不仅能够产生丰富与拓展知识的对象，还构成了知识认识与拓展的主体，更是建构知识真理性自我验证的内在机制。

大模型基于浸入式地读写数据，不仅使模型能够不断修正、优化和完善，而且使支撑生成的逻辑更具真理性。从技术逻辑的角度讲，大模型将转化器架构上的扩散机制运用得淋漓尽致，使其对生成机制写入不同于传统的以对抗与递归实现的经验知识反向传播。因为，机器学习的过程本身就是对数据 "标记"，不断地写入控制生成机制的参数的过程。或者说，大模型通过大数据和强算力驱动隐藏层不断将细微变化写入庞大的参数之中，在 "自注意力" 和 "内注意力" 的约束下，生成模型可以随时调用的 patches。虽然，大模型是 "通过逐步'根据样例训练'来学习执行这些任务"[①]，但是它并不是把样例直接搬用到系统之中。因为，"已训练的神经网络能够对所展示的特定例子进行'泛化'"[②]，一种既可以呈现为有效生成，又可以 "让神经网络去完成的任务是'类人'任务，而神经网络可以捕捉相当普遍的'类人过程'"[③]。大模型以深度学习来完成数据的算法化，将人类学习机制的核心原则内化成操作的机制，既在获得系统生成逻辑中坚持了人类寻求真理的核心原则，又以内化于大模型的 "一般社会知识"[④] 来读写数据本身。虽然，大模型在获得生成原则、展开生成逻辑和得出生成对象的时候，不可避免地压缩了描述对象世界的数据，但是却并非对真的偏误。因为，大模型浸入读写数据而非重复读写数据，而是使对象的自在状态与自然进程和人工创造与逻辑进程深度地整合起来，这既意味 "抽象–具象" 生成的对象已经是今天知识真理必须面对的对象，又表明知识真理本身从来都不是面对自在的对象，而是以人的实践为前提而被人深度介入的对象。因为，浸入式读写，并非系统随机和无原则地改变数据表征的规律本身，而是检验系统学

① 〔美〕斯蒂芬·沃尔弗拉姆：《这就是 ChatGPT》，WOLFRAM 传媒汉化小组译，人民邮电出版社，2023，第 35 页。
② 〔美〕斯蒂芬·沃尔弗拉姆：《这就是 ChatGPT》，WOLFRAM 传媒汉化小组译，人民邮电出版社，2023，第 35 页。
③ 〔美〕斯蒂芬·沃尔弗拉姆：《这就是 ChatGPT》，WOLFRAM 传媒汉化小组译，人民邮电出版社，2023，第 42~43 页。
④ 《马克思恩格斯全集》第三十一卷，人民出版社，1998，第 102 页。

习获得知识的真理性与以获得知识的真理性再次获得知识的双向读写。浸入式读写，一方面充分发挥了生成式人工智能计算能力强劲的优势，另一方面又使大模型生成逻辑自身的校验与人类智能追求真理知识具有同构性。因此，虽然从直观上看，大模型应用于 AIGC 直接冲击的是艺术创造和审美实践，本质上却是考问驱动"抽象-具象"生成完成虚构、复杂、奇幻转译的知识本身的真理性问题。当然，今天的事实已表明，基于浸入式读写而获得转译能力的大模型已经具有模拟和生成真实世界的能力，这本身已表明浸入式读写就是知识真理内在的构成要素。

大模型浸入式的读写表明系统是在数据与算法的双向生成中完成转译，这既赋予"抽象-具象"生成逻辑具有开放性，更表明唯有生成性的知识才具有持久的真理性。正如"人的思维是否具有客观的［gegenständliche］真理性，这不是一个理论的问题，而是一个实践的问题"[1] 一样，大模型浸入式读写的真理性，必须以生成对象本身的真实性来验证。虽然就表达形式而言，Sora 这样的大模型还是直接呈现对象，但是其对象生成明显是通过浸入式读写获得的形式对 patches 进行逻辑化、结构化和形态化的成果。因此，虽然我们很难说人工智能通过浸入式读写获得了知识、创造了知识，但是我们却不能够否认这种浸入式读写具有能够表达出知识具有的形态化、逻辑化、结构化和组织化对象的功能，以及通过改变对象存在形态来表达时间、空间、运动、形态、结构、逻辑等的能力。显然，浸入式读写表达出来的知识真理性，已充分地弱化了知识对象的本体论承诺，但并没有改变知识的真理性。这也就是为什么 Sora 发布以来，无论是反对者杨立昆（Yann LeCun），还是"深度学习之父"辛顿都在某种程度上承认 Sora 这类大模型是物理引擎。或者说，尽管立基于 LLM 的大模型 Sora 很难说已理解物理世界并形成记忆和回忆事物的过程，也已形成自主目的性的推理与计划能力，但是其"抽象-具象"的生成逻辑、生成对象及其现实效应，都是对 Sora 作为世界模拟器有效性的证明。也正因如此，面对 Sora 对 AIGC 带来的影响，有学者已然在惊呼新的"谷登堡时刻"已到来[2]。这显然又一次将问题的焦点指向了大模型 Sora 叙述的知识真理这一问题。外交家和国际政治战略家

---

[1]　《马克思恩格斯选集》第一卷，人民出版社，2012，第 134 页。
[2]　方兴东、钟祥铭：《谷登堡时刻：Sora 背后信息传播的范式转变与变革逻辑》，《现代出版》2024 年第 3 期。

基辛格（Hery Kissinger）、原谷歌 CEO 施米特（Eric Schmidt）和麻省理工苏世民计算机学院院长胡滕洛赫尔（Daniel Huttenlocher）共同提出，生成式 AI 挑战了启蒙运动以来的哲学与实践，它"正在试图改变人类认知过程""这是人自印刷术发明以来从未经历过的又一次重大震荡""它们将重新定义人类知识，加速我们现实构造的变化，并重组政治和社会"①。因为，通过浸入式的读写，Sora 将前置于算法中的类先验原则和系统深度学习经验结合起来，在反向传递机制的助力下，超越了既定的重现逻辑、组合逻辑和解析逻辑，在算力加持之下对抽象概念所指和能指的复杂场景与动态视觉进行了解析与构造。更为关键的是，浸入式读写赋予系统获得与改进生成原则的可能，一方面开放性地展开了抽象概念的能指，并在循环、对抗和自回归等算法下收缩与确定抽象的所指，使系统解释或理解语言的知识内涵更为丰富、操作更为灵活、适应性更为广泛；另一方面，划分具象（在 Sora 系统中主要是视频材料）成为时空子块（Spacetime Patches）的逻辑更为精准、标记意义生成 token 的方式更为客观。由此，Sora 构建的就不再是基于暴力计算的符合，而是体现内容广泛性、逻辑精准性和表达客观性的知识性真理。特别是 Sora 以扩散自注意模型（diffusion transformer，DiT）来实现"浸入式读写"，并完成近乎完美的"抽象-具象"生成时，绝非人工智能的机器力量的证明，而是表明生成中的知识真理才是有效的真理、可检验的真理和推动人类真理认知发展的真理。

因此，大模型 Sora "抽象-具象" 生成的巨大成功，一方面是对当前人工智能技术范式发展有效性的充分肯定，另一方面则证明了认知实践对知识真理本身具有奠基性的意义。其一，人类社会今天获得关于对象的真理知识，已日益自动化和智能化，但是对象本身成为已被人类活动特别是人类本质力量对象化的物性力量深度介入的存在。因此，如何在"外部自然界的优先地位仍然会保持着"② 的对象与被实践深度浸入的客观对象的张力之中获得知识真理就是人工智能时代真理观必须面对的重要问题。其二，大模型基于浸入式读写证明了人工智能发掘数据、重组数据和模拟物理世界的可行性，是外化为物理量的知识真理的证明，正在改变知识真理的构成。虽然大

---

① Kissinger A. H., Schmidt E., Huttenlocher D., "ChatGPT Heralds an Intellectual Revolution", https：//www.wsj.com/articles/chatgpt-heralds-an-intellectual-revolution-enlightenment-artificial-intelligence-homo-technicus-technology-cognition-morality-philosophy-774331c6，2023-02-24.

② 《马克思恩格斯选集》第一卷，人民出版社，2012，第 157 页。

模型目前并没有形成从一阶现象升华到二阶抽象的能力，但是如何评估浸入式读写可能对知识真理构成的影响显然是人工智能时代真理观必须回答的重要问题。其三，浸入式读写完善了大模型"抽象-具象"生成能力，又模糊了既定真实与生成真实，浸入式读写本身成了全新知识对象与知识内容，是这个时代对知识真理的充盈与丰富。因此，如何在存在赛博化的现实中，建构人创造这一知识真理的能力、形成判定其真理性的标准、规避价值偏见对知识真理的影响，也是这个时代知识获得、知识判定、知识运用和知识创新的重要论题。

三 通用化的生成与现实的真相

大模型 Sora 以"抽象-具象"生成构建人工智能时代人类必须面对的真实对象。其在以文本生成视频成为"世界模拟器"的过程中，使大模型实现对对象领域的跨越，具有类语言揭示现实真实性的能力和可能。因此，大模型"抽象-具象"生成本身所体现出来的通用化特质，必将成为人工智能时代人类探究真相的有力手段，也必将改变人类获得真理与看待真理的思维方式与思想观念。Sora 这类大模型坚持追求通用化，既是扩展技术应用范围、扩大技术影响力和实现技术发展的必然选择，更是为"人机融合""人机协同""多元嵌入""人机对齐"[1] 奠定基础，使"抽象-具象"的生成更能呈现现实的真相，并为人类进一步揭示现实的真相提供动力与可能。因为，Sora 这样的大模型坚持通用化的生成能够使我们进一步逼近现实的真相，必然会展现出应用的强大功能和对真理观的根本性影响。

大模型通用化的生成，使人机交互的逻辑发生了根本性变革，正在从根本上改变现实真相表达的方式以及人类与现实照面的场景。因为，通用化的生成无论是技术取向还是结果呈现都坚持了模拟的现实主义，而这种现实具有独特的意义："即使我们身处模拟系统，事物的本质基本上还是与我们的认知相符。"[2] 通用化的生成，使大模型生成的图像、视频不再是表达现实

---

[1] 黄时进：《新一代人工智能驱动科学发现的新范式》，《社会科学》2024 年第 3 期。

[2] 〔美〕大卫·查默斯：《现实+：每个虚拟世界都是一个新的现实》，熊祥译，中信出版社，2023，第 197 页。

真相时用以呈现具体性、吸引注意力、强化持续性的手段和中介，而成为现实真相本身。或者说，大模型通用化的 "抽象–具象" 生成是现实同构的真相，而且是一种易于进入、能够交互和纳入主体的现实真相。这也就是 Sora 系统生成的视频触动人们的根本原因。而且，大模型生成的通用化显然并非局限于 "通用视觉数据模型"①，而是表现为理解抽象概念的能力、组合视频要素的模型、呈现事态流变的逻辑、模拟物理世界的方式、实现沉浸交互的场景、进入现实真相的路径等的通用性。或者说，虽然 Sora 这样的视频生成大规模表面上直指了视频行业成本、效果、内容以及艺术表达等功用性问题，但是其根本上却在引发行业担忧中进一步展示出其通用性对揭示现实真相的方式和能力、限度与可能、中立与偏向、相对与绝对等根本性影响。因为，大模型通用化使罗兰·巴特所肯定的图像时代的使 "词语成为结构上依附于图像的信息"② 的成就推进一大步，使图像和信息真正一致起来，"人工智能所生成的'世界'"③ 就是世界的真相和真相的世界。而且，通用化的生成逻辑，使系统在训练之初就以有效压缩的方式对数据所描述的真相进行整合想象与重生的双重筛选，并以自注意力生成与强化的方式使要素之间的相互规定更具扩展性。因此，当系统 "先将视频压缩到一个低维度的潜空间中，继而将视频转化为补丁包，并随后将它们在时间–空间上进行分解"④ 的时候，本身就是符号表征结构的外化、想象建构对象的固化和物理实存结构的再现。现实显然不再是自在给予之实存所蕴含的规律所决定的，而是由 "'自然进程'（natural process）与'人工创造'（artificial creation）不断深层次地交织以至进入无可区分之域（zone of indistinction）"⑤ 生成的。所以，现实的真相不是对 "世界的单纯的直观" 和 "局限于单纯的感觉" 就可以穿透的。现实也不是由 "'眼前'的东西的普通直观" 和 "看出事物的'真正本质'的高级的哲学直观" 的 "二重性的直观"⑥ 叠加构成的，

① 夏德元：《相由心生：AIGC 时代的艺术生产与审美新景观——由文生视频 AI 模型 Sora 引发的思考》，《文化艺术研究》2024 年第 1 期。

② Barthes, Roland, *The Photographic Message*, New York：Hill and Wand, 1982, pp. 204–205.

③ 吴冠军、赵宪章：《Sora：从技术哲学到文艺学的思考（笔谈）》，《文化艺术研究》2024 年第 1 期。

④ Video Generation Models as World Simulators, OpenAI, https：//openai. com/research/video-generation-models-as-world-simulators, 2024–02–15.

⑤ 吴冠军、赵宪章：《Sora：从技术哲学到文艺学的思考（笔谈）》，《文化艺术研究》2024 年第 1 期。

⑥ 《马克思恩格斯选集》第一卷，人民出版社，2012，第 155 页。

而是由通用化生成深度参与并被社会历史性的人性力量"实际地反对并改变现存的事物"① 构成的。

通用化生成虽然赋予大模型 Sora 造型描述（Ekphrasis）强大的力量，但并非意味着现实的真相已被其编辑、篡改甚至制造。从描述的角度讲，通用化的造型描述对于人们了解现实的真相具有独特的意义。因为大模型通用化的逻辑能够跨领域、跨时空和超偏见地补全真相缺失的环节，使现实的真相更具有连续性与自洽性。大模型在其内部用标记（token）来统一语言、文字、图像、声音等素材，将之抽象化成具有潜在表达力的通用参数，使之能够表达现实的真相。但是，大模型 Sora 的描述是造型描述，是理解了"抽象"所指并选择了"抽象"能指之后的描述。尽管"选择"意味着系统在生成具象时具有自由度，但是却不是价值任意或机器任性的随意，一方面，"抽象-具象"生成意味着提示词表达的抽象和由系统呈现的具象各自具有对于现实真相的独立表达能力，从客观上不能随意更改；另一方面，大模型生成的"真相"必须被"现实的历史"② 的人在自己的感性活动中历史地审视，而非直观地接受与肯认"有图有真相"的呈现与表达。因为，"图"的选择及其与真相之间形成的"语图"关系，只有在真正触动人的实践、表达为人的实践并内化成实践的时候，才有可能被肯定与肯认。因此，大模型 Sora 能够被视为通向重建物理世界的可行途径之一，能够开发新的创意和叙事方式来刻画现实的真相③，是因为其"利用专门领域的人类知识""利用计算能力"④ 以搜索、学习和泛化建构了现实真相表达的必要条件。或者说，通用化生成并非意在建立独立或者绝对超越人本身的本体，而是凸显现实真相必须在主体间性中表达、在身体与世界交融中展开、在实践上手中检视。大模型以造型描述来真正表达今天现实真相的存在方式，即人机共在、人机共建、人机互融与人机互补是这个时代的存在真理。

①　《马克思恩格斯选集》第一卷，人民出版社，2012，第 155 页。

②　《马克思恩格斯选集》第一卷，人民出版社，2012，第 226 页。

③　王鹏：《影视行业"护城河"逐渐变浅？文字转视频 AI 模型对影视行业的深度影响》，https://new.qq.com/rain/a/20240218A05Q9L00，2024-02-18。

④　Rich Sutton, "The Bitter Lesson", http://www.incompleteideas.net/IncIdeas/BitterLesson.html, 2019-03-13.

　　大模型 Sora 通用化生成虽然是"为模拟世界而生"[①]，但是却正在改变与重建人工智能时代表达与思考现实真相的方式。多模态的思维、知识与创造结合、语境与感知对话、演绎与归纳同行、控制与开放同进、递归与迭代共演等共同支撑了大模型的通用化，使系统能够以图文互释的方式刻画现实的真相。显然，大模型 Sora 的模拟不是移入、还原和再现，也不是移出、表达和植入，"Sora 在 ChatGPT 正确处理因果关系的基础上突破了时空关系，不仅能够生成真实世界的孪生世界，而且能够创造出真假难辨的虚拟世界"[②]。其一，大模型 Sora 如此的能力，为现实真相的表达提供了全新的逻辑和方式。视频的具体，不仅展示"抽象"直指的因果关系，而且能够多角度、多层面、多方式地呈现真相表达的时空逻辑。一方面，这能够最大限度地实现对既定现实的保留与尊重，另一方面则以虚拟实在的方式将现实的内蕴的过去、现在和未来的三维揭示清楚明确。其二，大模型 Sora 通用化的生成表明，现实的真相不是存在于斯静待被发现的真相，而是必须融入发掘知识库、创造连贯性、形成解释力、表达体验性和建构实在性的真相。这既是通用化生成将递归迭代作为技术程式的重要原因，更是其生成对象能够形成现实真相叙事的存在论前提。或者说，现实的真相在人工智能时代不再是静态的表述，而是动态三维的表达。其三，大模型 Sora 通用化生成是以一个过程性而非结果性的方式来建构世界图景，特别强调互动性产生现实效应及其对系统生成能力的反馈性优化。一方面，训练数据的偏好作为价值原则转移到对生成内容的规范之中的可能性，使得 Sora 的 AIGC 具有可定义性，可能偏向于要求被呈现的现实真相。这既是目前人们惊呼 Sora 是"狼来了"的原因之所在，更是强调了现实的真相必然与环境有内在联系。因此，对于系统生成的真相必须从"环境的改变"和"系统的生成"一致上来理解，必须将之视为"变革的实践"[③]。另一方面，大模型 Sora 的通用化为现实互动性提供了全新的场景，是系统和应用系统的人逼近真相的平台。Sora 通用化的生成，为想象的现代化插上虚拟的翅膀，不仅使现实被自由驰骋的思想改变，更使面对现实真相的认识发生了根本转变，"一个完全以人

---

①　Video generation models as world simulators, https：//openai.com/research/video-generation-models-as-worldsimulators.

②　黄欣荣：《从 ChatGPT 到 Sora：生成逻辑、哲学本质及世界图景》，《新疆师范大学学报（哲学社会科学版）》2024 年第 6 期。

③　《马克思恩格斯选集》第一卷，人民出版社，2012，第 138 页。

类为中心的认识论已经再也不合时宜了"①。因此,在嵌入现实成为事实的前提下,现实的真相就必然表达为真理展开的时空、媒介和认知等的根本转变。所以,大模型 Sora 通过呈现与表达给出的现实真相,虽然受制于"数字符号与经验世界的相关性系数"②,但其稳固性却可以由"意义感""价值感""存在感"等社会存在来维系,对其真实性的思考也必须从"生活决定意识"③的思维逻辑出发。

通用化的生成使现实的真相与我们更直接地照面,同时也将隐藏在现实中的偏见以真相的方式传达给我们。Sora 的通用化生成使真相如此之近,又如此之远,显然问题不在于技术逻辑本身,而在于我们正处于真理观正在变革的时代。其一,通用化生成将海量的人类经验泛化成呈现现实真相的逻辑,正在改变真相与人类照面的方式,我们到底应该以何种存在观念、理论思维、真理观念来把握时代的变化?这到底是真正呈现方式变化了,还是人类追求真理的手段提升了?这些变化对现实的真相有何影响?等等,都是这个时代我们必须面对的问题。其二,现实的真相经由通用化的生成与我们不再陌生与疏远,我们到底应该如何看待通用人工智能对我们获知真相方式的变革,又如何将之内化于我们的真理观建构之中,是今天我们练就精准分辨力、持久专注力和有效专研力等必须解决的问题。人工智能,特别是逼近而来的通用人工智能,大幅度提升了我们获得现实真相的能力,但是技术自身的有限性却又影响着我们求知、求真方法的多样,价值的多元等。因此,面对大模型 Sora 通用化的生成,唯有真实地把握其"抽象-具象"生成逻辑的真理观叙事的技术基理、社会效应和未来走向,才有可能在这亦真亦假的时代,追求真、获得真和实现真。

结 论

今天,大模型"抽象-具象"的生成正在改变对象展示逻辑、考问知识的真理结构,使我们追问现实真相既易又难,已是不争的事实,更是我们必须面对的现实。面对这样的时代语境,我们显然不能放弃追求真理的理想,

① P. Humphreys, "The Philosophical Novelty of Computer Simulation Methods", *Synthese*, Vol. 169, No. 3, 2009, pp. 615-626.
② 陈卫星:《智能传播的认识论挑战》,《国际新闻界》2021 年第 9 期。
③ 《马克思恩格斯选集》第一卷,人民出版社,2012,第 152 页。

也必须建构我们追求真理的新能力。这就意味着我们在真理观教育、真理意识培育、真理能力提升时必须处理以下一些根本性问题。其一，立基于时代的特质来直面真理内涵、真理表达和真理地位的全新语境。或者说，如何在分析真理特质、建构真理逻辑和形成真理观念中真正把新时代的存在语境内化于真理的追问之中，是新时代真理素质培养的基础与前提。因为，诸如大模型这样的技术已深度介入真理内在构成，并形成了对象之真、知识之真和现实真相的技术叙事逻辑，如若我们不将其内化成真理的内在规定，那么形成的真理观就会回避到主观的自说自话之中。其二，深入地理解人工智能技术定义时代的方式，形成人工智能时代追问真理的自觉意识。面对通用人工智能加速逼近的形势，提出这个时代的真理问题是极为紧迫和根本的问题。因为，"问题是时代的格言，是表现时代自己内心状态的最实际的呼声"[1]。所以，在人工智能时代培育人倾听真理的呼声、捕捉时代的变化、提问真理性的问题、形成真理性的判断，就是我们对真理的真诚追寻。其三，必须深入洞见真理和生存与生活的关系，提供人工智能时代认知真、分辨真、追求真、思考真和实现真的全新框架，充分运用大模型的助推，使人在走入真中获得真和真理。因为，今天的人工智能"正向人类智能靠近，无论在生成逻辑、哲学本质还是世界图景上都向前推进一大步"[2]，正在打破我们原有的真理逻辑与真理观念，也在建构我们全新的真实生活。因此，追求真理就既要获得真理内容，又要变革真理思维，还要更新真理观念。

（作者单位：华南师范大学马克思主义学院）

---

① 《马克思恩格斯全集》第一卷，人民出版社，1995，第 203 页。
② 黄欣荣：《从 ChatGPT 到 Sora：生成逻辑、哲学本质及世界图景》，《新疆师范大学学报（哲学社会科学版）》2024 年第 6 期。

数字经济时代下情感的生产力与破坏力

程　晓

随着信息和通信技术的发展，以大数据、物联网等为代表的新技术将整个社会推向了数字经济时代。新技术的开发、运用及组织管理的过程都高度依赖人的情感、智力。个人的情感及精神越来越成为相对独立的生产力要素，影响着整个社会的生产力水平。人的情感的发展，是否意味着人能够摆脱资本的控制，成为能够组织、控制生产的主体呢？马克思认为资本是现代社会生产的主体，人的情感及其智力只有被吸纳进资本后才有发挥的可能。"固定资本的发展表明，一般社会知识，已经在多么大的程度上变成了直接的生产力，从而社会生活过程的条件本身在多么大的程度上受到一般智力的控制并按照这种智力得到改造"①。人的情感、精神作为人的一般智力的发挥都被物化为固定资本形态。数字经济时代极大改变了人在生产中的地位。哈特认为，随着信息技术的发展，人的情感已经成为一种非物质劳动，并且是诸多非物质劳动类型中最为重要的一类。因为情感能生产出具有生命力的主体，"情感劳动为解放提供了巨大潜力"。然而，另一些学者则认为，数字时代的情感发展不仅是缺乏主体性的，而且能对生产具有隐蔽的破坏力。"人们堆积信息和数据，却未获得任何知识。人们渴望冒险、渴望兴奋，而在这冒险与兴奋中，人们自己却一成不变。"② 数字时代中的情感如何成为直接的生产力？其在促进生产力发展方面的界限何在？对人的情感与生产力

---

① 《马克思恩格斯文集》第八卷，人民出版社，2009，第198页。
② 〔德〕韩炳哲：《他者的消失》，吴琼译，中信出版社，2019，第4页。

关系的研究有助于理解数字时代人的本质力量，进而有助于建构习近平新时代中国特色社会主义思想的情感认同。

一　去情感的本质是情感商业化

情感是人的各种感官在与外界事物发生关系时产生的一种感性的体验。马克思通过"现实的人"的概念，揭示了情感与社会经济结构的密切关系。现实的人是不断进行物质和精神生产的有生命的个人。人的现实性并不在于感觉和直观的情感表达，因为情感是随着生产变化而形成和改变的。人的情感不由生理结构决定，而是由生产结构决定。尽管人总是通过身体的感知器官来认识自我和世界，但感官带来的感受却是人在与自然、社会的生产中形成并普遍化的。"视觉、听觉、嗅觉、味觉、触觉、思维、直观、情感、愿望、活动、爱，——总之，他的个体的一切器官，正像在形式上直接是社会的器官的那些器官一样，是通过自己的对象性关系，即通过自己同对象的关系而对对象的占有"①，马克思建立了人的主观感受和物质变化之间的关系，揭示出在不同生产方式下，情感的客观样态。

在资本主义的生产方式下，人们的情感是怎样的呢？首先，从具体的生产方式上看，生产中劳动者逐渐被去情感化。资本主义的生产组织方式一般经历了三个阶段：简单协作、工场手工业、机器大工业。随着组织形式的改变，人逐渐被去身体化进而去情感化。封建社会初期，行会手工业以学徒、帮工、师傅的简单协作形式来进行生产。师傅按照自己的利益组织生产，控制、照料帮工和学徒的全部生活。学徒、帮工、师傅并没有明确的生产环节，而是在一起进行采购、生产、销售。在这个等级关系中的每个人都包含着人本身的丰富感情。在工场手工生产中，资本家雇佣工人进行分工协作式的生产。每个工人从事一种简单操作，所有的简单操作结合起来才完成整个生产。生产工具日渐复杂但是操作它们的工人却可以变得简单。分工意味着劳动者不必发挥其全部的体力智力，其精神和情感也在单调劳动中变得单一，"不断从事单调的劳动，会妨碍精力的振奋和焕发，因为精力是在活动本身的变换中得到恢复和刺激的"②。工场手工业时期，工人还需要发挥其

① 《马克思恩格斯文集》第一卷，人民出版社，2009，第189页。
② 《马克思恩格斯文集》第五卷，人民出版社，2009，第395页。

作为人的精神和情感，依靠技能和经验操作工具。机器大工业下，机器才是具有生命和情感的主体，工人成为机器的零件被机器"夺去身体上和精神上的一切自由活动"①。

资本主义生产为什么会排斥情感？资本只有通过对劳动的占有才能获得剩余价值，进而实现利润。占有劳动就意味着要不断消除劳动者的非理性因素，使其可以控制。传统工场手工业建立在个人经验之上，而个人经验总是受到性格、情感、环境等条件的制约。机器大工业大大减少了生产中的非理性因素，"在规训社会中人要像机器一样运转，情绪就成了阻碍，必须被彻底清除"②。机器建立在由数学计算、科学实验组成的理性思维之上，祛除了经验技术的感性成分，生产更加理性。这也意味着资本能够更好地控制劳动，"劳动对资本的这种形式上的从属，又让位于劳动对资本的实际上的从属"③。生产中，劳动者不需要感情，资本"待工人就像对待单纯的生产资料那样，给他饭吃，就如同给锅炉加煤、给机器上油一样"④。

其次，去情感化的实质并不是情感不重要，而是要将情感商业化。从社会一般生产关系上看，雇佣劳动关系的确立将情感商业化。资产阶级"它把宗教虔诚、骑士热忱、小市民伤感这些情感的神圣发作，淹没在利己主义打算的冰水之中"⑤。资本主义的生产将复杂的、难以控制、无法通约的情感同一化为金钱关系，或者说只有买卖、交换才是这个社会的情感本质。马克思认为资本主义生产方式是商业化情感产生的根源，"由于劳动是雇佣劳动，劳动的目的直接就是货币，所以一般财富就成为劳动的目的和对象。作为目的的货币在这里成了普遍勤劳的手段。生产一般财富，就是为了占有一般财富的代表。这样，真正的财富源泉就打开了"⑥。

情感商业化不仅表现在人们生产的目的上，还表现在组织生产的方法上。马克思揭示了当高度理性的机器成为主要生产资料时，人也变成高度理性的机器。人以经济利益为目的来理性地安排自己的情感，"如果工作关系中包含对员工感受的关心与关注，那么生产力就会提高"⑦。特别是随着机

---

① 《马克思恩格斯文集》第五卷，人民出版社，2009，第487页。

② 〔德〕韩炳哲：《精神政治学》，关玉红译，中信出版社，2019，第63页。

③ 《马克思恩格斯文集》第五卷，人民出版社，2009，第583页。

④ 《马克思恩格斯文集》第五卷，人民出版社，2009，第306页。

⑤ 《马克思恩格斯文集》第二卷，人民出版社，2009，第34页。

⑥ 《马克思恩格斯全集》第三十卷，人民出版社，1995，第176页。

⑦ 〔法〕伊娃·易洛思：《冷亲密》，汪丽译，湖南人民出版社，2023，第19页。

器大工业生产导向服务业生产时，生产中的管理者和工作者都需要具备一定的情感、语言和一些个人化的特质。"经济领域远非排除了情感，恰恰相反，它满溢着情感。"①

服务业对情感的需求和工业生产对情感的排斥并不矛盾，都是将情感置于经济利益的目的之下。资本通过对劳动者情感的管理和控制来提高经济效益。处于服务工作中的劳动者虽然表现出微笑，但这个微笑并不是其真实主体情感的表达，"微笑，就像你真的想笑一样"②，哪怕微笑背后的真实情感是焦虑、恐惧、怨恨。19世纪机器工业时代不需要劳动者富有情感，20世纪70年代开始的服务业导向的后工业时代则不需要劳动者表达真实的情感。劳动者只需要按照企业的商业目的，用标准化的动作来呈现企业需要的情感。微笑并不是愉悦情感的展现，而是装饰真实情感的工具。

二　情感成为直接的生产力

机器大工业主导下的生产，无论是劳动者还是资本占有者，他们的情感都是贫乏的。人们的交往、文化都被机器化、工具化。"忧心忡忡的、贫穷的人对最美丽的景色都没有什么感觉；经营矿物的商人只看到矿物的商业价值，而看不到矿物的美和独特性；他没有矿物学的感觉。"③　与此不同，在数字化生产中，知识、信息、沟通、情感则起到核心作用。因为人们的情感、互动、沟通本身就是生产性的，"沟通并没有变得贫困，而是将生产丰富到人类互动的复杂程度"④。情感成为直接的生产力，产生了巨大的社会财富。情感的丰富和发展也激活了劳动者的创造力和协作性。这为劳动者超越资本控制，实现自我管理提供了潜力。

机器大工业时代，机器是固定资本，对生产起着决定作用。情感只是作为促进生产的一个方法或者中介，其自身并不是生产资料，不具有独立的交换价值。马克思曾分析，在机器大工业生产中，人的知识、智力只有从属于机器，才能被看到、被发展。机器"是人的手创造出来的人脑的器官；是

---

①　〔法〕伊娃·易洛思：《冷亲密》，汪丽译，湖南人民出版社，2023，第33页。

②　〔美〕阿莉·拉塞尔·霍克希尔德：《心灵的整饰：人类情感的商业化》，成伯清、淡卫军、王佳鹏译，上海三联书店，2020，第1页。

③　《马克思恩格斯文集》第一卷，人民出版社，2009，第192页。

④　Michael Hardt, *Affective Labor*, *boundary 2*, Vol. 26, No. 2 (Summer, 1999), pp. 89-100.

对象化的知识力量"①。人如果不进入机器大工厂中，就无法与劳动资料的结合，生产劳动也无法实现。因此，机器才是生产力。"固定资本的发展表明，一般社会知识，已经在多么大的程度上变成了直接的生产力，从而社会生活过程的条件本身在多么大的程度上受到一般智力的控制并按照这种智力得到改造。"② 一般社会知识、一般智力都与人无关，都是机器体系中的科学力量。

20 世纪 80 年代以来，大数据、物联网等技术消除了情感的主观性，为情感的商品化提供了条件。首先，情感转化为可以量化的数据。数字信息技术"将人们的目光、声音和面部从社会空间和人际交往中剥离出来的程度已经不存在任何限制"③。数字技术通过人各个器官细微的反应来识别、比较情感。情感被从人具体的身体中抽离出来，转变为一系列可供计量的数据。比如消费者观看商品的时间、行动轨迹、操作习惯都会被手机、摄像头等设备识别，形成包含个人身份、情感的数据。其次，情感成为可以批量化生产的商品。比如，网络交友平台把代表个人情感的信息——经历、身材、爱好等信息——用视频、图片、文字等载体呈现出来。平台上其他人通过浏览、阅读这些载体上的信息而找到满意的对象。在这个过程中，人的情感表现的专属性、唯一性消失了。如果人们对计算机匹配结果不满意，只需更新数据重新匹配。伊娃·易洛思用"情感资本主义"来形容情感的这种可量化的性质，"情感已经成为一种可被评估、检查、讨论、协商、量化和交易的实体"④。数字技术将人的情感转化为数据，并在市场结构中与其他人的数据竞争、匹配。此时，情感成为能够被同约的商品，情感体验过程转变为商品交换的效率问题。

情感能够作为独立的生产要素进入生产。在服务业导向的生产中，劳动者总是要在生产中付出情感，这种付出被称为情感劳动，"这种劳动，要求一个人为了保持恰当的表情而诱发或抑制自己的感受，以在他人身上产生适宜的心理状态"⑤。此时的情感并不直接产生商品，只是劳动者为了促进其

---

① 《马克思恩格斯文集》第八卷，人民出版社，2009，第 198 页。

② 《马克思恩格斯文集》第八卷，人民出版社，2009，第 198 页。

③ 〔美〕乔纳森·克拉里：《焦土故事：全球资本主义最后的旅程》，马小龙译，中国民主法制出版社，2023，第Ⅷ页。

④ 〔法〕伊娃·易洛思：《冷亲密》，汪丽译，湖南人民出版社，2023，第 163 页。

⑤ 〔美〕阿莉·拉塞尔·霍克希尔德：《心灵的整饰：人类情感的商业化》，成伯清、淡卫军、王佳鹏译，上海三联书店，2020，第 21 页。

他商品的销售而运用的一种手段。在数字信息技术作用下，情感则作为独立生产要素进入生产。哈特认为情感劳动纵然是体现为面对面服务带给人们的幸福、满意、激动的感觉，这并没有什么新鲜的，"新的是这种情感非物质劳动现在在多大程度上直接产生资本，以及它在多大程度上通过广泛的经济部门变得普遍化"①。数字化时代，情感的新意义在于其本身就具有交换价值。情感劳动"在后现代化进程中不仅直接产生资本，而且处于劳动形式的顶端"②。情感不再是促进生产和消费的中介，而是通过买卖直接进入生产的要素。

情感劳动通过产消合一的生产模式创造了巨大价值。机器工业时代，流水线、标准化的生产使生产和消费之间存在间歇。生产领域包含有价值的商品，只有在消费领域中被购买才能实现价值的增长。产消合一的模式缩小了这个间歇，大大加快了价值增长的速度。"当我们既生产又消费我们自己的产品时，我们就是在进行产消合一。"情感劳动者生产与消费是合一的，"用户的创造力、分享和活动相联系产生了使用价值和交换价值——既具体劳动和抽象劳动"③。平台上付出情感劳动的用户根据其在"产-消"过程中扮演的角色，可分为内容创作者、浏览者、消费者。内容创作者发布包含个人情感的产品，如图像、视频、帖子等。浏览者点击这些产品、并与感兴趣的产品进行互动，进而与其他用户建立情感连接。其观看时长、分享状态等都会成为判断其身份、偏好的数字信息。这些信息作为对产品的认同和否定会刺激创作者生产新的产品。消费者则是通过基于对其他用户认同和信任购买平台上的产品。社交媒体上的用户为自己和其他用户提供着使用价值，同时他们的产品具有交换价值。一方面，用户对产品的购买形成交换价值；另一方面平台将用户的数据出售给定向广告商。广告商获得了访问用户的优先权，并向用户发放广告。情感就像机器大工业生产中的机器一样，成为数字时代的生产资料，直接发挥着生产力的作用。

情感作为社会生产力不仅在于其创造社会财富的能力，还在于对劳动者的塑造。首先，非雇佣的劳动关系促进了劳动者自治的乐观情感。但凡要进行生产就必须将劳动者和生产资料结合。机器工业生产下，机器、厂房、土

①　Michael Hardt, *Affective Labor*, *boundary 2*, Vol. 26, No. 2（Summer, 1999），pp. 89-100.
②　Michael Hardt, *Affective Labor*, *boundary 2*, Vol. 26, No. 2（Summer, 1999），pp. 89-100.
③　〔英〕克里斯蒂安·福克斯：《数字劳动与卡尔·马克思》，周延云译，人民出版社，2020，第351页。

地等主要生产资料属于资本。劳动者只有与资本建立雇佣关系才能与生产资料结合实现生产。数字化生产下，劳动资料是由人的知识、情感、智力等形成的数据、信息。尽管数据、信息本身并不属于劳动者。但劳动者却能比较自由地与生产资料结合，按照自己的意愿规划生产。一方面，产生这些数据的平台是一个无中心的网络。每个人都可以在这个网络上使用这些数据。另一方面，组成这些的数据的原始内容是展现人知识、情感、智力的图像、视频、帖子等。这些原始内容根植于人的身体和情感。人们可以自由地管理自己的身体。因此，劳动者能够自由规划平台上的劳动时间、内容、方式。生产的这种自主性也进一步激发了劳动者的积极性，劳动者更愿意不断学习、体验、经历以建立自己的丰富情感和认知。网络平台上的用户是"具有创造性、积极性、网络化的数字工人"[1]。

其次，具有共同意识的社交网络和共同体发展起来。机器大工业生产下的雇佣劳动者被限制在车间和流水线上，他们虽然身体彼此聚集，但价值、观念、趣味是分散的，甚至是消失的。空间聚合型的劳动并没有使劳动者真正聚合起来，"只要肉体的强制或其他强制一停止，人们就会像逃避瘟疫那样逃避劳动"[2]。在数字化生产中，"人与人接触，主要是虚拟的，但并非因此不那么真实"[3]。劳动者分散在互联网的任何一个虚拟的点上，没有真的面对面，但能彼此共情，并产生强大生产力。"情感劳动产生的是社交网络、社区形式、生物力量。"[4] 人的情感是丰富和多样的，这种多样性会通过情感劳动反映到情感化的产品中。这些产品要想实现交换，产生利润就必须得到其他用户的收藏、关注、好评等互动行为。在大数据和算法的作用下，那些符合用户价值观、审美、期待的产品被不断推送给相关用户，进而刺激生产者根据用户需求创造更多内容和产品。此刻，在互联网、数据的作用下，生产者和消费者形成了共情。网络平台用户的合作、互动最终形成一个具有共同文化价值和集体意识的情感共同体。例如，在网络直播平台，主播直播包含个人偏好的内容。粉丝根据自己的兴趣爱好选择主播，并通过点击、刷礼物、评论等方式与主播形成互动，完成价值认同。在由情感联结形

---

① 〔英〕克里斯蒂安·福克斯：《数字劳动与卡尔·马克思》，周延云译，人民出版社，2020，第 369 页。

② 《马克思恩格斯文集》第一卷，人民出版社，2009，第 159 页。

③ Michael Hardt, *Affective Labor*, boundary 2, Vol. 26, No. 2 (Summer, 1999), pp. 89-100.

④ Michael Hardt, *Affective Labor*, boundary 2, Vol. 26, No. 2 (Summer, 1999), pp. 89-100.

成的共同体中，消费者和生产者对共同观念、品牌、审美有高度的忠诚度，进一步增加了产品或服务的价值。因此，拥有高粉丝的主播也具有更高的商业价值。

最后，劳动者强大的创造性激活了未来社会实现的可能。情感进入生产并产生巨大价值，根本原因是资本对情感的吸纳。这似乎表明劳动者不仅肉体受到资本控制，而且非物质的情感也不得自由。哈特则认为，资本对情感的吸纳恰恰包含着超越资本的可能。"情感劳动是本体论的——它揭示了构成一种生命形式的活劳动，从而再次展示了生物政治生产的潜力。"① 数字化生产时代，社会财富的创造是通过人们的语言、交往、情感的互动方式产生的。这就是说，人的生命力越发展，生产效率、财富和社会剩余价值越发展。因此，资本客观上会为情感的发展创造条件。资本吸纳情感与吸纳机器是不同的。资本吸纳机器，促进机器的更新带来的是劳动者主体的丧失，资本吸纳情感，则会增强人的创造力、增强人们之间的交往能力。例如，社交媒体平台会设置点赞、分享、打赏等奖励机制，鼓励用户生产富含情感的、有趣的、原创的内容。情感劳动的潜力正在于其创造生命的力量，"非物质劳动在展现其自身的创造性能量中似乎为一种自发的和基本的共产主义提供了潜力"②。资本对情感的吸纳，能够创造超越资本控制、实现自我管理和控制的新型劳动者。

三 情感的破坏性生产

数字化时代，人的情感发展是否如哈特、奈格里期待的那样，不仅展现出巨大的创造力，而且为"一种自发和基本的共产主义提供了潜力"③？在互联网平台上，代表生产力水平的劳动者和生产资料似乎都得到了充分发展。生产已经变得交际、情感化，深刻地依赖人们的语言、情感的互动和合作。社交媒体上的劳动者尽管他们没有真的彼此接触，但是却通过输出情感，在交流中实现认可、肯定，形成价值认同和集体意识。然而，社交媒体

---

① Michael Hardt, *Affective Labor*, *boundary 2*, Vol. 26, No. 2 (Summer, 1999), pp. 89-100.
② 〔美〕迈克尔·哈特、〔意〕安东尼奥·奈格里：《帝国——全球化的政治秩序》，杨建国、范一亭译，江苏人民出版社，2005，第341页。
③ 〔美〕迈克尔·哈特、〔意〕安东尼奥·奈格里：《帝国——全球化的政治秩序》，杨建国、范一亭译，江苏人民出版社，2005，第341页。

上看似丰富的、富有创造性的情感，却隐藏着同质化、破坏性的一面。

社交平台只是吸引同者，排斥他者，而"他者"才是创造和变革的来源。他者是"神秘的、诱惑的、爱欲的、渴望的、地狱般的、痛苦的"①。他者是异己的、否定性的存在，与作为主体的人之间充满冲突。不过，冲突并不等于破坏。正相反，他者的冲突是建设性、创造性的，"只有从冲突中才能产生稳定的关系和身份"②。人在处理冲突的过程中，才能成熟起来。马克思曾分析机器大工业时代下，人和作为他者的劳动如何在冲突中建立新的关系。资本控制下的劳动对于人来说是他者，只要停止外在强制，人们就会逃避劳动。劳动者创造的财富越多，自己就越贫困。这种被资本控制的劳动与人的全面自由发展是共生的，又是冲突的，两者在斗争中取得彼此承认，获得主体性的地位。劳动这个"他者"对人的对立和阻力，最终会使人们认识到资本的普遍性趋势，"会使人们认识到资本本身就是这种趋势的最大限制，因而驱使人们利用资本本身来消灭资本"③。在"他者"中，才有反抗、革命性的可能。

"他者"与人的斗争过程本质是痛楚的，"如今，痛楚让位于点赞，这让同者大行其道"④。社交平台上人们的连接是缺乏"他者"的，是同质的。这一方面表现为在人之外支配人的"他者"的消失。在雇佣劳动关系中，劳动者被迫接受资本的管理。在数字化生产中，劳动者的结合方式不再是资本雇佣，而是通过彼此"同意"，自愿进入生产。尽管有时候这种"同意"也是被迫以点击同意协议的方式实现，但确实代表着劳动者的主观同意的意愿。虽然用户自愿进入生产，但并没有因此获得自我管理、组织劳动的权力。用户依靠平台，而平台又从属于资本。因此，资本对劳动的控制并没有改变，只是"今天，权力越来越呈现出一种自由的姿态"⑤。同意机制是一种友好型的权力，它不禁止沉默，鼓励分享、参与，但是它却比压制型的权力更大。因为是出于同意，用户更愿意在平台上延长生产时间。用户的每一次浏览、分享、点赞活动都是在为平台生产剩余价值。用户必要劳动时间在无形中增加了，但因为不存在强制的雇佣关系，所以平台也不用支付工资和

---

① 〔德〕韩炳哲：《他者的消失》，吴琼译，中信出版社，2019，第 1 页。
② 〔德〕韩炳哲：《他者的消失》，吴琼译，中信出版社，2019，第 36 页。
③ 《马克思恩格斯文集》第八卷，人民出版社，2009，第 91 页。
④ 〔德〕韩炳哲：《他者的消失》，吴琼译，中信出版社，2019，第 5 页。
⑤ 〔德〕韩炳哲：《精神政治学》，关玉红译，中信出版社，2019，第 20 页。

给予任何福利。

此外，在"同意"的掩盖下，用户隐私很有可能被平台泄露。平台依靠大量用户信息可以形成高品牌估值，在资本市场上卖出高价获取利润。此时，"同意"机制下的生产又回到了"G—G′"这个资本积累的纯粹的形式。在数字化生产中，资本真正获得对劳动实质的占有。如果需要通过强迫来行使权力，那恰恰说明还没有权力，那些诉诸暴力的人恰恰是那些失去权力的人。"同意"机制驱动用户自愿无偿贡献自己的情感、知识、经验。

另一方面，那些标志着人不同生命的"他者"消失了。人与人的了解是基于人们的目光、声音、姿态等身体表现。因为目光、声音是生命的符号，体现人的特质。然而，平台上的情感互动，将目光和声音去身体化，转化成空洞的、平滑的图像、音频。虽然人们能够通过数字信息流获得知识，但无法体验即兴发挥带来的情感温度和由于表演失误表达出的特殊性。韩炳哲认为，"如今，世界已经罕有目光。我们很少感觉到自己被凝视或者暴露在一种目光之下"①。这种判断似乎与我们布满监控设备的社会现实相反。特别是对于互联网用户来说，每一次点击都可以被算法捕捉，甚至目光在信息上停留的时间以及与朋友交谈的声音都能被搜集和分析。人确实是处在比福柯说的全景监狱更全面的监视中。但这种监视并不产生差异和特性的目光，而是一种诱导人们做出同质选择的追踪器。"为了迎合数字营销等业务领域的需求，注意力的复杂性被简化了，变成了有关眼球动态凝视的短暂且不连贯间隔的生理模型。"②算法凝视用户的目的是创造出快乐、平滑、流畅的界面，以便于培养出忠诚、毫不迟疑的用户。"windows系统是一扇没有目光的窗口"③，用户的目光看似是随机的、按照自由意志的网上"冲浪"，但在大多数情况下，目光是在追踪一系列经算法预测好的视觉点。就像在机器大工业时期那样，非理性的情感是被排斥的。在数字化生产时代中，目光或者说心灵和情感的涣散同样是不被鼓励的，浏览者的路线已被清晰规划。

与目光一样，声音具有很强的身体性，是胸腔、肌肉和喉咙的震动和共鸣，是代表人特殊性的他者的媒介。千百年来我们了解他人的主要方式之一

---

① 〔德〕韩炳哲：《他者的消失》，吴琼译，中信出版社，2019，第70页。
② 〔美〕乔纳森·克拉里：《焦土故事：全球资本主义最后的旅程》，马小龙译，中国民主法制出版社，2023，第125页。
③ 〔德〕韩炳哲：《他者的消失》，吴琼译，中信出版社，2019，第70页。

就是通过鲜活的声音传递的内容。在网络平台上的交往中，鲜活声音的他者逐渐消失。人们总是对声音背后的他者充满了未知的恐惧，网络技术使人们摆脱了这种他者的支配。人们可以通过图像、文字进行交流，避免声音交流。交流中存在声音也是在数字技术下被人们任意选择和控制的 AI 语音。这形成了一个十分矛盾的结果，一方面，数字技术不断学习并模仿人的声音，使 AI 语音机器越来越富有情感，而更像人；另一方面，人自己又害怕来自他者的声音，"更愿意给他者发信息而非打电话"①。强大的语音识别技术减少了人们与他者对话时可能发生的挫败和不确定性，同时也减少了他者的独特性和自发性。

最终，缺乏"他者"的情感交往无法产生真正共同体。马克思批判私有制下人与人的交往是建立在金钱关系之上的，人是"一切特性都被否定和消灭的一种一般的东西"②。为了实现人的自由全面发展，就必须建立一种新的社会关系，一种由自由的个人联合起来的共同体，"只有在共同体中，个人才能获得全面发展其才能的手段，也就是说，只有在共同体中才可能有个人自由"③。在数字化生产中，劳动者通过网络自由分享观点、交流情感，形成彼此认同的社群。用户是共同文化、价值观的积极接受者、生产者、支持者、传播者。这是否意味着真正的共同体正在形成？"他者"的切近才能带来真正的共鸣。互联网社交平台上人们的情感连接，消除了人们沟通的距离，但并没因此产生情感的切近，"社交媒体呈现的恰恰是最低级的社交"④。互联网上的点赞按钮，将人们的交往限制在赞扬与沉默之间。在靠"点赞"形成的共同体里，人们遇到的只会是自己以及和自己相同的人，无法形成讨论。"点赞"形成了人们之间的连接，却不产生关系。因此，网络平台上大量情感的投入，实质却是削弱、破坏人与人的联系和共鸣的能力。在数字技术的掩饰下，每个用户都能重构自己的形象，"我们制造我们自己，这意味着我们会用各种姿势和角色来让我们自己变成场景"⑤。与其说是制造，不如说是展示。因为平台上的人是由数字信息构建起来的，并根据大数据推送来变换自己的数据形象和场景。人成为数据化的商品，通过数

---

① 〔德〕韩炳哲：《非物：生活世界的变革》，谢晓川译，东方出版中心，2023，第 34 页。

② 《马克思恩格斯文集》第八卷，人民出版社，2009，第 51 页。

③ 《马克思恩格斯文集》第一卷，人民出版社，2009，第 571 页。

④ 〔德〕韩炳哲：《他者的消失》，吴琼译，中信出版社，2019，第 4 页。

⑤ 〔德〕韩炳哲：《非物：生活世界的变革》，谢晓川译，东方出版中心，2023，第 61 页。

字信息的交流，来营销自己。交往成了数字流，是去历史化的，"无法重复情感、情绪和体验的时代，生命失去了形式和节奏。它变成了彻底流动性的东西"①。那种使人们产生独特感受的情感物都转化为丰富的，但却是即时的、迎合的、流动的数据信息。一种情感在人们还没有反应的时候，就被下一个信息流覆盖。

结　语

数字化时代，劳动者的情感成为直接的生产力。这不仅极大丰富了社会财富，而且也促进了劳动者更多地实现对自己本质性的占有。在机器大工业时代，生产排斥情感，人发展的自由度和丰富性都受到限制。在数字化生产中，劳动者们的结合方式不再是资本雇佣，而是通过彼此"同意"，自愿进入生产。生产过程是劳动者之间的情感互动和传播，产品是迎合用户情感的内容。在互联网平台上，劳动者似乎全面占有了劳动、社会关系、自己个性发展。

然而，数字化带来人们情感的解放是以情感的控制为前提的。《启蒙辩证法》曾揭示了理性将人们从对自然神的蒙昧中解放出来，又把人们推入了对新神，即技术理性之神的崇拜中。数字化生产似乎也遵循了这个辩证法的逻辑，劳动者从事非雇佣的生产，看似摆脱了资本这个他者的控制。但"他者"的消失没有让人们的情感更自由、丰富，也不能实现创造性的、自发性的共同体，"社交媒体上不存在富有革命精神的主体"②。人跌入了由"同意""点赞"等数字技术编织的高度同质化的暴力中，变成了缺乏深度、差异的人。在韩炳哲看来，积极的、富有创造性的生产必须重建"他者"，建造基于人的特质的共享和交流的空间。倾听"是一种行为，一种对他者存在和他者痛苦的主动参与"③。倾听一方面表现出自我对"他者"的差异的肯定，同时也代表着"自我"愿意为"他者"付出代表个性和特质的听觉。于是，韩炳哲最终将未来社会的希望放在了倾听以及倾听者身上。

数字化时代下的劳动者是去"他者"化的，又如何能成为"倾听"者

① 〔德〕韩炳哲：《非物：生活世界的变革》，谢晓川译，东方出版中心，2023，第124页。
② 〔美〕乔纳森·克拉里：《焦土故事：全球资本主义最后的旅程》，马小龙译，中国民主法制出版社，2023，第20页。
③ 〔德〕韩炳哲：《他者的消失》，吴琼译，中信出版社，2019，第114页。

呢？"他者"的消失本质上是资本在人的身体、情感、心理空间实现普遍化。只有消除人的差异，或者将一切差异性的生命的东西都量化为可以同约的商品，这样资本的流通才会变得顺畅。因此，"他者"的回归，也应该指向资本的数字化生产。克里斯蒂安·福克斯认为数字化时代真正的共同体是"基于公有的互联网将是一种真正的社会媒介，它不同于企业互联网是由社会生产和私人拥有的，前者是共同生产、再生产和共同控制的"[①]。数字化生产中的基本矛盾是数据生产的社会化与互联网平台的私人占有之间的矛盾。这限制了劳动者情感生产的丰富性和创造性。

"他者"回归的路径是怎样的呢？马克思曾指出"一种历史生产形式的矛盾的发展，是这种形式瓦解和新形式形成的唯一的历史道路"[②]。"他者"的回归绝不是消除资本，而是充分发挥其在创造富有"他者"特质的劳动者方面的积极作用。但也要看到，在以资本为核心的生产中，劳动者作为被支配的一方很难摆脱资本的同质化控制，不可能对抗资本积累的普遍化趋势。这就需要国家以人民为中心，扩大公共数据共享，构建国家公共数据平台，进而打破资本垄断，促进劳动者开展具有"他者"特质的交往，产生强化的联系、友情等共同的关系。

（作者单位：上海财经大学人文学院）

[①] 〔英〕克里斯蒂安·福克斯：《数字劳动与卡尔·马克思》，周延云译，人民出版社，2020，第 452 页。

[②] 《马克思恩格斯文集》第五卷，人民出版社，2009，第 562 页。

美好数字生活的反思与建构

周露平

对美好生活的向往不断激活社会主义优越性的全部想象。美好生活建构不仅停驻于极度丰裕的物质生活世界，还应拓展至极速发展的数字化生活世界。随着数字经济、人工智能、云计算与大数据等多维式的叠加扩张，数字生活俨然成为人类世界的重要生存方式，美国学者尼古拉·尼葛洛庞帝（Nicholas Negroponte，也译作：尼葛洛庞蒂）称之为数字化生存①。作为世界经济与产业革命的动力引擎的数字技术，越来越有力地改变着现代生活形式与生产方式。当数字技术越来越变成控制人类生活的重要力量，必然会有切入中国式现代化的追问：在数字化生活成为实现人民美好生活的重大内容的同时，如何建构美好数字生活成为亟须解决的重大社会议题。

就原则高度而言，数字生活决定着未来世界走向的同时，防止其否定性内容阻碍美好数字生活的真正实现。一方面，数字生活是人民生活的重要内容，是创造美好生活的重要途径。美好数字生活只能聚焦社会主义道路的生活方式，要建构以人民为中心的数字生活。另一方面，美好数字生活的实质是以人民为中心的生活内容，指向人类解放的未来前景。

一 美好生活构建的数字化境遇

数字资本、数字技术与人工智能技术的合谋，塑造出以比特（binary

---

① 〔美〕尼古拉·尼葛洛庞帝：《数字化生存》，胡泳、范海燕译，海南出版社，1997。

digit）为信息内容的虚拟世界，与以物质为基本计量的实体世界划清严格界限。这种比特世界不断改造着物态化的"经济原子"内容，将世俗化经济原则抽象成信息数据元素，进而重新编码人们的日常生活，即形成抽象的、多维的与信息化的数字生活。数字新世界彻底改变与控制人类生存的全部内容。数字技术带来商品堆积、数据丰裕与消费便捷的需求体验，彰显出人类通过技术虚拟空间营造出产品丰富、服务自由、生存优越与选择多维等数字生活。故"一个幽灵，一个数字化的幽灵在全球化的社会徘徊。全世界都注视着这个幽灵，一方面满怀喜悦和希望，另一方面充满恐惧和担忧"①。这个数字幽灵凌驾于人类生活世界，不断支配我们生存世界的发展定向——数字生活化与生活数字化的高度融合。那么，制约我们生活的不再仅仅局限于社会生产机制，还应拓展至数字技术的塑造机制。由此，数字技术与智能技术共同塑造出以数字信息编制社会秩序的新生活世界，即数字信息使得世界变成数字技术施展经济权力的庞大机器，即它以数字生活方式不断吸附大众，"技术用人获得支配社会的权力的基础，正是那些支配社会的最强大的经济权力"②。

现代性是资本支配新世界的启蒙式的生产运动：在经济（金融）危机、工人革命反抗、贫富两极分化、利益集团操纵等复杂情势下，现代性生产变成剥削劳动大众的启蒙世界。由于这种生活世界矛盾重重且阶级对峙，启蒙本身变成神话，变成论证剥削合理的神话机制，"人类为其权力的膨胀付出他们在行使权力过程中不断异化的代价"③。与之相继，数字技术、人工智能、3D 打印、物联网、区块链与大数据等技术生活化，铸成以数据信息为内容的数字化生存。这些为全球带来新的生活体验，也为改良或改变旧有现代性方式提供技术基础，塑造出新的现代性神话与新合理性原则。简言之，数字技术铸就"现代性新神话"。

数字数据带来人类时代的大尺度变迁：从物质化生产到非物质化生活、从理念化世界到数据化时空、从实体性空间向虚拟性空间的三重转向。这是

---

① 〔德〕理查德·大卫·普雷希特：《我们的未来：数字社会乌托邦》，张冬译，商务印书馆，2022，第 3 页。
② 〔德〕马克斯·霍克海默、西奥多·阿多诺：《启蒙辩证法——哲学片段》，渠敬东、曹卫东译，上海人民出版社，2020，第 122 页。
③ 〔德〕马克斯·霍克海默、西奥多·阿多诺：《启蒙辩证法——哲学片段》，渠敬东、曹卫东译，上海人民出版社，2020，第 7 页。

一个大尺度的语境变迁：资本对发展与增长的高度关注，转换到对数字数据的极度敏感，"鉴于记录和使用数据的显著优势以及资本主义的竞争压力，这种原材料（数据——引者注）不可避免地将会代表一种有待提取的巨大新资源"。① 假如社会生活的数据难以被把握，整个社会生产机制就必然停滞而导致发展不畅。我们看到，随着数字技术与数字资本的共同主导，数据生产与收集不断规训着现代生活世界，推动物化生存世界衍生出数字化生活。

（一）数字生活全面升级物质生活

数字技术随着人工智能、大数据等快速发展，不断以数字化内容深嵌于整合生活世界，改造着现代生活的生存结构。尽管哈特与奈格里看到非物质劳动的生产性质，即非物质劳动的产品结构替代传统物质生产结构，生产本身变成补充性的社会形式，"我们应该强调的是，所有非物质生产中的劳动都保留着物质性——就像所有的劳动一样，它既指涉我们的肉体，也指涉我们的精神。它的非物质性是指其产品而言的"②。随着数字资本与数字技术的高速发展，非物质劳动俨然不能涵盖目前的劳动形式——数字劳动无限拓宽非物质劳动的生产界限，以数字数据信息的多元化与复杂化形式重新整合人类的生存世界、情感世界与知识世界。

那世界是否被严格划分为数字化世界与实体化世界？我们以为，这仅体现为一种定量或定性分析的"二元论"强制，因为数字化生存重新建构且高度整合生产世界与生活世界。如果说，传统社会的劳动类型旨在强调劳动的分工性、技术化与系统性等关系内涵机制，则可拓展至非物质劳动、智力劳动、服务性劳动等领域；与之相对，数字劳动则更多倾向于生产数据信息的虚拟性、信息化与突变化等性质，更多诉诸于对社会生活的重新建构。

1. 数字生活压缩人类生存世界的时空维度

资本不断开拓物质化世界的时空，以符合资本增殖的根本诉求。如，《共产党宣言》提出资本消解时空的全球化视域，以证实资本全面同质化世界生活，"资产阶级，由于开拓了世界市场，使一切国家的生产和消费都成

---

① 〔加〕尼克·斯尔尼塞克：《平台资本主义》，程水英译，广东人民出版社，2018，第48页。
② Michael Hardt, Antonio Negri, *Multitude*, New York：The Penguin Press, 2004, p.109.

为世界性的了"①。随着资本与技术的融合，数字生活全面驱动与塑造新型全球化，即数字生活方式的全球化，如数字消费、数字生产、数字分配与数字交换等的全球化。由此数字生活使物质化生存世界变得高度抽象化，世界的自然时空秩序被数字化所中介。

虚拟时空成为这个世界的最基本存在方式。这种时空维度有几大特质：一是高度虚拟化。随着数据平台、大数据技术、叠加制造技术、机器人技术、区块链与物联网等技术性加持，不断加速数字生活的数字化形成。它们将生活内容都提取为数字数据的同时，虚拟时空则是数据的高度集合与质性互动，人类生存由此变得高度虚拟化。二是极度抽象化。数字生活的生产与消费过程只是以数据信息与数字对象作为基本内容，那么全部的数字生活都被挤压于虚拟化空间，由此完成数字技术对物态化生存的抽象化功能，以满足数字化生存的多维内容。三是数字世俗化。数字本来是人类生存之信息交互手段，现在变成支配人类世界的数据集群，并蕴含着生存内容的新世俗化方式，如数据精算意识、数据契约意识、数据权力意识、数据启蒙意识等。

2. 数字生活彰显人类生存世界的未来图景

数字技术与智能技术彰显人类征服世界的高度自信，且能够为人类提供高度文明的发展前景：数据技术裹挟全部的生存信息，企图建构出一种高度有序且精准高效的人类命运走向；数据可以精准化将人类世界先天地数字化，将之抽象为由数据驱动的发展模式。由此，人类生存世界内嵌于数字生活之中。数据似乎变成神启意义上的自动机制，引导人类能够走向理性文明支配下的新世界：在数据信息所主导的生存内容所驾驭的新世界，数据会消除一切压迫剥削人民，实现以数据平等、信息自由与技术赋能为内容的新图景。故就数字生活内容而言，数字技术推动数据信息使社会运行环节与实现环境变得更加精准化运行，能够处理复杂多样的生活程序，使得整个社会注入数据形式，而变得高度有效地流动。

3. 数字生活注入生存世界的美好因素

数字数据成为改变我们生存世界的"历史机运"：它将历史命运的神意（自然秩序）与人意（人为设置）转换成为数据支配的虚拟化命运机制。数据不再被封闭在自然主义与自动主义的双重空间之中，反而成为控制人类制

---

① 《马克思恩格斯文集》第二卷，人民出版社，2009，第35页。

造自我世界的技术手段。它超脱出历史命定论的人学设定，变成数据驱动与技术优化的历史机运。那么数字生活变成优化生存世界的美好因素，一方面是"数据不消失"。数据赋予数字生活的新特征，诸如可永久保存性、非消耗多次使用性、多维镜像重复性等。这些特质可以将人类的现代身体体验如经济自由、市场伟大等转变为数字数据的功能化内容。另一方面是"万物皆数据"。数字技术的强力加持，数据骐骥将万物都换算为抽象的数据流，无论是物质化生产还是情感交往都数据化，如各种软件程序都集中对数据进行收集与占有，形成数据垄断。故我们可以将数据流转变为我们数字生活的美好因素，如精准化的数字共享模式、个性化的数字用户模式，协同化的数字体验模式与互动化的数字生产模式等。

（二）　数字生活凸显多维自信幻觉

现代性的生存核心已经不再表达为物质生产的全部过程，而是以数字化生存作为基本生活方式，数字化生产与虚拟化生存似乎成为这个世界的核心机制。数字生活的全面来临，不仅是数字生活本身的自我展示，更凸显为人类解放线索上的矛盾破解的高度自信，即数字资本主义塑造现代数字生活，同时生出数字生活的三大自信幻觉。

1. 数字自由幻觉的深度影响

在数字化生存时代，数字技术所裹挟的自由形式，不断冲击着社会参与者。一是数字技术形成普遍化的新技术理性。以机器自动化塑造出的包括契约意识、经济意识、精算意识与市场意识，在此被颠覆为新的技术理性，如算法意识、虚拟意识、神话意识、精准意识等。二是数字技术形成新的无用工人。数字技术与机器的资本主义使用一样，使劳动力贬值且被抛弃至市场之外，形成庞大的无用产业工人，造就众多的"产业后备军"。让·鲍德里亚（Jean Baudrillard，也译作：尚·布希亚、让·波德里亚）坚信，"追索着由技术本身生出的功能性神话，我们会发现某种宿命性，在此原来为主宰世界的技术，结晶为一个反向的且具威胁性的目的性"①，这种目的性可引申为庞大的产业后备军绝对性服从数字技术所制定的规律，这个规律就是数字技术放大资本的增殖效应。同样，尼克·斯尔尼塞克的断言并未切入现代

---

① 〔法〕尚·布希亚：《物体系》，林志明译，上海人民出版社，2001，第143页。

世界本质。他坚信平台作为一种公共信息资源领域，不具有剥削无偿劳动的功能①，容易形成数字自由幻觉。究其原因，他没有看到资本支配下平台经济之双重事实：为经济发展注入精准数据流的同时，也为资本精准掠夺无偿劳动提供翔实数据库。

2. 数据平等幻觉的"二律背反"

数据是数字生活的基础性内容。数据平等变成一个拜物教系统——数据凌驾于生产之上，塑成新的拜物教方式。正如尼古拉斯·卡尔（Nichole Carr）所言，"万维网诞生之初，人类就对其怀有一种近似宗教崇拜的情怀"②。互联经济与数字技术放大这种拜物教内容，使得数据信息变成自带平等机制的虚幻图景。数据网络化与资本增殖化的共谋机制，极速导向生活世界的数字化进程。但事实上，这种进程并未带来人类解放的希望允诺，反而导向多种二律背反。一是自由消费的二律背反。数据信息空间能够带来消费自由，但彰显为消费主义强制的生活世界。二是数据平等的二律背反。数据空间的生活世界能够带来享有数据的平等倾向，甚至有"数据共产主义"的美好幻境，但凸显为数据占有的私有性质；云计算、区块链与大数据技术等成为资本支配生活的不平等手段。三是数据解放的二律背反。数据将一切都纳入数据系统中，以信息优化生产机制与分配机制，似乎使得人从烦琐与复杂的社会劳动中解放出来；但问题恰恰在于数据成为一种异己性的强制力量，不断控制人的生存内容，吸附人类永无止境地贡献数字劳动等。

3. 信息欲望幻觉的麻木扩张

数字技术诱发资本大量吸附劳动力的生活信息，以增强产品生产与商品消费的精准性聚焦。数字生活消除家庭生活与工厂车间的最终界限，以证实数据化生存能够瓦解与重构家庭亲情、社会伦理与世界法则等习俗内容，凸显出数字技术消解不可复制且高度黏合的社会秩序，以及由此带来的新型生活方式与情感垄断等。一方面，数字数据翻转成一种启蒙性的权力系统，意在破解经济增长极限的发展困境。资本的增殖思维试图通过技术化进步以推动资本扩张的自我持存，但这种思维本身需要受到理性的限制。另一方面，数据支配下的信息欲望取代物化的资本思维，将之转化为超越计算理性的欲望机制，并在生产消费的信息结构中占有支配地位。最终数据信息变成超越

---

① 〔加〕尼克·斯尔尼塞克：《平台资本主义》，程水英译，广东人民出版社，2018，第48页。
② 〔美〕尼古拉斯·卡尔：《数字乌托邦》，姜忠伟译，中信出版社，2018，第3页。

于个体之上的欲望自我，升级成人类社会共同生活的普世性价值。这种信息欲望随着数字技术与智能技术的深度蔓延而极速扩张，变成一种高度自信的社会意识形态内容。

总之，只有破解数字生活背后的社会机制，才能走向现代世界的批判之路。那种执着于技术解放的传统设计，同样理应受到严格对待。只要没有破解数字生活向度上的技术解放之内在本质，其只能表现为一种技术乐观化的乌托邦主义。大卫·哈维（David Harvey）的判断佐证这点，"人们才会幻想将技术变革视为唯一的原动力并认为技术可以解决所有社会弊端"。[①] 这种技术幻想拓展为社会乐观心态，深度嵌入数字生活世界，容易引发诸多问题。一方面，数字技术与智能技术不断推动社会生存方式的升级换代，不断缔造出数字生活的优越性神话，"社会是在包含对人的技术性利用的事物和关系的技术集合体中再生产自身的"[②]。另一方面，美好生活的社会设定必面向数字化生存世界。数字化技术改变传统工业生产秩序，营造新的技术增长形态；同时，将社会生活全面吸附至数字世界，使得现实生产与数字生活变得高度融合。由此，数字生活及其问题接踵呈现，成为现代世界的重要生活境遇，也成为亟须高度澄清的重大议题。

二 数字资本塑造现代性的异化生活

在资本统摄机制下，数字技术在带来生活方式的优化升级的同时，必定带来数字生活的异化样态。数字生活异化的实质在于，数字技术化时代所取得的数据信息，反而变成控制我们生活世界的异己力量。数字技术的虚拟结构构成社会生活的内在准则，吸附一切固态的生活内容。这种物化的虚拟结构不断现实化为人的生活方式，变成人的存在异化形式，如数字支付系统中的数字消费结构变成人类生活的内在展示。数字生活化与生活数字化成为我们这个时代最基本特质，同时变成社会生活的异己力量控制大众，加剧现代生活的内在矛盾。

---

① 〔美〕大卫·哈维：《马克思与〈资本论〉》，周大昕译，中信出版社，2018，第179页。
② 〔美〕赫伯特·马尔库塞：《单向度的人——发达工业社会意识形态研究》，刘继译，上海译文出版社，1989，第9页。

（一）资本引发数字生活的新异化

《1844 年经济学哲学手稿》讨论过的四重异化，基本定调现代资本世界的生存样态。随着数字资本与智能技术极速塑造数字生活，凸显出难以克服的新异化形式：数字化生活过程中，人的存在方式被数字内容所中介，人的存在感迷失于数字商品世界之中，"技术的罗各斯被转变为依然存在的奴役状态的罗各斯。技术的解放力量——使事物工具化——转而成为解放的桎梏，即使人也是工具化"。① 现代世界俨然聚合成为数字生活的新异化形式，即数字生活异化形成的数字技术牢笼，不断吸附与支配参与者。那什么叫数字生活异化呢？数字生活本来是人类生活的重要内容，是美好生活形成的技术助推手段，反过来变成一种控制人的异己化力量。

一方面，数据信息的异化占有。数据数字信息的异化占有是数字生活异化的技术后果。首先，平台资本主义的生产目的是获取数据，"发达资本主义的发展重心，在于提取和使用一种特殊的原材料——数据"②，通过数据占有进而指导与调控商品生产与资本流动等。数据信息的获取功能在于，"随着数据收集、存储和分析的成本越来越低，越来越多的企业试图将平台引入传统制造领域"③，以优化现代生活的商品需要，实现生产的精准化与扩张化。其次，数据信息本来是生产生活的数据采集，用于优化社会生产的算法技术。但由于资本与市场的双重操作，算法本身却通过占有数据信息控制人类，使得贫富差距、阶层固化与弱者淘汰等成为社会常态机制，"随着算法将人类挤出就业市场，财富和权力可能会集中在拥有强大算法的极少数精英手中，造成前所未有的社会及政治不平等"④。简言之，数据信息变成算法控制社会的异己力量。

另一方面，数字生活的异化表达。数据数字信息的异化占有导致社会生活的全面异化。马克思认为，一定的生活方式是历史阶段上人的谋生方式，"随着新生产力的获得，人们改变自己的生产方式，随着生产方式即谋生的

---

① 〔美〕赫伯特·马尔库塞：《单向度的人——发达工业社会意识形态研究》，刘继译，上海译文出版社，1989，第143页。
② 〔加〕尼克·斯尔尼塞克：《平台资本主义》，程水英译，广东人民出版社，2018，第45页。
③ 〔加〕尼克·斯尔尼塞克：《平台资本主义》，程水英译，广东人民出版社，2018，第72页。
④ 〔以〕尤瓦尔·赫拉利：《未来简史》，林俊宏译，中信出版集团，2017，第290页。

方式的改变，人们也就会改变自己的一切社会关系"①。数字生活变成新异化的谋生方式，一是数字化生存造就生活方式的虚拟化、抽象化与多元化的改变，使得人的生活内容与生命意义被高度抽象为数字数据的基本来源。二是生活内容数据化与生命意义信息化，如数据信息不断导向对消费偏好的大数据收集，以适应资本生产匹配的优化。这种生活方式所形成的数据尽管源自人们生活，却变成一种异己化力量反过来控制我们消费倾向与生活内容，我们受制于数据高度垄断下的产品系统与消费选择。三是数字生活的非实体化、非时空化与非立体化形式，使得这种异化变得更加隐蔽。如网络游戏过程中消费过程其实也是劳动过程。在此基础上，随着数字资本不断蔓延，数字生活也慢慢成为支配世界的异化力量，等等。

总之，传统恋物结构之下的情感世界，在数字生活中俨然失去神圣与崇拜的光环。由于数字数据的中介化，人们情感与物态的社会内容出现不可弥补的断裂。在这种断裂之处，数据使得人的情感世界高度同质化与异己性：我们对数据变得高度敏感且极度不自信，每个成员都拥有异质化的数字生活。但数字技术与人工智能抹平社会成员的私人情感的恋物方式，将一切同质化以满足数据的批量化收集与占有；人们对虚拟空间的情感由此变得陌生且高度焦虑，因为数据信息所负责的生活内容不再受我们支配，即恋物情结变成恋数情感——我们对商品数据变得高度崇拜与过度自信，如我们对品牌衣服的销售数据的高度关注，以彰显出产品数据所带来的自信情感。

（二）数字生活异化的社会困境

就数字生活的实践效应而言，数字生活的高度异化不能形成美好数字生活。故数字异化关涉着经济权力、知识层次、文化基础与社会地位等诸多内容，容易引发多维的社会困境。

1. 数字生活的贫困难题

数字技术与人工智能合谋性在于，通过数据优化、数据编码与数据整合物质生产内容，集聚社会财富的生产效率提高与占有能力增强，不断排斥那些不占有数据信息的社会成员，使之落入新型贫困深渊。数字生活由于资本裹挟，即资本深度吸附劳动者的智力，使智力水平扁平化与单向度化。数字摆设与数字游戏成为我们对抗现代世界的最后阵地：数字摆设彰显一种聚焦

---

① 《马克思恩格斯文集》第 1 卷，人民出版社，2009，第 602 页。

功能，它使得人作为数字内容被摆设出来——促使人变成数字氛围中的零部件，其存在的价值就是能够贡献出生活数据的内容。如果说工业化时代是机器生产，它们直接导致工人贫困；那么数字生活中的数字摆设与数字游戏超越功能性界限，贫困的定义似乎变得"扑朔迷离"。但唯一可确定的是，失去数据占有的社会大多数成员，变成数据的"拾荒者"与"被抛者"而落入新的贫困深渊。

2. 数字生活的公平缺陷

这种公平化外观容易引发几种错误的思潮，如数字生活自由主义，数字生活似乎能够带来自由公平化的生活氛围，但事与愿违，数字生活恰恰以牺牲公平作为代价；数字生活功利主义，数字生活变得高度功利化，聚焦在为获取数据而生活、为信息而存在，那么，数字生活随着功利化趋向的加剧而丧失公平的任何可能，即算法原则与智能操控使得生活变革高度同质化，而占有数据信息的所有者能够利用这样同质化固化或物化数字生活本身；数字生活虚无主义，数字生活随着数字的高度中介变得失去价值，人们只是对数字数据的生活内容高度敏感，如网红经济、流量视频等，但对现实化生活本身毫无兴致，等等。

但就实质而言，数字化生存世界带来的不仅仅是一种生存消费体验，更多倾向于一种以数字考察或观察生活的新世界观。这种世界观隐藏着数字化内容的复杂性结构。故当数字生活似乎提供公平时，恰恰暴露特有的公平缺陷：数字生活处处体现虚拟空间的公正外观；但事实上，数字资本支配下的数据获取与平台控制是不公正的。

3. 数字生活的生态恶化

数字隔离与数据歧视等，导致数字化生态的不断恶化。一方面，数字隔离，就是劳动被数据隔离，社会生产性服务被数据所操控的机器人取代，无论是语言机器人还是生产机器人，都隔离现实的劳动者。另一方面，超越数字资本驱动世俗生活的方式，将不太适合数据收集机制的人群，形成一种特殊的数据歧视。这种特殊人群如数字遗民（Digital Immigrants），被数据严格排除在数字数据之外，如消费歧视、产品歧视与性别歧视等，加剧数字生活生态的深度恶化。

具体而言，一是数据奴役。数字生活变成数据奴役、数字异化等内容，数字生活变成全面深入的压迫行动，重塑物态异化的全部形式，以至于数字生活异化变得更加隐秘与全面。二是主体空心化。数字生活异化塑造出主体生存数字化、主体生活模拟化、主体情感程序化、主体关系疏离化等内容，使得现代人的生存内容不断空心化与无意义化。三是信息蚕房化。数据建构起牢固的监视系统，形成难以瓦解的信息茧房，控制每个社会成员。各种工作机会被无限取代，形成数据取代与区隔且歧视劳动的新生态形态。

（三）数字生活异化的问题指向

美好生活需要数字技术与智能技术，一方面是乐观主义态度。他们坚信美好生活需要数字技术，解决现代性所带来的一切问题。但亟需破解数字技术赋予生活的异化内容问题。对该问题很多思想家都有论述与反思，且聚焦诸如非物质劳动、游戏劳动与消费社会的批判视域。如哈特与奈格里的非物质劳动已经难以超越数字生活以异化本身，因为作为非物质劳动的数字劳动已深嵌至日常生活。同样，赫伯特·马尔库塞（Herbert Marcuse）、让·鲍德里亚等人也不可能面临这样的问题指向：资本与技术的共谋机制，必然引发数字生活异化，必然呈现诸如数字平台垄断、数字生活异化加速、数据强制编码等。

1. 数字平台的超级垄断

什么是数字平台呢？尼克·斯尔尼塞克（Nick Srnicek）认为，数字平台是基于数字技术的沟通形式与互动机制，"平台是数字化的基础设施，使两个或两个以上的群体能够进行互动"①。数字平台被资本控制而出现数据垄断，因为"平台通常由处理数据的内部需求而产生，并成为一种有效的途径，能独占、提取、分析和使用记录下来的日益增加的数据量"②。这类似于让·鲍德里亚的生产霸权评价，"它是第二级法则：永远都有来源于此的机器人霸权、机器霸权、活劳动对死的劳动的霸权"③，数据也是平台占有活劳动的智力生产的新霸权机制。如传统的工作日被无限翻转为数字工作日，它模糊休息时间与工作时间的界限。数字平台成为掠夺与剥削劳动者生命时间的超级垄断形式——数字生活使得生命时间从以工厂为形式的占有机制，转变为全部生命时间且严格从属于数据系统。

2. 数字生活的异化加速

数字生活随着平台资本主义蔓延与数据获取的增速，越来越关注非物质

---

① 〔加〕尼克·斯尔尼塞克：《平台资本主义》，程水英译，广东人民出版社，2018，第50页。
② 〔加〕尼克·斯尔尼塞克：《平台资本主义》，程水英译，广东人民出版社，2018，第49页。
③ 〔法〕让·波德里亚：《象征交换与死亡》，车槿山译，译林出版社，2006，第75页。

化生产，这"意味着劳动过程越来越非物质化，以符号和情感的运用与控制为导向。同样，传统的工业阶级也越来越多地被知识型员工或'知产阶级'所取代"。①

数字生活的异化加速表现为两方面。一方面是个性消失化。数字生活加速使得每个人都服从于数字编程的技术权威，使得生活变得低抵抗化、同质化、单向度化等，"人们的个性特征，即他们的自我形象，就像其他任何东西一样都有很多碎片和组合，每个碎片都必须臆造、携带和表达各自的意义，经常无须参照其他的碎片"②。另一方面是身份数字化。哈特穆特·罗萨（Hartmut Rosa）看到数字加速导致社会生活的各个领域变化，"互联网不只会增加沟通交流的速度以及经济过程与生产过程的'虚拟化'，它还会形成新的职业结构、经济结构，以及沟通传播结构，开启新的社会互动模式，甚至是新的社会身份认同形式"③。这样的后果就是社会个体不断被卷入数字生活世界，变成辛勤劳作的数字工人这样的新身份。

3. 数字数据的强制编码

数字生活是受到数字资本的支配，彰显为数据信息强制编码社会生活的过程。数据强制使得"数据丛林法则"越来越支配社会的生产消费。首先，数据成为数字生活节奏的"加速器"。数据通过编码形式，加速数字生活的生存节奏，如数据推动消费主义与耗费主义盛行，聚焦消费偏好，提升消费精准度，以数字消费极度加速数字生活转型。其次，数据是数字生活内容的"放大器"。数据放大数字生活的数字化效应，使得数字生活的广度、深度与精度得以拓展，如网红经济促进数字生活多维化与多样化，以非物质化形式介入数字生活全部，但网红是负载于数字生活的私人订制，"一旦设备零件出现故障，他们就被打回原形了"④。最后，数据是数字生活方式的"扩张器"。数据扩张数字生活方式，从传统进店消费到"网络消费"、从线上交往到仿真交互、从工厂生产到虚拟生产等，进而建构以利己为原则的数据私有的扩张制度，"利己的目的，就在它受普遍性制约的实现中建立起在一

---

① 〔加〕尼克·斯尔尼塞克：《平台资本主义》，程水英译，广东人民出版社，2018，第44页。

② 〔英〕齐格蒙特·鲍曼：《个体化社会》，范祥涛译，上海三联书店，2002，第102页。

③ 〔德〕哈特穆特·罗萨：《新异化的诞生：社会加速批判理论大纲》，郑作彧译，上海人民出版社，2018，第39页。

④ 〔美〕尼古拉斯·卡尔：《数字乌托邦》，姜忠伟译，中信出版集团，2018，第132页。

切方面相互依赖的制度"①。

　　数字生活是资本增殖的技术化效应在生活世界的具体彰显。一方面，聚焦数字生活的运行机制。数字技术全面占有人民群众的生活数据与生产数据，不断优化数字技术产品与虚拟生活系统，引导与控制人民群众的数字生活。包括人工智能产品、网红经济、电竞游戏、大数据分析等，它们以数字产品为内容，意在密集化收集数据信息。另一方面，优化平台资本的增殖手段。数据信息本身并不能够带来资本增殖，但平台资本的精准导向与生产控制，却使得资本增殖更为有效，进而高度加速资本增殖效率。故平台资本的数字生活本质在于，资本不断将生产触角深入人民群众的网络空间，以精准获取消费数据来完善与优化资本生产节奏，即"资本的欲望能够不断填充到网络和信息增长的所有纹路中"②。

　　同时，支撑数字生活的数字劳动比物质劳动更需要意志力与注意力，但这个过程不再表现为固化的强制形式，更多的是在享受性消费中完成强制生产。马克思对物态化的异化劳动有过批判，即物质化的异化劳动需要意志力与注意力才能维持，"劳动的内容及其方式和方法越是不能吸引劳动者，劳动者越是不能把劳动当做他自己体力和智力的活动来享受，就越需要这种意志"③。

　　总之，数字生活中的劳动内容由于全天候与全方位的吸附方式，使得其更能够控制劳动者的意志力与注意力，使得数字生活变得更为多维化与复杂化。数字生活的生存机制只要是以异化形式存在，就必然不能导向人类解放之坦途，故必须批判，因为"资本具有限制生产力的趋势"④。故仍需导归至马克思的资本批判视域：在数字资本与数字技术共同支配下，数字生活仍然高度服从于资本增殖逻辑，因此《资本论》的资本批判理论依然在场；同时，数据的占有支配主体仍然是资本，资本支配世界的根本性质没有改变，那么《资本论》的批判效应仍需出场。

---

① 〔德〕黑格尔：《法哲学原理》，范扬等译，商务印书馆，2012，第 198 页。
② 〔美〕丹·席勒：《信息资本主义的兴起与扩张——网络与尼克松时代》，翟秀风译，北京大学出版社，2018，第 107 页。
③ 《马克思恩格斯文集》第五卷，人民出版社，2009，第 208 页。
④ 《马克思恩格斯全集》第三十卷，人民出版社，1995，第 406 页。

三　超越异化向度的美好数字生活建构

"数字中国"深度激活美好数字生活的未来想象，以服务于建设以人民为中心的美好生活。数字中国至少包含两大部分内容：数字技术、数据算法、人工智能、移动支付与无人工厂等推进数字生活的极速形成，为美好数字生活提供技术支撑；同时，也应考察数字生活异化所带来的问题，数字化生存将人类生存世界抽象为以数据为主导、以平台为整合的新生活形式：以网络化、虚拟化与数字化三位一体的生产机制重新组合生活内容。无论是"无人工厂""零工经济""监测经济"还是"注意力经济""颜值经济""信息经济"等，都指向"数字中国"的建设前景，即美好数字生活应该成为社会主义建设的重大议题。

1. 发展数字技术以夯实美好数字生活

大力发展数字技术，为数字中国提供技术支撑。数字生活是未来世界的主导形式，是人民美好生活的重要组成部分。故只有破解数字生活的异化内容问题，就能真正实现数字美好生活。小到数字媒体、数字社区与数字街道，大到数字城市与数字中国，生活数字化与数字生活化成为我们这个时代的重大命题。故要防止数字生活异化，亟须处理好以下几对关系。

首先，有效市场与有为政府的有机互动。有效市场随着数字技术的蔓延变得高度复杂，数据平台越来越成为实体性市场之外的有效市场主体。市场经济与政府关系显然是超越数字生活异化的重要考察内容，因为数字技术与网络数据的发展需要市场经济，但试图超越政府监管以获取超额利润。故在丹·席勒（Dan Schiller）看来，"它们的根本动机不仅仅是为规避政府的监管，而是要获得在符合它们利润策略需要的前提下自主设计和实施计算机通信系统的完全自由"①。要规避这样的情况，必然要通过有为政府的顶层设计最大范围整合社会资源，发展实体经济与虚拟经济以推动数字生活进步，以防止社会出现诸如数字奴役、主体空心化与信息茧房化等现象；同时，要以民间智慧强化市场经济的功能，以在国家法律制度的框架内，调整数字技术发展的方向、目的与归宿，以防止出现数字生活异化现象，凸显社会主义

---

① 〔美〕丹·席勒：《信息资本主义的兴起与扩张——网络与尼克松时代》，翟秀凤译，北京大学出版社，2018，第84页。

市场经济在发展数字技术与拓展数字生活方面的巨大优势。

其次，平台经济与实体经济的同频共振。平台是网络经济的数据支配场所，以数据提取占有、分析研判与目标锁定等，故"发达资本主义的发展重心，在于提取和使用特殊的原材料——数据"①。实体经济重视财富增长问题，平台经济则更关注财富增长背后的数据信息。社会主义平台经济的优势在于，一是能为美好生活提供精准供应的数据链，全面优化社会生活的流动机制，提升人们生活的精准对接能力。二是能为社会提供精确生产的数据流，以保障美好生活所需要的产品供给能力，"在数字技术的支持下，平台成为引领和控制行业的手段"②，不断提升满足人民美好生活需要的生产能力，优化行业产品升级换代，推进资金良性走向。三是提升数据"准时配送"的技术质量，打通实体经济的"生产堵点"、"技术卡点"与"过剩痛点"等，实现数字生活的优化升级。

最后，物态生活与数字生活的彼此构建。美好生活需要打破虚拟空间与实体空间的时空界限，以实现数字技术赋能美好生活的内容。数字生活的数据化、平台化与虚拟化推动生活内容的多维化与立体化，不断将物态生活以数字技术予以中介，实现数字对话、数字贯通与数字交互等，进而精准、多维与全面塑造数据在生活世界的功能性。一方面，数据信息被无限还原至生活内容的需要体系之中，社会生活需要是数据信息与物态实体交互的普遍化联系，以防止数字技术被资本支配而形成两者的严格断裂，而变成一种数字变革的需要支配体系，正如黑格尔所言，"为特异化的需要服务的手段和满足这些需要的方法也细分而繁复起来，它们本身变成相对的目的和抽象的需要"③，即反对那些将抽象的数据信息变成需要体系的核心，将这种数据信息变成生活需要的技术情势。

2. 优化数字技术以赋能美好数字生活

前面已言，超越数字生活的异化性质，仍然需要回到马克思的批判视域。数字技术作为现代世界的建构内容，受制于社会制度规定，如机器由社会制度决定而具有相应的技术性质，马克思特意提醒工人要区分开机器与机器的资本主义应用，"工人要学会把机器和机器的资本主义应用区别开来，

① 〔加〕尼克·斯尔尼塞克：《平台资本主义》，程水英译，广东人民出版社，2018，第49页。
② 〔加〕尼克·斯尔尼塞克：《平台资本主义》，程水英译，广东人民出版社，2018，第101页。
③ 〔德〕黑格尔：《法哲学原理》，范扬、张企泰译，商务印书馆，1961，第206页。

从而学会把自己的攻击从物质生产资料本身转向物质生产资料的社会使用形式"①。同样，超越数字技术异化在于要超越这种异化背后的社会内容。正如大卫·哈维（David Harvey）所言，新技术俨然超越一种话语性的承诺机制，蜕变为现代性剥削系统的附庸品，"新技术（如互联网和社会媒体）许诺乌托邦式的社会主义未来，但在没有其他要素变化的情况下，新技术却被资本纳入新的资本剥削和资本积累模式"②，应对剥削系统加以批判。故这种批判必然导向一种制度性变革：社会主义是人类美好生活的实现时代，是以人民为中心的发展时代，那么作为技术化手段的数字技术，只是高度从属于社会主义制度本身，即为人民群众提供美好的数字生活。

那么，关于数字生活的反思，绝不能停滞于一种技术决定论；应该回归至优化数字生产、规范数据占有与信息疏通机制等内容。如一方面，规范数据的合理使用。数据作为社会关系意义上的财富形成，应该被用于美好生活的制度设计。另一方面，优化数据的占有机制。数据信息不能被资本私人占有，而应该转换成构建美好数字生活的信息资源；提升数据的使用效果。以数字技术推动数据更好地服务于人民为中心的数字生活，等等。

3. 丰富数字生活内容以破解异化数字生活

数字生活似乎抹平阶级的消费差异，且以数字功能性的灵韵形式，容易烘托出"去阶级文化"的陈情者的生活境遇：数字生活中人人平等且人人美好的生存化幻象。故应该将其提高至这样批判高度：只要数字技术被支配者支配，那么必然成为其增殖能力的技术手段。数字中国需要破解与扬弃西方数字生活的弊端，即聚焦对数字生活的多维难题的本质破解。

一方面，防范数字生活的导向难题。以防范数字生活的消费主义为例。消费主义是消费作为主导的社会内容，数字生活使消费变得更加抽象化与复杂化，消费主义导向的社会机制凸显为数据控制的生活强制机制；同时，这种消费主义背后直接关涉数字剥削、数字分化、数字监控、数字拜物教与数字达尔文化等异化现象。故破解诸如消费主义难题，夯实数字生活的人民视域，亟须建立以人民为中心的美好数字生活。优化数字生活治理。

另一方面，凸显数字生活的技术治理。数字生活是现实世界的技术化投射。建构美好数字生活急需技术治理。首先，破解数据占有信息鸿沟，防止

---

① 《马克思恩格斯文集》第五卷，人民出版社，2009，第493页。
② 〔美〕大卫·哈维：《马克思与〈资本论〉》，周大昕译，中信出版社，2018，第176页。

资本占有的异己性固化，防止数据等信息变成控制数字生活的手段，推动其变成美好数字生活的技术来源。其次，共享共有数字生活资源。如何以数字共享、数据共有作为内容，深嵌至数字生活之中，这是美好数字生活的重要内容，以防止数据私有与数据垄断等再次，保障数字生活安全内容。数字世界的法律治理是规范美好数字生活的重要基础，以制度化形式塑造以人民为中心的数字生活之后，繁荣数字生活文化。数字生活内容丰富多样，无论是工业化生存还是网络化空间享乐，都要以健康向上的文化作为基础，向美好数字生活的积极方向发展。

4. 凸显制度优势以实现美好数字生活

党的二十大提出要建设数字中国，领跑数字世界的建设，故需突破数字生活的技术控制。数字生活的破解机制在于，瓦解任何以技术为驱动的社会管理机制。破解美好生活实现障碍，推动数字生活实践的根本机制在于，数字生活不再是抑制性社会管理机制，而凸显为破解实体经济发展难题之路径，聚焦人民生活问题的生活诉求，为实现美好生活提供社会主义制度推动力。

数字中国指引建构一个以人民为中心的数字化生存世界。那些片面追求数字化形式的建设机制，只要被导引至"数字至上"与"技术伟大"的立场之上，容易形成社会观念层面上的技术决定论。故数字中国不仅局限于城市或农村数字化的技术本身，而是破解数据市场化所引发的数字难题，即将数据信息资源导入社会主义现代化建设。

尽管很多理论家看到数字化衰退与现代世界之间的内在关联：数字化经济成为现代世界的重要支撑内容，只要数字化衰退，那么其所引发的经济危机、技术倒退、外交政策改变等及其引发的全球性的政治经济衰弱清晰可见。如美国学者丹·席勒（Dan Schiller）以详实数据为我们展示这样的图景，并得出最终的结论，"加速发展数字化、移动与社交网络服务，必须防止那些被遗弃以及花销减少的区域的进一步扩大"①，可以抵御金融危机的风险，提高经济增长能力，实现数字生活的解放图景。但丹·席勒（Dan Schiller）只是以数字技术决定论视角考察数字经济，而并未将数字经济背后的制度机制揭示出来。

---

① 〔美〕丹·席勒：《数字化衰退：信息技术与经济危机》，吴畅畅译，中国传媒大学出版社，2017，第148~149页。

故必须超越这种"衰退论"。一方面，数字中国不再简单以数字技术的发达程度作为考察标准，而是以数据占有的人民中心化作为基本立场；另一方面，数字中国聚焦的是数字生产与人民生活的本质关联，那么数字生产被纳入赋能美好生活的技术力量，而不是异化成为控制生活的市场力量。

在此基础上，数字技术能够为美好数字生活提供三大方案，以凸显社会主义的制度优越性。首先，生产力的变革方案。生产力发展是全球进步的动力，数字技术为此提供重大生产力变革，任何国家都应把握数字生活的技术化变革，积极推动本国数字化发展历程，更好融入现代世界。中国式现代化更是人民生活水平的高度现代化，那么数字生活的提质增效就在于如何把握住新科技革命，以推动数字化的生产力变革，建立更加符合人民生活需要的数字内容。其次，美好生活的超越方案。数字生活是美好生活的重要组成部分，应该要防止数字生活异化，防范资本逻辑控制数字生活，进而推进美好生活的真正实现。因此，数字化技术应该回归至美好生活的建构视域，积极建构以人的自由全面发展为导向的社会主义数字生活。最后，以人民为中心的实践方案。任何以资本逻辑或市场逻辑为导向的技术化发展，只是以增殖效应为中心的经济发展宿命。美好生活的本质在于人民的自由全面发展，其中数字生活是重要的实现途径，故要扬弃以增殖为中心的资本生产历史宿命，转向以人民为中心的数字生活实践方案。

总之，任何浪漫主义反思或激进主义批判，都无法逃避数字技术所带来的社会变革，数字技术与数字生活成为我们这个世界的历史宿命。但对话数字生活，有两种本质差异的社会发展路向：资本主义社会的数字技术并不能真正带来美好数字生活，反而将人类导向以数据支配、资本控制为特征的异化数字生活；只有在社会主义制度框架内，才能够真正实现以人民为中心的美好数字生活，彰显出数字化社会主义的制度优越性。

（作者单位：上海交通大学）

本文原载于《学术论坛》2024 年第 1 期，收入本书时有改动

唯物史观与数字经济战略

王 程

数字经济的出场是世界历史进程中的重大事件，在唯物史观视域内，数字经济是生产力发生质变后最新的经济形态。马克思指出："各种经济时代的区别，不在于生产什么，而在于怎样生产，用什么劳动资料生产。"① 21世纪之后，计算机算力呈几何倍数飙升，神经互联网、人工智能陆续成为生产资料的重要组成部分，数字化生存世界带来了新的物质和财富空间，如何发展数字经济已经成为决定一个民族是否能够走在世界民族前列的战略问题。

一 习近平关于数字经济重要论述

习近平总书记以深刻洞察力、敏锐判断力、理论创造力全方位把握第四次科技革命的发展趋势，在历史唯物主义的高度洞悉生产力发展的历史规律，统筹国内国外两个大局，就数字技术应用和数字经济发展做出一系列重要论述。将发展数字经济上升到国家战略的高度，这是实现中华民族伟大复兴实践中时代精神的高度凝练，已经成为把握新发展阶段、贯彻新发展理念、构建新发展格局、实现高质量发展的必由之路。

（一）数字经济的唯物史观原理

唯物史观认为，社会的经济生活决定政治和精神生活，社会的经济基础

---

① 《马克思恩格斯文集》第五卷，人民出版社，2009，第210页。

决定上层建筑，社会存在（物质资料的生产方式）决定社会意识等。在这些认识中，明显体现了马克思主义对社会历史及其发展的规律性的深刻理解。一是生产力是人的本质力量的呈现，是推动历史进步的最终动力。二是生产方式是生产力和生产关系的对立统一。在生产力和生产关系的对立统一之中，首先是生产力决定生产关系，同时生产关系又反作用于生产力。三是科学技术是第一生产力。科学是社会进步过程中最革命的因素，科学对社会发展的促进作用，在增强人的精神力量，推动经济发展和社会变革等方面表现出来。数字经济的发展是社会历史进步的必然结果，是唯物史观在当代世界政治经济生活中的集中表达。

1. 新质生产力的发展带来相应生产关系的改革

经济基础的改变带来了上层建筑相应的完善。新质生产力在生产关系层面的"新"与其在技术层面的"新"是不可剥离的整体。新质生产力在其历史规定性层面上，必定对应着社会主义制度对资本主义的矫正，反映人类追求历史进步的主体精神，如此才能彰显新质生产力的历史进步意义。作为世代积累的实力，新质生产力背后凝结的是中华民族在探求自由与解放过程中创造的社会制度力量——中国特色社会主义制度的现实伟力。

2. 新质生产力是科学技术是第一生产力理论的最新表达

社会一般智力水平越高，生产的社会化程度越高，科学直接转化为生产能力的效能越大，社会财富越丰富，"所有的人的可以自由支配的时间还是会增加"[①]。科学技术在生产力层面发展的制高点是用机器智能地生产机器，当下 AI 技术的发展印证了唯物史观的真理性判断。

（二）发展数字经济是国家重大战略的核心任务

2021 年 12 月，《"十四五"数字经济发展规划》对数字经济的定义是："数字经济是继农业经济、工业经济之后的主要经济形态，是以数据资源为关键要素，以现代信息网络为主要载体，以信息通信技术融合应用、全要素数字化转型为重要推动力，促进公平与效率更加统一的新经济形态。"[②]随着数字技术日益融入经济社会发展的各领域全过程，数字经济成为人类社会

---

① 《马克思恩格斯文集》第八卷，人民出版社，2009，第 200 页。
② 国家改革与发展委员会编《〈"十四五"数字经济发展规划〉学习问答》，人民出版社，2022，第 1 页。

生产力发展和经济形态演进的必然产物，也成为我国重大战略目标的核心任务。

1. 数字经济的特征

数字经济是以数据资源为关键要素的新经济形态。唯物史观以生产要素作为经济形态的主要判断依据。随着移动互联网和物联网的蓬勃发展，人与人、人与物、物与物之间的万物互联得以实现，由此产生的数据爆发式增长，庞大的数据量及其处理和应用日益成为竞争中的决定性因素。习近平总书记指出："浩瀚的数据海洋就如同工业社会的石油资源，蕴含着巨大生产力和商机，谁掌握了大数据技术，谁就掌握了发展的资源和主动权。"①

数字经济是以现代信息网络为主要载体的新经济形态。在数字技术崛起的背景下，大量数据的累积与处理及应用均离不开信息网络承载，网络与云计算已经成为一种必需的信息基础设施，它不仅包括宽带、无线网络等虚拟化网络承载空间，还包括对传统物理基础设施的数字化改造，如数字化运维管理系统等。这两种基础设施一起为数字经济的发展提供必要的条件，促使数字化时代基础设施向基于"电子芯片"的方向转变。以互联网、大数据、云计算、人工智能为基础的数字技术培育数字平台，发展平台经济对于数字经济的发展具有十分重要的意义。

数字经济是以信息通信技术融合应用、全要素数字化转型为重要推动力的新经济形态数字经济，包括数字产业化与产业数字化两大核心，它代表着数字经济发展方向。其中数字产业化就是围绕整个数据链的采集、储存、传输、加工与应用这一完整的全环节而发展起来的数字技术、数字产品与数字服务及其相关行业。产业数字化是数字技术和传统产业相融合的一部分，它催生了一系列新产业和新模式，其中主要包括以智能机器人和智能无人机为代表的制造业一体化新潮流，以移动支付和电子商务为代表的服务业融合发展新趋势。

我国发展数字经济的目标导向是促进公平与效率更加统一。数字技术的不断更新突破有利于推动社会财富的共享和普惠。一方面，数字经济的蓬勃发展促进市场的协同一体化，拓展区域间经济活动关联的广度和深度，通过数字经济的无边界性促进全要素流通，增强整体发展的平衡性和协调性。另

---

① 中共中央党史和文献研究院编《习近平关于网络强国论述摘编》，中央文献出版社，2021，第 106 页。

一方面，数字平台以其开放性和包容性的特征促进个体参与到经济活动中，不仅借助准入门槛低的优势为劳动者营造良好创业环境，同时数字平台的信息和知识溢出效应也有利于提升劳动者的个人能力。

2. 发展数字经济的战略对策

国家战略选择事关国家的前途命运。习近平指出："战略问题是一个政党、一个国家的根本性问题。战略上判断得准确，战略上谋划得科学，战略上赢得主动，党和人民事业就大有希望。"① 在当今数字经济全球化过程中，我国同样面临国家战略的选择。既然如此，如何确保推进数字经济全球化，进行正确的国家战略选择呢？

要明确数字经济在我国新时代全面建设社会主义现代化国家新征程和积极参与数字经济全球化中的战略定位。习近平指出："发展数字经济意义重大，是把握新一轮科技革命和产业变革新机遇的战略选择"，"数字经济事关国家发展大局"。② 这一论述，明确了数字经济在新时代我国全面建设社会主义现代化国家新征程中的两个战略定位：一是发展数字经济是把握新一轮科技革命和产业变革新机遇的战略选择，二是数字经济发展的情况事关国家发展大局。正是因为基于这两个战略定位，党的二十大报告明确指出，要"加快发展数字经济"。

在当今数字经济全球化繁荣昌盛的时代，美国却积极实施逆经济全球化政策，试图全力保住其数字技术领先优势，把数字经济当作重点竞争策略，并积极拉拢欧盟、日本、韩国、澳大利亚建立数字技术联盟，通过"断供"和"围堵"的方式打压中国的关键数字产业。中国数字经济规模巨大，具有自身发展优势，正在走科技自立自强的发展道路，将以新型举国体制力求突破关键核心技术，其中包括数字经济领域的关键核心技术，以增强我国经济发展的安全性和稳定性。

要制定参与、引领数字经济全球化的根本国策，实施科技自立自强的国家战略，鼓励企业采取自主创新发展战略。近年来，美西方国家对我国的高科技创新采取了各种打压措施，中国选择了科技自立自强的国家战略，企业采取自主创新的发展战略。通过技术创新，突破西方设置的芯片技术"卡脖子"小院高墙，是我国坚持科技自立自强基本国策的成功表现之一。

---

① 《习近平谈治国理政》第四卷，外文出版社，2022，第 31 页。
② 《习近平谈治国理政》第四卷，外文出版社，2022，第 205、208 页。

加强数字领域国际合作，积极倡导推进数字经济全球化。在当今数字经济全球化进程中，我们必须扩大数字经济领域的对外开放，吸引全球数字资本和数字产业；积极参与数字经济国际规则的制定，促进全球数字治理制度的建设和完善。习近平指出，"中国愿同世界各国一道，在全球发展倡议框架下深化国际数据合作，以'数据之治'助力落实联合国 2030 年可持续发展议程，携手构建开放共赢的数据领域国际合作格局，促进各国共同发展进步"①。他还指出，"面对各国对数据安全、数字鸿沟、个人隐私、道德伦理等方面的关切，我们要秉持以人为中心、基于事实的政策导向，鼓励创新，建立互信，支持联合国就此发挥领导作用，携手打造开放、公平、公正、非歧视的数字发展环境"②。

加快培育战略性新型数字产业集群。党的二十大报告提出："推动战略性新兴产业融合集群发展，构建新一代信息技术、人工智能、生物技术、新能源、新材料、高端装备、绿色环保等一批新的增长引擎。"③ 无论是数字经济还是数字社会都离不开数字技术和数字产业的发展，推进数字产业发展的根本路径是推动战略性新兴产业融合集群发展，形成数字产业链、数字产业集群。"加快发展数字经济，促进数字经济和实体经济深度融合，打造具有国际竞争力的数字产业集群。"④ 数字产业集群的国际竞争力直接决定了一个国家在数字经济全球化中的战略定位。数字产业集群国际竞争力的大小，意味着一个国家参与、引领、掌控和主导数字经济全球化的能力大小。因此，加快培育战略性新兴数字产业集群是我国积极参与、引领、掌控和主导数字经济全球化的重要国家战略选择之一。

继续加大数字基础设施的投资力度，为数字技术和数字经济的发展提供强大的物质基础。中国 5G 通信覆盖率全球第一，5G 基站数占全球 60% 以上，光纤网络、移动通信、宽带、数据中心等基础设施建设处于先进水平。我国积极参与、引领、主导数字经济全球化的重要国家战略选择还应当适度超前投资建设数字基础设施，为数字经济的大发展奠定雄厚的物质基础。建

---

① 《习近平向第四届联合国世界数据论坛致贺信》，http：//www.news.cn/mrdx/2023-04/25/c_1310713784.htm。

② 《习近平关于网络强国论述摘编》，中央文献出版社，2021，第 170 页。

③ 习近平：《高举中国特色社会主义伟大旗帜 为全面建设社会主义现代化国家而团结奋斗——在中国共产党第二十次全国代表大会上的报告》，人民出版社，2022，第 30 页。

④ 习近平：《高举中国特色社会主义伟大旗帜 为全面建设社会主义现代化国家而团结奋斗——在中国共产党第二十次全国代表大会上的报告》，人民出版社，2022，第 30 页。

设数字基础设施，必须构建数据基础制度。习近平指出："数据基础制度建设事关国家发展和安全大局，要维护国家数据安全，保护个人信息和商业秘密，促进数据高效流通使用、赋能实体经济，统筹推进数据产权、流通交易、收益分配、安全治理，加快构建数据基础制度体系。"①

3. 数字经济与新质生产力

生产力作为唯物史观的核心-范畴，包含着人与自然的关系、人与人的关系两大基本维度。从人与自然的关系层面看，生产力是人类集体生命的对象化，人与自然物质交换方式的不断迭代确证了其自我超越的本质；从人与人的关系层面看，生产力具有历史规定性，是具体社会形态人类整体力量质性的映射。在世界历史进程中，生产力是支配社会变革最根本的力量，一个民族的生产力水平表征着该民族创造财富和实现自身自由的实力。面对百年未有之大变局，习近平在新时代推动东北全面振兴座谈会上指出："积极培育新能源、新材料、先进制造、电子信息等战略性新兴产业，积极培育未来产业，加快形成新质生产力，增强发展新动能。"②

新质生产力的内涵与特征包括以下三个方面。①新质劳动者。对于劳动者而言，"新质"体现在体力、智力等方面的发展程度。首先，新的物态世界需要新的处理财富的能力。其次，人的思维能力变得更为多元复杂。人类更高质量的进化彰显在智慧体系的攀升和思维能力的跃迁上，人脑必须要在"人""机"双重赛道上思考自身世界的存在论问题，人类自我完善的禀赋在智能化生产逻辑中创造出崭新的智识体系，彰显了生命之流不断自我更新的能力。最后，智能化生产力拓展了人的交往空间。数字技术的发展对劳动者的能力提出了新的要求，强调劳动者对新质生产资料的应用，脑力劳动在社会生产中的作用愈发凸显。人类在最大化的理性预期中规划当下和未来，旧的生产工具对交往的束缚被彻底打破，技术赋予每个人自身的能量推动了人类整体意义上的心智进化。②新质劳动资料。劳动资料即劳动手段，是劳动者在劳动过程中用来改变或影响劳动对象的物质资料或物质条件。进入数字经济时代，数字技术链接、渗透、赋能万物，赋予了劳动资料数字化的属性。以人工智能为代表的数字化劳动资料，直接作用于数据这一新型劳动对

---

① 《习近平主持召开中央全面深化改革委员会第二十六次会议》，中华人民共和国中央人民政府官方网站，https://www.gov.cn/xinwen/2022-06/22/content_5697155.htm。

② 《加快形成新质生产力》，求是网，https://www.qstheory.cn/qshyjx/2023-11/09/c_1129965644.htm。

象，实现了与再生产各环节的深度融合，打破了时空限制，推动资源要素快捷流动和高效匹配，将一切有形和无形的要素全部融入生产过程，全面提升了全要素生产率。③新质劳动对象。劳动对象是指劳动者通过劳动资料对其进行加工，使其成为具有使用价值、能满足社会需要的物质资料。从劳动对象看，"新质"主要体现为劳动对象的"无形化"特征。与传统"有形"的劳动对象相比，数字劳动突破了劳动时间和空间的限制，以数据要素为代表的无形物开始成为重要的劳动对象。

4. 新质生产力与中国式现代化

新质生产力是实现中国式现代化的根本驱动力。把握数字经济，就能抓住经济发展的放大器和倍增器。数字经济整合一切劳动、技术、科学知识和管理技能形成合力突破发展藩篱，促使财富充分涌流。①智能化机器体系提升了意识构造客体的能力，各种创意、想象和创新思维等精神生产通过智能化运作成倍地对象化为新财富，实现财富积累量的激增与质的飞跃。②数字经济是解决新时代主要矛盾的不竭引擎。矛盾体现了经济发展的内在诉求，其本质是人追求自由的精神与现实生活的对立，根源在于生产力和交往形式之间的矛盾。数字智能化与金融化相叠加，导致社会主义制度中产业结构、区域空间和社会阶层之间发展不平衡与不充分，以数字经济作为核心驱动，不但能持续不断地解决量的积累与质的提升相一致、蛋糕做大与蛋糕分匀相协调的难题，更能实现物质与情感、智慧与德性、人文与生态相统一。③数字经济标志着新的文明高度，把握住它，就能自觉地摒弃狭隘的民族中心主义意识，自觉地将本民族的历史实践转化为具有普遍意义的世界历史活动，使得民族的创新性实践具有世界历史进程的时空意义。

新质生产力是实现中国式现代化的根本保障力。①数字经济是激发新时代生产活力的关键因素。数字经济作为不断自我超越的"变"，激活各种业已沉睡的资源禀赋，进行从"无"到"有"的创新活动，创造出"1+X＝无限"的发展奇迹，是解决新时代系统性问题、实现民族伟大复兴的战略法宝。②资本主义体系的财富总量仍占世界财富总量的绝大部分，世界物质利益总体结构仍由资本主义所控制，被资本宰制的数字空间使支离破碎的利己主义和虚无缥缈的世界主义如梦魇般萦绕在人类灵魂的深处，异化的物质力量和扭曲的观念形态仍然制约着中华民族伟大复兴的历史进程向前推进。

新质生产力是改造国际资本主义体系的根本竞争力。中国特色社会主义肩负的世界责任，就是通过不断地发展生产力，塑造属于人类自身的共同力量并使人类真正占有它，在历史阶段性上体现为与资本主义博弈并不断改造和转化它。第三次革命浪潮的背后仍是生产力在起决定作用，数字智能化+金融化改变着资本的结构、市场权力结构、国际分工体系和人类财富构成，被资本操盘的技术蜕变拷问着进步力量如何应对持续加剧的两极分化。数字经济作为高科技与新制度相融合的运动主体，反映出人类共同的智慧成果和价值追求，不但能够占据国际分工体系中的主导地位，其更重要的意义在于通过经济全球化的扩散过程将优质的生产关系输出到国际资本主义体系中，使正义力量从偶然因素转化为必然力量，重构世界经济秩序和政治权力格局，改造国际资本主义体系。这既是唯物史观深层视域所揭示的必然性原理，也是中国特色社会主义制度不可回避的历史责任。

5. 不断优化生产关系发展新质生产力

新质生产力在生产关系层面的"新"与其在技术层面的"新"是不可剥离的整体。新质生产力在其历史规定性层面上，必定对应着社会主义制度对资本主义的矫正，反映人类追求历史进步的主体精神，如此才能彰显新质生产力的历史进步意义。作为世代积累的实力，新质生产力背后凝结的是中华民族在探求自由与解放过程中创造的社会制度力量——中国特色社会主义制度的现实伟力。

自新中国成立以来，生产力的每一次革新都推动中国共产党自觉把握世界历史进程，以自我革命精神克服社会关系再生产的阻力和困难。一方面，社会主义先进的生产力推动中国特色社会主义制度成熟定型；另一方面，中国特色社会主义制度通过释放巨大的创新活力赋予生产力质变的历史动能。这种良性互动的内在逻辑仍然是唯物史观真理性判断的时代表达。

从发生学意义上看，定位新质生产力的历史规定性"始终必须把'人类的历史'同工业和交换的历史联系起来研究和探讨"[1]。改革开放以来，作为历史主体的中华民族对社会主义制度的创造性构建，对生产力产生了强大的反作用，推动相对于计划经济体制下的生产力发生质变。通过改革开放四十余年的制度激励和财富累积，新时代生产力技术的构成要素实现了由本能向智能的飞跃，再次触动了历史进步的"神经"。作为人类文明新形态的主旋律，这种新旧更替的节奏不但是对传统工业文明的提升与进化，更将人类制度文明推向新高度。

---

① 《马克思恩格斯文集》第一卷，人民出版社，2009，第 533 页。

　　新质生产力与生产关系形成必要张力，实质上反映了中国特色社会主义制度的生机活力。新质生产力所承载的历史必然性，必须通过社会改革形成更为理性化的社会结构和治理体系，才能转化为现实的人的自由。一方面，新质生产力不断破除传统工业化生产体系的障碍，赋予经济活动更高效的能量，使人拥有更广阔的财富空间；另一方面，社会体制、治理结构被生产力的质变倒逼着不断进行升级改造，现代国家治理体系更为智能化地管理和人性化地呵护着人的现实生活。这种矛盾运动促使社会主义制度中人的自由与解放程度不断跃升，展现了社会主义制度强大的包容力和自我更新力。

　　新质生产力凝结着无产阶级先进政党的自我革命精神。先进的社会制度必须由先进的政党领导，先进的政党作为社会进步中最具历史主动精神的领导者，必定代表先进生产力的前进方向。中国共产党人作为中国特色社会主义制度的"定海神针"，始终将自我革命精神作为"最坚决的、始终起推动作用"的精神法宝。说到底，新质生产力的质变是人类实践活动方式的质变，制度之所以能够成为新质生产力的规定性，其根本原因在于具体制度中的实践主体具有观念自我更新、自觉创造历史活动的内在动力。新质生产力的提出，表明中国共产党在先进理论的驱动下，通过生产实践对客观世界的改造达到了新的高度，这种正向的矛盾运动是整个社会经济结构、政治结构和文化结构共同发力的结果。唯有如此，新质生产力才能真正被称为人的本质力量的具体呈现。

6. 新质生产力赋能数字经济

　　新质生产力赋能数字经济，是以创新作为第一驱动力，主要体现在三个方面。

　　一是技术革命性突破。技术革命直接作用于生产力和生产关系，每一轮技术革命性突破均带来生产力质的飞跃。在蒸汽机技术革命推动下，机器生产代替手工生产并成为最主要的生产方式；在电气技术革命推动下，人类社会由蒸汽时代进入电气时代，大规模生产方式应运而生；在信息技术革命推动下，科学与技术紧密结合促使生产力进一步提升。当前，全球正处于新一轮技术革命酝酿期，取得技术革命性突破是获得新质生产力的原动力。

　　二是生产要素创新性配置。生产要素创新性配置包括生产要素组成和生产要素配置两方面。从生产要素组成看，党的十九届四中全会提出"健全劳动、资本、土地、知识、技术、管理、数据等生产要素由市场评价贡献、按贡献决定报酬的机制"，数据首次被确认为生产要素，意味着数据成为新质生产力发展的重要生产要素之一。从生产要素配置看，以数据技术为载体的创新性配置驱动新质生产力发展。一方面，数据与其他生产要素相结合，融入劳动和资本等传统生产要素中，促进要素间的连通和流动；另一方面，数据促进土地、劳动和资本等传统生产要素重新组合，进而提高生产和服务效率。

三是产业深度转型升级。产业深度转型升级是提升全要素生产率的必要之举。从新质生产力的内涵来看，产业深度转型升级包含两个方面。①传统产业向新兴产业升级。党的二十大报告提出："推动战略性新兴产业融合集群发展，构建新一代信息技术、人工智能、生物技术、新能源、新材料、高端装备、绿色环保等一批新的增长引擎。"当前全球正处于产业变革深入发展期，新一代信息技术产业、高端装备制造产业、新材料产业、新能源产业等战略性新兴产业集中涌现。②传统产业与新技术、新要素结合促进产业"数字化"和"绿色化"转型，进而带动传统产业全要素生产率提升。

在世界百年未有之大变局下，新一轮科技革命和产业变革加速演进，与我国全面建设社会主义现代化国家新征程形成历史性交汇。新质生产力的提出，从理论层面来看，是习近平对马克思生产力理论的重大创新，是立足在经验基础之上的理论认识的发展过程；从现实层面来看，体现了新一轮科技革命和产业变革所引发的数字技术革命带来的生产力跃迁。加快形成和发展新质生产力是发展数字经济的战略部署。

二　数字经济与高质量发展

习近平在党的二十大报告中强调："加快构建新发展格局，着力推动高质量发展。""高质量发展是全面建设社会主义现代化国家的首要任务。"①当前我国经济已由高速增长阶段转向高质量发展阶段，经济发展必须以推动高质量发展为主题。在这一发展阶段下，以数据为关键生产要素的数字经济已成为新的经济增长点和拉动力，单纯依靠传统要素驱动和投资拉动的经济增长模式不再具备可持续性。数字经济作为改造提升传统产业的重要支点，将成为带动我国经济实现高质量发展的重要引擎。

---

① 习近平：《高举中国特色社会主义伟大旗帜　为全面建设社会主义现代化国家而团结奋斗——在中国共产党第二十次全国代表大会上的报告》，人民出版社，2022，第 28 页。

（一）数字经济推动"双循环"

所谓"双循环"，即加快构建以国内大循环为主体、国内国际双循环相互促进的新发展格局。"构建新发展格局的重要任务是增强经济发展动能、畅通经济循环。"① 数字技术、数字经济推动了各类资源要素的快速流动、实现了各类市场主体之间的加速融合，为打通循环过程中的堵点和梗阻提供了有力支撑，不断地为我国的经济社会发展赋能，助力实现"双循环"新发展格局。

1. 数字经济畅通国内大循环

"双循环"的主体是国内大循环。因此，实现生产、分配、交换和消费各环节的循环畅通，释放内需市场潜力，促进数字经济与实体经济深度融合是构建有效的国内大循环体系的必由之路。以新一代信息技术为依托的数字经济通过打通信息渠道实现国内大循环体系的顺畅，充分释放了我国的内需市场潜力。通过传统产业的数字化升级，以创新提质代替规模扩张，从总体上提高了经济运行效率，成为推动构建新发展格局的主要动力。

数字经济促进生产、分配、交换和消费各环节的循环畅通。①在生产环节，智能制造正在逐渐取代传统制造。生产商通过引入数字技术进行产业及其产品的数字化、智能化升级。物联网、大数据和人工智能等数字技术的广泛应用，实现了生产设备之间的信息联通与共享。通过收集并分析用户的数据信息，挖掘市场的潜在消费需求，从而推出更符合市场趋势和消费者个性化需求的产品与服务。②在分配环节，数字技术的应用能够有效帮助企业处理好效率与公平之间的关系。通过提高分配效率、增强分配的透明度，数字经济的发展在调动生产者积极性的同时，更有利于促进社会共同富裕目标的实现。③在交换环节，数字平台的创新运用在提升交换速度和交换效率的同时节约了交换成本。数字平台的出现加速了信息的传递与交流，使得买卖双方能够快速并直接地获取彼此的信息，实现商品与服务的实时交换，大大缩短了交易周期，加速了商品和服务的流通。此外，在线交易、电子支付等数字化手段减少交换的中间环节，在提高整体效率的同时，也在一定程度上降低交换成本。④在消费环节，不断创新的消费模式提供了更加多元、便捷且个性化的消费选择。在线商城、电商平台等在为消费者提供更广泛的商品和

---

① 《习近平谈治国理政》第四卷，外文出版社，2022，第206页。

服务选择的同时，打破了消费的时空限制，使得消费者能随时随地购买到商品和服务。由此可见，数字经济的发展打通了从生产到消费各环节的堵点，使得数据、信息、资金等生产要素高效聚集、优化配置，实现了各类市场主体之间的紧密协作和广泛连接，加快了流通速度，提升了流通效率，加速了经济循环各环节的循环畅通。

数字经济助推内需潜力释放。数字经济的发展促进了传统消费模式从渠道到场景的深刻变革，拓宽了居民的消费通道，不断创造数字消费增量。消费空间的拓展使得商品和服务在更广阔的空间范围内实现循环，数字消费成为国家扩大内需、稳定经济增长的突破口，从而促进国内经济的良性循环。移动支付、直播带货、智慧商店、在线教育等一系列新型消费业态应运而生，数字技术的广泛应用在为消费者提供多元化选择和便捷服务的同时，也创造了更多的就业岗位和就业机会，进一步刺激并释放了人民的消费潜力。

数字经济助推制造业高质量发展。随着数字技术向各行业、各领域的加速渗透，传统制造业企业正积极借助数字技术进行全方位、全链条的数字化、智能化转型升级，在产业数字化和数字产业化的进程中，不断为经济增长赋能。数字经济与实体经济的深度融合使得传统制造业突破了原有的时空限制，实现了跨行业、跨区域的融合创新，为构建"双循环"新发展格局提供了坚实的产业支撑。此外，数字技术的广泛应用与纵深发展也使得分工与协作更加专业化、多元化，进一步提升了传统制造业的生产效率，提高了生产产品的质量，不断以技术创新为中国传统制造业的转型升级与高质量发展开辟新路径。

2. 数字经济畅通国际大循环

"双循环"新发展格局要求在畅通国内大循环的同时，打通国内国际两个市场。伴随数字技术的突破创新与融合应用，数字经济已成为拉动世界经济增长的重要引擎，正高速辐射并影响着全球竞争格局。数字经济的发展不断推动重塑我国参与国际合作和竞争的新优势，使国内循环与国际循环紧密嵌套，在全面提升中国的对外开放水平，为经济发展赋能的同时，也为世界提供了巨大的中国发展机遇。

数字经济的发展提升了对外开放水平。大工业"首次开创了世界历史，因为它使每个文明国家以及这些国家中的每一个人的需要的满足都依赖于整个世界，因为它消灭了各国以往自然形成的闭关自守的状态"①。数字经济的发展进一步提升了中国的对外开放水平，为国内企业参与国际循环提供了便利的物质条件和技术支撑，加深并拓展了中国在世界贸易市场中的联系。数字技术的更新与应用引发了全球生产方式和流通方式的深刻变革。由互联网所构筑的虚拟交易空间补充并拓展了物理空间范围内的真实世界市场，进一步延伸了世界市场网。跨国数字平台的发展以及相关配套基础设施的完善带来了传统贸易模式的数字化升级。数字贸易打破了时空对传统贸易合作的约束和限制，使得更多的贸易环节在网络平台上开展，在降低贸易成本的同时，提高了交易效率。

数字经济推动了全球数字贸易体系建设。数字贸易是对传统贸易模式的拓展升级，如今已成为全球贸易的主要形式。一方面，数字经济无边界、全球化、全天候泛在的市场特征为畅通国际贸易打通了新途径。数字贸易以数字技术为驱动、以数字平台为支撑，产品和服务的交易范围从物理世界延伸至数字世界，贸易运输方式也从依靠传统的交通运输扩展至互联网、云平台等虚拟空间传输渠道。贸易信息的搜索、匹配和验证更加便捷高效，贸易活动更加便利化、自由化，国际贸易效率大幅提升。另一方面，全球数字贸易体系的建设也推动了国际产业分工体系的纵深发展，促进了产业链间的内外联动，扩大了国际贸易的体量和规模。贸易流程及环节的规范化、标准化和体系化，加之贸易辅助手段的智能化，有效提升了贸易活动的安全性，在一定程度上降低了贸易门槛，打开了我国的对外贸易通道，是畅通内外循环、实现中国从贸易大国向贸易强国转变的"助推器"。

（二）数字经济促进绿色发展

唯物史观认为，自然与人是一种感性对象性的存在，因此，绿色发展是以效率、和谐、可持续为价值尺度的经济增长和社会发展方式。高质量发展是绿色成为普遍形态的发展，绿色是高质量发展的底色。发展数字经济与绿色发展理念相耦合，数字经济正以前所未有的深度与广度促进绿色发展。数字技术的广泛应用与融合创新推进了我国绿色发展水平的提升，引发了从生产要素到生产力再到生产关系的全面绿色变革，是高质量发展背景下遵循绿色发展理念的必由之路。

---

① 《马克思恩格斯文集》第一卷，人民出版社，2009，第566页。

1. 数据要素是夯实绿色发展的基础

数据作为数字经济时代下参与社会财富创造的新型生产要素，改善了传统的要素投入结构，是夯实绿色发展的基础。首先，数据要素本身蕴藏着绿色属性。低能耗、高效率、无污染、可持续是数据要素的显著特征。相较于传统工业对能源资源的高需求和高消耗，数据在赋能生产的过程中对于环境的破坏微乎其微。其次，数据与资本、劳动力、技术、资源等传统生产要素融合促进绿色发展。数字技术的应用提升了各生产要素之间的协同效率，在精确配置要素资源的同时，能够最大限度地减少能源消耗和污染物排放，推动生产体系绿色低碳发展。最后，数字技术的应用有助于增强废物资源处理的透明度和可追溯性。通过收集并分析废弃资源的数据信息，可以及时确定最有效的回收和处置方法，并通过实时监测和追踪废物的流向，确保废弃资源被适当处理，防止非法倾倒和不当处理现象的发生，在很大程度上减少了环境污染。

2. 数字经济与实体经济的融合推动生产方式绿色化、低碳化转型

产业结构的优化升级是数字经济赋能绿色发展的重要途径。2012~2022年，我国以年均 3% 的能源消费增速支撑了年均 6.2% 的经济增长，能耗强度累计下降 26.4%，相当于少用标准煤约 14.1 亿吨，少排放二氧化碳近 30 亿吨。[①] 数字经济的发展为传统产业注入了新活力，在推动传统产业数字化、现代化转型的同时，带来了生产方式的绿色化、低碳化转型，最大限度地减少资源消耗和环境污染。通过构建高产、优质、低耗的生产体系和合理利用资源、保护环境、转化效率高的生态系统推动经济质量持续提升和资源的可持续利用。

3. 数字经济的发展为消费者带来绿色生活方式

电子商务的发展为消费者开启了全新的绿色消费模式。线上购物不仅节约了消费者的购物时间、降低了购物成本，也在一定程度上减轻了传统消费模式下由于过度开发和利用资源引发的资源浪费和环境污染问题。此外，数字经济催生的共享经济时代带来了人们在思想观念、消费理念以及社会治理等多方面的变革。例如，共享单车、共享汽车的投放与使用，在为人们提供出行便利的同时，减少了私家车数量增加所带来的二氧化碳排放问题；线上

---

① 《数字经济助推绿色发展大有可为》，https://www.jsthinktank.com/wap/zhihuijiangsu/jingji/202307/t20230706_8000775.shtml。

办公、互联网医疗、数字化治理等新业态的出现也减少了资源消耗，促使社会成员更加自觉地参与生态环境保护，切实践行绿色发展理念，形成"取之有度，用之有节"的生活方式。

（三）数字经济助力国内大市场的形成

建设统一开放、竞争有序的国内大市场要求生产要素自由流通，商品及服务的区域流通壁垒较低，国民经济畅通循环。随着大数据、物联网、人工智能等数字技术的普及应用，数字经济通过扩大消费规模、提升流通效率、完善数字基础设施的建设来助力国内大市场的形成。

1. 数字经济扩大国内消费规模助力国内大市场的形成

①线上消费以极大的便利性促进了居民消费增长。据国家统计局数据，2022 年全国网上零售额 13.79 万亿元，同比增长 4%。其中，实物商品网上零售额 11.96 万亿元，占社会消费品零售总额的比重为 27.2%。[①] ②数字平台基于大数据和算法技术深度挖掘并精准匹配用户消费群体的潜在购物需求。通过对海量数据信息的分析处理，数字平台能够更准确地了解用户的消费行为、偏好和趋势，从而为用户提供个性化、精准性高的购物推荐，节省了买卖主体双方的搜寻时间和搜寻成本，促进交易的完成和商品价值的最终兑现，提升了资本循环效率（W-G-W'）。③依托数字平台，线上销售打破了传统销售模式下的时空限制，延伸了销售市场的时空范围，打通了城市、农村、山区等各地区消费市场的联系，有效促进了国内大市场的形成。

2. 数字经济提升商品流通效率助力国内大市场的形成

商品流通效率由流通时间和流通费用两个关键因素所决定。从商品的流通时间来看，数字技术的应用打通了制造商、供应商、经销商、物流运输公司之间的联系，形成了完整的数字贸易产业链，缩减了产品和服务的采购时间、销售时间和运输时间。企业利用强大的数字信息网自动匹配最佳配送路线及分销中心，通过搭建完善的"最后一公里"运输体系，提高配送效率的同时降低了运输成本，进而提升了商品的周转效率。从商品的流通费用来看，移动支付为商品交易提供了便捷，提升了交易双方的支付效率和交易效率，降低了支付成本和流通成本。

---

① 《2022 年全国网络零售市场稳步增长》，https：//dltb. mofcom. gov. cn/dbsw/gnmy/art/2023/art_13e877056812469392d84b3b3d62427d. html。

3. 数字基础设施建设助力国内大市场的形成

信息通信等数字基础设施的建设作为一种社会先行资本，具有较高的外部溢出效应，通过跨区域的信息整合和交易效率的提升推动国内大市场的形成。数字经济的发展需要依托新型基础设施等相关配套服务的大量投产来为数据要素的产生与流动提供支撑。大数据、云计算等数据技术为海量数据信息的收集与处理以及跨区域的数据要素流通提供了技术支撑，提升了地区间的信息交互效率。数字基础设施的建设产生的跨区域溢出效应促进了资源的跨区域整合，使区域间的信息不对称程度大大降低，市场交易更加活跃、便捷，有效助推了区域经济的协调发展，进而加速国内大市场的形成。

（四）数字经济与经济全球化

纵观历史发展全局，每一次重大技术变革总会对人类的生产、生活方式产生深刻影响，每一次全球化浪潮总是伴随技术变革推动的社会政治经济格局的重构而实现的。"进入 21 世纪以来，全球科技创新进入空前密集活跃的时期，新一轮科技革命和产业变革正在重构全球创新版图、重塑全球经济结构。"① 数字经济是继殖民经济和资本经济之后的第三次全球化浪潮，其创建了一个全球化的虚拟世界，把虚拟世界和实体世界有机连接在一起，正加速驱动着全球经济的数字化变革。

当前，新型数字技术与全球经济体系正加速融合，这一趋势推动着经济全球化向数字经济全球化转型。数字经济全球化以新型数字经济形态构建着经济全球化的新秩序、新格局，正加速推进经济全球化进程。移动互联网的广泛普及把世界连成了一个"地球村"，世界各国间的经济往来、贸易往来更加密切、便捷。数字经济使得全球化的速度更快、程度更深、壁垒更少、覆盖面积更广，真正实现了虚拟空间范围内的零距离互动。数字经济的发展缩小了世界地理的空间向度。无论何时何地人们都可以在互联网平台上创造并分享数据信息，利用高速、高容量的物联网信息系统快速捕捉并利用分散在世界各地的海量信息资源，人类社会在科技世界中将更加趋于全球化。

数据作为数字经济发展的关键驱动要素，已成为经济全球化的重要推动力量。通过数据的跨区域流动，参与经济活动的主体能够充分利用数据要素赋能资本、劳动力、土地等传统生产要素，从而实现更大的价值溢出效应。

---

① 《习近平谈治国理政》第三卷，外文出版社，2020，第 245 页。

①数据流动能够扩大全球化的覆盖范围。数据的高流动性特征表现为数据流动可以跨越时空、跨越国界，实现全球范围内的信息传播与共享；②数据流动推进数字贸易的迅猛发展。数据要素的高流动性又进一步催生出数字贸易这一新业态，使数字时代下的人和物连接成为一个即时交互的整体。跨境电商、线上支付、跨境物流等新型贸易方式加强了各国之间的贸易合作与贸易往来，数字贸易在推进经济全球化的进程中正发挥关键作用。

数字经济将数据、信息等作为全新的生产要素，利用数字网络进行智能化、精细化分工，综合考量并筛选出最优生产地。全球范围内的分结构生产提高了生产效率，节约了生产成本，最大化地实现了企业的经济效益，进一步推动了生产全球化。此外，生产部门利用数字技术实时监测人力、物力以及各种生产要素的配置及使用情况，优化资源配置，提高投入与产出的效率，改善企业的经济结构，推动经济实现高质量发展。

三　数字经济与人民福祉

习近平指出："数字经济发展速度之快、辐射范围之广、影响程度之深前所未有，正在成为重组全球要素资源、重塑全球经济结构、改变全球竞争格局的关键力量。"① 当前，以数据要素为关键生产要素，以生产基础性数字产品和服务的数字部门为核心的数字经济正在大规模扩张。数字经济不断促进经济增长以及创造社会财富，更新着人类的财富形式。正在成为我国推进共同富裕的重要组成部分。

（一）数字化财富的定义和特征

数字化财富作为数字财富的延伸，是数字经济发展的结果之一。

1. 数字化财富

所谓数字化，是指"使用数字技术将模拟信号转换为表示同样信息的数字信号的过程，这个过程也叫做'模数变换'，即运用一定规则将信息对象通过比特的方式进行描述"②。如果说数字财富是指"能够满足人们使用和交换需要的数字劳动产品"，那么数字化财富，则是在数字财富的基础上

---

① 《习近平谈治国理政》第四卷，外文出版社，2022，第204页。
② 舒华英：《比特经济》，商务印书馆，2012，第54页。

将数字财富作为生产对象运用科学技术再次对象化的结果。当数字财富通过比特的方式传达出来，财富就能通过数字化进入人工智能机器体系，是比特资源对象化为物质财富和精神财富的结晶，可以兑换一切物质财富和精神财富，它是人类最新的财富形式，必将推动构筑国家竞争新优势。

2. 数字化财富的特征

由于数字经济具有高虚拟性、强渗透性、广覆盖性等特征，数字财富呈现出不同于以往传统社会财富的典型特征。

数字化财富的内涵更丰富。从唯物史观的财富形式看，数字化财富是人工智能自主运动、加工的产品。人工智能通过学习人的行为产生的仿真思维，可以兑换一切物质和精神财富。从结构上看，数字化财富大体包括智能化设备自主运行产生的数字产品、数字技术和知识、数据资产、数字平台和数据资源等。这些数字产品已延伸至多个领域，如电子商务、数字金融、数据管理等领域的数字产品都是其重要的表现形式。

数字化财富是经济发展的倍增器。当下数字化财富已然成为社会生产中最具支配性的力量之一，它可以整合一切劳动、技术和数据要素，有效刺激数字经济的增长，成为数字经济时代最重要的一种财富。①人工智能机器开始具备自我意识，这种意识通过智能化运动成倍地对象化为新财富，实现财富量的激增与质的飞跃；②数据信息能在市场各经营主体、生产部门之间充分涌流，从而有利于市场主体间商业活动的开展，推动传统产业的转型升级，带来社会经济增长的新型模式，加速了数字财富的原始积累，带来了倍增的生产力。

数字化财富是经济发展的放大器。数字化财富可以说是以数据要素为关键生产要素的数字产品和数据资源。①数据革命乐观主义者认为，"能让我获益的数据信息同样也能让别人获益"①，数据信息具有可复制性、可共享性，扩大了接收信息的主体范围，突破了原有实体财富的独占性。②数据信息具有抽象性，不受物理规律约束，能够在市场主体和各经营部门间自由流动，促进社会财富充分涌流。

数字化财富要求极高的生产智能化程度。①数字化财富作为数字财富的延伸，要使自身显现出来需要以比特为基础进入人工智能机器中，通过

---

① 〔新西兰〕尼古拉斯·阿加：《大数据时代生存法则》，蔡薇薇译，华中科技大学出版社，2021，第94页。

数字化技术转换成比特资源。比特资源不同于自然资源和精神资源，需要以智能化生产为支撑兑换一切物质财富和精神财富。②在数字经济的推动下，数字技术不断发展，财富形态也在发生着改变。数字化财富作为人工智能机器学习、模仿人的思维这一活动对象化的产物，需要与智能化生产力相适应。

3. 数字化财富的重要性

数字化财富的重要性越来越显现。①数字化财富使人们在数字经济时代的生活方式更加便捷和智能化。生产工具智能化带来财富的智能化。②数字化财富建立在不断收集的用户信息数据上，持有用户数据对其而言意义远远胜于持有传统社会财富。如房屋、土地是一种财富，但是与新型财富——数据相比，其重要性已经大不如从前。数据对应着数字时代的技术集成包，这是卓越的财富增值模式的源头，为实现共同富裕奠定了坚实的物质基础。③数字经济的蓬勃发展正在影响着世界经济的发展格局，进而影响国际力量对比和世界格局变化，因此数字技术和数字经济的发展以及数字化财富的创造与发展尤为重要。

（二）数字经济的共享模式

数字经济的共享模式是指在互联网、云计算、大数据、物联网等数字技术的支持和推动下，企业、个人或其他经济体之间通过共享资源（如资产、服务、数据和技能）来创造价值和进行交易的一种经济行为。数字经济必然以共享方式呈现在人类交换样态中，印证了唯物史观的真理性。

在共享经济模式下，技术共享是指企业或个人通过开放和分享技术资源，使其他企业、开发者或用户能够利用这些技术资源，从而推动创新、提高效率、降低成本，并促进共享经济生态系统的建设。

办公共享。办公共享通常涉及使用不同的工具和平台，以便团队成员能够协同工作和分享信息。它们利用自身的功能和优势为"低碳办公"的实现提供了可能。办公共享大幅减少纸张和会务用品的使用，便于团队成员快速沟通，提高团队办事效率。

制造业共享。制造业企业在生产的过程中共享资源、设备、知识和技术，以提高效率、减少浪费并促进可持续发展。从实践层面看，既有传统制造业龙头企业基于自身资源优势，依托网络平台开放和共享资源不断构建开放的生态；也有互联网企业发挥技术优势，助力制造企业和行业提质增效。

目前，我国已有 1000 多家工业互联网平台，工业 App 数量突破 59 万。① 譬如：海尔集团打造的工业互联网平台"卡奥斯 COSMOPlat"平台已链接企业 90 万家，不仅提高了机器人的工作效率，还共同开发出智慧装车装备云平台场景解决方案，帮助企业提质、降本、增效。②

财务共享。财务共享是企业数字化转型的必经之路，企业应该积极探索依托财务共享实现财务数字化转型的有效路径。共享经济中的财务共享得以实现，归功于数字支付和金融科技的发展。开放银行是一种金融服务模式，通过开放银行 API，允许第三方应用程序访问用户的银行账户信息。这种模式提高了金融数据的可访问性，使用户能够更方便地管理自己的财务状况。一些平台提供共享的财务工具，如在线会计软件、财务规划工具等。这使得个人和企业能够更轻松地管理财务信息、制作报表和预测，实现更智能的财务决策。除此以外，平台提供金融知识和咨询服务，帮助用户更好地理解财务概念、投资策略等。

（三）数字经济提升公共服务效能

党的二十大报告指出："健全基本公共服务体系，提高公共服务水平，增强均衡性和可及性，扎实推进共同富裕。"③ 实践表明，只有将数字经济的物质能量和精神创造力转化为政府治理的动力，才能有效地提升人民获得感。

1. 数字经济提升公共服务效能的优势

实现城乡公共服务均等化，提升公共服务效能，关键在于破除原有的体制机制障碍，把握数字经济技术的优势，在城乡之间建立起更为完善的公共服务均等化体制机制，以保障城乡居民享受同质的公共服务。数字要素成本低、易流通，可以突破传统公共服务模式下的地域、资源的限制，搭建数字经济时代的城乡公共服务资源共建共享平台，解决传统公共服务机制下城乡资源不流通、发展不平衡的问题。数字技术具有信息收集、信息分析、信息

---

① 《工业互联网迈向新征程　加快推进工业互联网平台创新发展》，https：//wxb. xzdw. gov. cn/wlcb/wsznl/202209/t20220901_274913. html。

② 王伟：《卡奥斯带领工业互联网行业迈入千亿品牌阵营》，《中国电子报》2024 年 6 月 21 日。

③ 习近平：《高举中国特色社会主义伟大旗帜 为全面建设社会主义现代化国家而团结奋斗——在中国共产党第二十次全国代表大会上的报告》，人民出版社，2022，第 46 页。

监督功能，可以进行多元化需求服务，建立需求反馈机制，有效匹配公共服务的需求和供给，在保证公共服务均等化实现的前提下，进而提升公共服务效能。利用数字技术的成本低、覆盖面广等特点，赋能公共服务机制，可以有效调节公共服务效能，实现公共服务高质量发展。将数字技术应用于公共服务机制，既是数字技术发展的应有之义，又是实现数字经济与公共服务效能双螺旋上升发展的必然基础。

2. 数字经济提升公共服务效能的实践依据

2019 年，中共中央、国务院发布《长江三角洲区域一体化发展规划纲要》，将上海、江苏、浙江、安徽等三省一市的区域一体化发展上升为国家战略。旨在探索解决城乡发展不平衡的问题，信息化程度不断提升，城乡居民人均可支配收入差距不断缩小。

通过云计算、大数据技术结合医保数据的方法，实现一体化医保就医。除此之外，长三角地区还将数字经济技术应用于生活领域。构建数字技术应用平台，将城市的优质医疗资源传输到农村地区。

在教育领域打造"'互联网+义务教育'结对帮扶"的教育模式，互通城乡之间的教育资源，实现城乡课堂同步互动。同时，开展教师网络研修班、名师网络课堂等形式鼓励结对教师进行集体备课，不断提升教师教学水平。在医疗领域，推出"'互联网+医疗'健康管理"的新模式。不仅如此，"云上医共体"的建立，全面打通县域内的医疗服务资源，构建以数字技术为核心要素的全民医疗健康服务体系。

构建数字型智慧养老系统，有效匹配养老公共服务的需求和供给。通过为老人建立起数字化的资本信息库，利用信息技术满足老人的多样化需求。此外，采取"人脸识别+精准定位"的签到模式，以此保证服务过程的监督。建立养老服务评价系统，最终实现个性化养老服务的全流程闭环管理。

数字经济提升公共服务效能，仍然存在发展不协调、不平衡的问题，这是发展过程中的必然，也是提升公共服务效能的关键突破口。地方发展公共服务，要以壮大村集体经济为突破口，把握好领头羊的关键角色。①因地制宜，发展具有地方特色的"互联网+农业"模式。②充分发挥数字技术的优势，实现对村集体经济的集中监督管理。③不断调整优化公共服务资源空间配置，打造城乡一体化公共服务资源配置体系。解决好数字经济应用于公共服务过程中存在的问题，才能实现公共服务高质量发展稳步前进。

（四）数字文明造福世界人民

唯物史观以人的全面发展为目的。随着数字技术与数字经济的蓬勃发展，世界经济格局的加速演进、国际商贸关系日益扩大和加深，人类交往方式由"经济生存共同体等"向"生活交往共同体等"转变，数字经济成为未来全球发展的必然趋势。一方面，数字经济发展为全人类创造了辉煌的物质财富，数字技术的发展提升了人的能力，为人类创造了崭新的生存空间。但另一方面也带来了新问题。随着世界各国都积极投身全球数字经济新布局，关键核心技术领域的竞争愈发激烈，与此同时，全球数字经济治理面临新的挑战，平台垄断、数据安全和数据产权问题日益凸显。

习近平2021年在世界互联网大会乌镇峰会上强调："中国愿同世界各国一道，共同担起为人类谋进步的历史责任，激发数字经济活力，增强数字政府效能，优化数字社会环境，构建数字合作格局，筑牢数字安全屏障，让数字文明造福各国人民，推动构建人类命运共同体。"[①] 如何让数字文明造福世界人民，承担起为全人类谋进步的历史责任，是人类社会共同面对的时代命题。

（作者单位：安徽财经大学马克思主义学院）

---

① 《习近平书信选集》第一卷，中央文献出版社，2022，第362页。

以新质生产力推进农业农村现代化

夏明月　　陈冬阳

2023 年 9 月，习近平总书记在新时代推动东北全面振兴座谈会上首次提出"新质生产力"这一概念。新质生产力是科技创新在其中发挥主导作用的生产力，不仅能改变高新技术产业、制造业、服务业的发展，而且可以渗透至农业、农村领域，为全面推进乡村振兴和农业农村现代化提供强大动力。2024 年中央一号文件提出要"强化农业科技支撑""持续实施数字乡村发展行动""缩小城乡数字鸿沟""强化农业科技人才和农村高技能人才培养使用"等。鉴于此，深刻剖析以新质生产力推进农业农村现代化的内在逻辑、阻滞困境及其现实路径，具有重要的理论和现实意义。

一　以新质生产力推进农业农村现代化的内在逻辑

1. 助推农村产业数智化

新质生产力在农业领域的应用，最直观的体现就是助推农业产业数智化，极大地解放和发展农村生产力。智能农业机械设备、智能灌溉系统、农情智能监测系统以及物联网基础设施的应用和推广，大大减少了耕种、播种、施肥、除草、收割、烘干等环节的人力成本，大幅提高了农业生产效率，也提高了农作物的产量和质量。通过基因转移和编辑技术、细胞培养和染色体操作技术、蛋白质改造和优化技术，培育出抗逆性更强、产量更高、营养价值更丰富的农作物新品种。这不仅提高了农作物的品质和产量，还有助于减少资源浪费、环境影响和作物损失，对于我国种业的核心竞争力提升也有着重要作用。新质生产力还助推了农村产业的数字化转型。利用卫星遥感技术可以对土地进行遥感监测，对土地质量、肥力等进行评估，为农民提供优质的种植土地；利用物联网传感器可以实现对土地营养元素的实时监测，通过配比、精准施肥的方式，以达到最佳的种植效果；利用人工智能技术可以对智能农机进行自主驾驶和智能控制，提高农机作业效率；利用大数据、智能算法技术对供应链进行全面管理和优化，预测市场变化，提醒农民及时调整生产策略，实现市场营销的精准化。

2. 助力农民生活便捷化

新质生产力之所谓"质"，意味着更高的社会生活品质。以新质生产力助力农民生活便捷化，旨在打造一个智能且人性化的数字乡村服务系统。在具体实践中，加强对传统基础设施的数字化、智能化改造，在保障原有功能的基础上，提高基础设施运行效率和智能化管理水平。例如，建设数字电视、数字图书馆、数字医疗、数字村务等进步型设施，满足农民对学习、社交、健康、民生等方面的需求。加大对新兴产业的支持力度，强化农业科技支撑，鼓励不同领域的跨界合作，推动技术创新和产业融合，开发农业多种功能、挖掘乡村多元价值，推进乡村产业园区化、集群化发展，培育具有新兴产业特色的新业态、新模式，健全"联得紧、带得稳、收益久"的农户增收挂钩机制，让农民更多分享增值收益。对于 5G 基础设施、特高压输电系统、新能源汽车充电桩、区域性大数据平台等，要加大安置力度，尽快实现各地区均衡配置。此外，还可以推进县域电商直播基地建设，发展乡村土特产网络销售，使手机成为"新农具"，直播成为"新农活"，流量成为"新农资"，拓宽农民增收致富渠道。

3. 实现乡村环境更优化

新质生产力既注重经济效益，也注重人与自然的和谐共生，使人类社会能够更好地持续生存和发展。新质生产力倡导绿色、低碳、循环的发展模式，以提升乡村环境的整体质量。从自然生态看，节约能源、减少排放和提高资源利用效率等有助于实现经济发展和环境保护的统一。例如，利用土壤微生物修复技术修复退化土壤、提高土壤微生物多样性；利用智能电网和新能源技术，减少对煤炭、石油、天然气等传统能源的依赖；利用大数据和物联网加强对能源和资源的智能管理，降低成本和风险，保护环境和资源。从文化生态看，要推动农耕文明和现代文明要素有机结合，书写中华民族现代文明的乡村篇。5G、大数据、智能算法、人工智能、物联网等新技术，为传统文化产品和服务的传播与消费提供了新的途径和空间。例如，利用大数据技术实现对非遗信息的采集、存储、传播、利用与传承等；建立公共文化云平台、VR/AR乡村文化体验馆、乡村文化"两微一端一抖"平台，确保农民文化生活有场所、有平台、有队伍；借助短视频、网络直播等形式，促进"村BA"、村超、村晚等群众性文体活动健康发展，唤醒农民参与文化生产的"主体性"。

二　以新质生产力推进农业农村现代化的阻滞困境

1. 城乡要素流动不畅，数字鸿沟亟待弥合

城市的虹吸效应使得农村优质劳动力、资本、土地等要素不断向城市集聚，而城市强大的科技、金融、信息、教育、医疗等要素却难以覆盖到农村，加剧了城乡间生产要素分割与分离。由于农村土地管理制度尚未完善，产权不明确、归属不清晰，导致土地、耕地、宅基地等土地资源流转不畅、闲置浪费问题严重，农民的集体收益权、土地承包权、宅基地使用权难以得到有效的实现与保障，农村土地产业发展不顺畅，加剧了城乡差距问题。在制度层面上，用地、资金、劳动力等方面的扶持政策不够完善，企业与村集体互动不足。同时，社会资本助力城乡产业渠道单一，企业与乡村的联结不够深入，对乡村产业转型发展、村民职业技能培训等方面的作用较弱。随着近年来大数据、智能算法、人工智能、区块链等新技术的广泛应用，我国城乡"数字鸿沟"有了新的表现，农业领域产业数字化水平滞后于非农产业，乡村治理数字化以及公共服务数字化水平与城市存在差距，农村居民在数字素养以及使用信息资源的机会和能力方面落后于城市居民。

2. 基础设施有待提升，公共服务仍需完善

当前，我国在农村民生领域欠账较多，农村民生保障短板仍显突出。一方面，城乡基础设施配置不均衡。城乡二元经济体系影响，道路、桥梁、电力供应、通信网络等基础设施建设滞后，影响了城乡之间交通网络的衔接性，使得农村产业难以实现集群化和规模化发展。第52次《中国互联网络发展状况统计报告》显示，截至2023年6月，我国农村网民规模达3.01亿人，占网民整体的27.9%，农村地区互联网普及率为60.5%，较城镇低了24.65个百分点，城乡通信与网络普及率差距明显。工信部数据显示，截至2023年6月，我国5G基站累计达到293.7万个，覆盖所有地级市、县城城

区，但农村地区 5G 网络覆盖率却远不及城市地区。另一方面，基本公共服务不协调。教育不公平、机会不公平等现象仍然存在。2023 年 4 月公布的第二十次全国国民阅读调查结果显示，2022 年我国城镇居民和农村居民的纸质图书阅读量分别为 5.61 本和 3.77 本，图书阅读率分别为 68.6% 和 50.2%。医疗资源配置方面，我国医疗资源主要集中在公立医院，城市三甲医院门诊里的常规检查科室常常处于超负荷的运作状态，而乡镇卫生院由于严重缺少 CT、DR、彩超、镜检等高精度医疗设备，医学检测面临"无计可施"的尴尬境地。

3. 农业研发投入不足，农业科技人才缺乏

党的十八大以来，我国持续加大创新投入，研发经费高速增长，但对农业领域的研发投入略显不足。主要表现为农业科技投资强度不高，农业科研机构人员经费、公用经费严重不足，持续稳定支持经费比例偏低。并且，由于农业生产效益相对较低，农业科技成果转化周期长、风险大，很难吸引更多的社会资本投入进来。农业科技成果的研发和应用，需要大量懂管理、会经营和掌握技能的复合型人才，他们不仅要具备扎实的法律基础、精通专利管理业务、具备创新创业能力、掌握风险投资能力，还要愿意在农村广阔天地有所作为，对"三农"工作有一定的了解，能够与农民顺畅交流。但农业研发投入不足、人才管理机制不到位、激励机制不完善等，这在一定程度上掣肘了农业人才的"引、育、留"。目前，我国拥有农村实用人才超 2300 万人，其中累计培育高素质农民 800 万人，但仅占农村劳动力比重的 1.6%，其中受过中等以上职业教育的比例不足 4%，高层次创新型人才和农村生产经营型人才严重缺乏。加快推进农业农村现代化，必须加大农业研发资金投入，建立健全风险投资机制，为推进农业科技创新和应用提供融资支持，加快形成新质生产力。

4. 农业产业链尚不完善，农产品附加值较低

当前，中国农村经济的主要支柱仍然是以稻谷、小麦、玉米种植为主的传统农业，特色产业链短缺，品牌产业链不够长，龙头农产品企业数量不足，难以适应市场日益多元化、高质化需求。初级农产品的加工、储存、运输、装卸、销售中产业配套技术含量较低，导致其腐烂、浪费损失严重。农产品精加工、深加工程度不足，也未发展农业旅游、观赏采摘等第三产业，没有充分实现农产品附加值。农民的主要收入来源只有单向销售和土地流转，难以获取到产品加工后端和产业链条延伸后的收入。农业龙头企业能带

动农户和合作社发展适度规模经营，但当前农村高层次创新型人才和农村生产经营型人才的缺口严重制约着农业龙头企业的发展。由于缺乏健全的农产品供求信息发布机制，许多农民缺乏对市场供需情况的了解以及与市场信息对接的途径，导致农业长期存在"贵，一拥而上种；贱，不由分说砍"的盲目生产和"跟风"生产问题。品牌打造是农产品经营者与消费者沟通的桥梁，但当前大部分农村经营主体缺乏标准化、品牌化发展的观念，导致大部分农产品并未形成品牌或品牌影响力较小。

三　以新质生产力推进农业农村现代化的现实路径

1. 畅通要素流动，弥合数据鸿沟

统一城乡要素市场，促进城乡要素自由对流，是加快形成新质生产力的有力支撑，也是全面推进农业农村现代化的内在规定。要推行城乡一体化的劳动就业和人口管理制度，破除阻碍城乡融合的户籍藩篱。建立城乡统一的人力资源市场，赋予城乡居民一致的待遇、教育、就业、社保等权利，实现城乡劳动力要素的平等交换和双向交流。完善农业农村财政投入保障机制，撬动更多社会资金投入农业农村，使更多的公共财政转移到农业农村领域。完善农村金融服务体系，拓宽"三农"融资新渠道，构建多层次、多样化、适度竞争的农村金融服务体系，解决广大农民"贷款难"的问题。深化土地征收制度改革，提升征收补偿标准，完善征地安置方式，构建城乡统一土地市场制度，探索实施农村集体经营性建设用地入市制度，切实保障农民的集体收益权、土地承包权、宅基地使用权，把土地制度改革"红利"分给农村和农民。此外，还要推动"数字中国"战略在乡村地区的有效实施，持续实施数字乡村发展行动，发展智慧农业，缩小城乡"数字鸿沟"。

2. 完善基础设施，提升公共服务

基础设施是产业发展不可或缺的公共产品，要坚持以整体优化、协同融合为导向，统筹存量和增量、传统和新型基础设施发展。要将数字技术广泛应用到交通邮电、农田水利、供水供电、污染治理、冷链物流等基础设施中，发展乡村地区的智能交通系统、智能电网系统、智能水利系统、智能环境监测系统等，在推进农民生活智能化的同时，也便于城乡各要素的双向流动。大力推进农业物联网建设，通过连接气象传感器、土壤湿度传感器、独居老人生命体征探测器、家庭煤气泄漏报警器等各类传感器和设备，不仅能

够为农民提供科学管理决策的支持，大幅提高农业生产效率，而且让农民生活更加便捷和安全。还要着力推动数字乡村应用的培育与建设，统筹建设区域性大数据平台，开发各类农业农村场景下的应用软件及信息化产品，加强农业生产经营、农村社会管理等涉农信息协同共享。深入推进教育培训、医疗健康、文化旅游、商贸服务等领域的数字化发展，打造农村数智社区，建立生活服务数字化标准体系，以数字化驱动生活服务业向高品质和多样化升级。通过打造集约高效、经济适用、智能绿色、安全可靠的现代化基础设施体系，助力广大农民享受更高质量的公共服务。

3. 深化研发推广，培育科技人才

政府需要做好顶层设计，提供针对性的科技创新政策，持续加大全社会R&D经费投入，优化税收政策，完善农业风险投资法规，为形成新质生产力奠定坚实基础。种子作为农业发展的"芯片"，是面对未来的新兴产业。需要聚焦种子耕地，确立以农业科技企业为主体的种业创新体系，推动农业科技企业与科研单位、金融机构、种业基地对接合作，加强高产、耐盐耐碱、耐寒耐旱等急需品种的研发。聚焦重点领域，加快农业"机器换人"步伐，着力提升农机装备水平、作业水平、安全水平和管理水平。在"稻菜轮种、稻螺共生""无人农场""智慧种田"等新种养模式下，推动新质生产力生产生态同步发展，激活农业高质量发展潜力。这就需要构建现代农业人才培养机制、完善评价激励机制和保障措施、加强高等教育新农科建设，促进现代农业技术在人才培养中的广泛应用，培育一批既能够攻克关键性技术、引领科技前沿发展，又对"三农"工作有一定的了解，愿意投身农业农村现代化建设的农林水利类紧缺专业人才。

4. 打造全产业链，提升附加价值

聚焦优势特色主导产业和重点产品，优化以市场为导向、按需生产的供应链，大力推广适度精炼、恒温灌装、充氮保鲜等新技术装备，开发系列中高端产品和精深加工产品满足消费需求。充分发挥劳动力、土地、环境和特色农产品等优势，积极培育多元化农业特色产业，打造"三生融合"的乡土小村、特色小镇、产城园区等，壮大文旅景观、体育健身、健康养生、文化演艺、农副产品销售等新业态，提升产业附加值。推进"数商兴农"，促进农村产业链数字化转型升级。构建全产业链全过程管理数据和分析服务模型，健全市场和产业损害监测预警体系，打造加工厂、仓储、物流、电商平台一体的生态循环圈。在强化多品种联动调控、储备调节和应急保障的基础

上，强化农村经营主体品牌化发展观念，注入相应的核心价值理念和文化元素背景，借助电商平台做好品牌宣传和推广，集中力量打造一批优势农产品知名品牌，实现从"土特产"到"金名片"的转型。还要充分发挥"链主"企业的创新引领作用，瞄准国际标准，因产业而宜设立基础能力改造迭代、延链补链清单，明确全产业链技术路线、区域布局和应用领域，增强核心控制力和在中高端市场的竞争力。

（上海财经大学中国式现代化研究院、
上海财经大学中国式现代化研究院）

本文原载于 2024 年 7 月 22 日《光明日报》，收入本书时有改动

数字资本主义批判

福克斯数字劳动批判理论工具箱

周延云

2000 年，意大利自治主义马克思主义传播学者泰拉诺瓦在其题为《免费劳动：数字经济的生产文化》一文中提出数字劳动概念：数字经济中互联网用户的"免费劳动"即数字劳动。这种"网奴"劳动作为互联网中的一种典型劳动形式，内在地包含晚期资本主义社会普遍存在的复杂的劳动关系，也是整个文化经济中一个重要而被低估的劳动形式。但随后数字劳动的研究沉寂近十年。在 2008 年世界金融危机背景下的 2009~2014 年，西方传播政治经济学学界以"数字劳动"或"数字劳动者"为主题征文并召开了多次学术会议，数字劳动重返人们的视野并成为一个热门的研究领域，并结出了累累学术果实；福克斯的《数字劳动与卡尔·马克思》一书则是其中最为亮丽的硕果。时至今日，国内外数字劳动领域的研究依然热火朝天。

一 福克斯思考数字劳动概念的逻辑脉络

福克斯反对此前（2000~2014 年国外数字劳动研究）对数字劳动内涵的界定仅仅局限于社交媒体用户的网络活动，明确指出自己的数字劳动概念应该在穷尽了所有数字劳动形式之后才能下定义，而社交媒体用户活动只是数字劳动的一种形式。

(一) 广义文化劳动（包括数字劳动）概念

研究起点为社交媒体数字劳动。作为传播学者，福克斯对数字劳动的研究是从探究社交媒体企业（例如脸书、推特）的价值创造机制开始的，他认为社交媒体用户的网络活动即数字劳动是社交媒体企业利润的根源。但数字劳动形式不能仅仅局限于这一种形式，而要穷尽所有形式的数字劳动之后才能给出数字劳动的一般定义。

他认为数字劳动是文化产业之文化劳动的一种具体表现形式。但他不赞同把文化劳动内涵局限于文化内容的生产，而主张更为宽泛意义上的文化和传播劳动：生产和分配知识产品价值链上所有人的劳动，这就包括数字媒体生产和数字内容生产的所有劳动形式。

福克斯认为这样做有如下好处：可以避免无视文化物质性的文化唯心主义观点；把技术和内容的相关性考虑进去，即内容的储存和传播需要以物质性技术作为载体；认识到劳动全球分工的重要性，对发展中国家劳动力的剥削、奴隶制以及其他形式的血腥劳动，这可以避免狭隘的西方中心文化唯心主义。最为重要的是：一个广义的文化劳动或工作概念可以告知我们一种团结性的政治——不同职业的知识劳动者是否能够跨越民族国家边界而团结起来，为了这种全球性的政治团结是否应该做些什么！

（二）广义数字劳动概念的理论和现实支撑

福克斯提出，文化工作者应该被视为马克思所定义的"总体工人"，总体工人的劳动是结合劳动，生产了一个"总体产品"。总体劳动力活动的直接产物是剩余价值，而剩余价值可转化为资本，也就是剩余价值的资本化。

1. 威廉斯文化唯物主义的文化劳动

（1）威廉斯的文化唯物主义。福克斯反对西方学界割裂文化和经济（经济和文化是两个独立的领域：制作钢琴是工作，是经济的组成部分；而弹钢琴不是工作，是文化。而马克思认为，后者产生了一种满足人类精神需求的使用价值，也是经济活动），以及关于上层建筑和经济基础之间关系的主流观点，赞同威廉斯的文化唯物主义：当谈论文化时，为了避免把人类思想、想象和概念与人的物质生活过程分割开来的风险，需要关注人类的总体行为。在《马克思和文学》一书中，威廉斯把文化视为依赖性、次要的、"上层建筑"的，一个由基本的物质历史所决定的纯粹的观念、信念、艺术、风俗领域。威廉斯还特别强调信息经济中信息、传播、受众的经济售卖行为，即文化的物质性。可见，文化唯物主义意味着看到了艺术、思想、美学和意识形态的物质性特征。

（2）威廉斯视角下的文化劳动（包括数字劳动）。福克斯认为，威廉斯文化唯物主义视角下广义理解文化劳动和数字劳动是可行的。文化，一方面要求人类创造文化内容，另一方面要求人类创造储存和传播文化内容的形式、媒介。因此，文化工作是创造文化内容的信息工作和创造内容载体的物质性工作的辩证统一，是信息文化工作和物质文化工作的统一。

数字媒体领域是文化产业和文化劳动的一个特定的子系统，那么我们发现在数字劳动的世界里包含的劳动形式有：硬件生产者的劳动、软件生产者和内容生产者的劳动、生产性使用者的劳动（生产性消费者用户的劳动、玩劳动）。最终概括抽象为：数字媒体技术生产和内容生产中的所有活动，是物质劳动和非物质劳动的辩证统一。

2. 广义数字劳动：跨国信息资本主义生产方式和文化劳动国际分工的统一

福克斯运用马克思生产方式理论界定了当今资本主义发展所属阶段：生产力为跨国信息生产力，生产关系依旧为资本主义生产关系，因此，作为二者统一的当今资本主义则处于跨国信息资本主义发展阶段。劳动出现了新的国际分工：跨国信息资本主义的商品生产正日益被分割成碎片，即能够被分配到世界上任何一个地方——能够提供最能赚钱的资本和劳动力组合的地方。

据此，在批判性文化和媒介研究中，Miller 提出了文化劳动的国际分工，而福克斯将其发展为 ICT 产业的数字劳动国际分工，具体包括：非洲"冲突矿产"开采，中国富士康和谷歌的 ICT 装配及制造业，印度软件工程师的工作，谷歌软件工程师（工人贵族）的工作，呼叫中心不稳定服务工作，企业社交网站用户和社交媒体企业（脸书、谷歌、推特等）用户。[①] 此外，福克斯还提到了运输（工人）、拆卸和处理（工人）电子垃圾的劳动即一种损害人类身体健康和破坏自然环境但产生利润的劳动。

二　福克斯研究数字劳动的理论基础

福克斯研究数字劳动的基本理论框架来源于马克思，因为马克思创建了

---

① Toby Miller（eds.），*Global Hollywood 2*（London：British Film Institute，2004），p.111.

最具影响力的现代劳动理论①。他还提出，把史麦兹的受众商品理论和马克思的劳动理论相结合有助于批判地理解数字劳动②。

1. 马克思劳动价值论和剩余价值论的黑格尔辩证法重释

在马克思劳动价值论和剩余价值论的重建过程中，福克斯对使用价值、价值、交换价值、货币、价格、劳动力的价值和价格以及剩余价值进行了黑格尔式的辩证法阐释。

把马克思的劳动概念区分为具有人类学意义的（数字）"工作"和具有历史性意义的（数字）"劳动"。

以黑格尔的主客体辩证法建构了工作过程的辩证三角形和资本主义的异化劳动。

集中体现马克思劳动价值论的《资本论》第一卷第一章对商品的分析结构，以黑格尔主客体辩证法为方法论基础建构其理论逻辑：第一章第一节商品的二因素是一个客体视角，第二节劳动的二重性是主体即劳动者视角，第三节价值形式或交换价值体现了主客体的统一，即主体如何交换代表对象化主体性（人类劳动）的客体商品。

运用黑格尔质量度的辩证法阐释使用价值、价值和交换价值三个概念之间的关系。

马克思价值形式的分析能够用黑格尔一和多、吸引和排斥的辩证法来解释。

福克斯对货币和价格、劳动力的价值和价格、剩余价值进行了黑格尔辩证法阐释和马克思主义解读，尤其对劳动力的价格进行了政治性阐释（劳动力价格还取决于阶级斗争的政治）。

2. 马克思主义传播政治经济学批判理论

马克思主义批判理论是政治经济学批判和意识形态批判的辩证统一。凸显意识形态批判的法兰克福学派并非没有政治经济学批判；而凸显政治经济学批判的马克思主义方法内在地包含着对商品拜物教的意识形态批判。因此，对资本主义及其传媒（社交、文化、信息和传媒）的批判包括马克思主义政治经济学批判和意识形态批判。

---

① 〔英〕克里斯蒂安·福克斯：《数字劳动与卡尔·马克思》，周延云译，人民出版社，2020，第 29 页。

② 〔英〕克里斯蒂安·福克斯：《数字劳动与卡尔·马克思》，周延云译，人民出版社，2020，第 102 页。

从史麦兹的"受众商品"到福克斯的"互联网产消者商品"。福克斯在史麦兹"受众商品"概念的基础上，针对互联网用户活动的生产性和消费性的辩证统一特征以及活动结果（用户数据）的商品化，提出了"互联网产消者商品"概念。

马克思资本积累理论的社交媒体资本积累模式。福克斯以马克思资本积累理论为指导，研究了社交媒体的资本积累模式，即社交媒体平台资本是基于定向广告的资本积累模式。

社交媒体的意识形态批判。福克斯提出，基于互联网 2.0 的社交媒体并没有孕育出参与式文化和民主数字经济，其意识形态是"数据商品拜物教"，实质是剥削互联网用户的生产性的玩劳动。

3. 唯物史观批判理论

数字劳动的社会背景。福克斯认为，当今资本主义社会处于跨国信息资本主义发展阶段，其生产力为新的跨国信息生产力，而生产关系仍然是资本主义的生产关系。

对马克思生产方式[1]（父权制、奴隶制、封建社会、资本主义社会、共产主义社会的生产方式）及其历史性发展模式进行了黑格尔辩证否定观解读[2]。

生产方式（一方面强调阶级关系的辩证联系，另一方面强调资本、劳动和技术组织形式之间的辩证联系）和凸显全球阶级矛盾的新劳动国际分工（数字劳动国际分工）概念统一。

在生产力层面，新劳动的国际分工以网络生产形式将各种生产例如农业劳动、工业劳动、服务劳动、知识劳动、无偿消费和用户劳动联系起来；在生产关系层面，目标是通过降低工资成本以获取最大化利润（具体做法是：将生产过程的具体步骤转移到工作条件不稳定的国家，调动各种前资本主义阶级关系——父权制、奴隶制和封建制与资本主义阶级关系相结合）。

4. 西方马克思主义批判理论

福克斯反对文化和经济的二元分裂，坚持威廉斯的文化唯物主义，强调文化和传播劳动（包括数字劳动）的物质性、经济性。此外，他还运用了

---

[1] 〔英〕克里斯蒂安·福克斯：《数字劳动与卡尔·马克思》，周延云译，人民出版社，2020，第 217 页。

[2] 〔英〕克里斯蒂安·福克斯：《数字劳动与卡尔·马克思》，周延云译，人民出版社，2020，第 219 页。

马里奥·特隆迪的社会工厂理论、马尔库塞"爱欲解放"的劳动观等以研究社交媒体数字劳动的特性。

三　福克斯生产方式视域下的数字劳动案例

福克斯对马克思生产方式理论进行了黑格尔辩证法式的历史唯物主义重释。他以新劳动的国际分工概念（NIDL）描述当今跨国信息资本主义的跨国重组生产，以凸显全球化分析中的阶级矛盾，并从生产力和生产关系两个方面进一步考察新劳动国际分工，具体到 ICT 产业就是数字劳动国际分工，非洲"冲突矿产"开采，中国富士康和谷歌的 ICT 装配及制造业，印度软件工程师的工作，谷歌软件工程师（工人贵族）的工作，呼叫中心不稳定服务工作，企业社交网站用户和社交媒体企业（脸书、谷歌、推特等）用户。此外，福克斯还提到了运输（工人）、拆卸和处理（工人）电子垃圾的劳动即一种损害人类身体健康和破坏自然环境但产生利润的劳动。

生产方式概念对于理解资本主义数字媒体经济非常重要，在这种经济条件下，各种各样的生产方式和生产力的组织形式（历史性的和非历史性的）辩证统一，这包括：矿物开采的奴隶制、硬件组装中泰勒主义工业化军事形式、资本主义生产力的信息组织与高薪知识劳工贵族的统一、不稳定的服务业工人、发展中国家被帝国主义剥削的知识工人、电子垃圾的工业循环和管理的高风险非正式物质性电子垃圾劳动。可见，各种当代或历史上的劳动、剥削形式，不同的生产力组织形式和生产方式之间相互联系，形成一种剥削的辩证法。福克斯提出，全球数字劳动国际分工表明了剥削形式的历史和接合，阶级社会的历史就是一部剥削史，这种历史形成并对象化于 ICT（信息和通信技术）产品的生产、传播和消费之中①。

四　福克斯数字劳动批判理论工具箱

理论立场和旨趣：站在全世界数字劳工立场上，号召他们通过新工人阶级的占领运动，改变由跨国 ICT 资本塑造的非正义数字世界，用共产主义互

---

① 〔英〕克里斯蒂安·福克斯：《数字劳动与卡尔·马克思》，周延云译，人民出版社，2020，第 386 页。

联网取代资本主义互联网，消除异化的数字劳动，让体现人类学意义的数字工作变为现实。

基本观点：福克斯提出，跨国信息资本主义的数字劳动是物质劳动和非物质劳动、物质劳动（劳力）和精神劳动（劳心）的统一。这一数字劳动体现了双重逻辑，一是每种形式数字劳动中的劳资关系，二是数字劳动国际分工层面上的劳资关系。

理论内容：福克斯数字劳动批判理论是马克思主义政治经济学批判和意识形态批判的辩证统一。跨国 ICT 产业数字劳动国际分工所包括的劳动从 ICT 产品原材料开采，到材料加工，到零件组装，到软件开发，再到用户使用 ICT 产品，最后成为电子垃圾被处理，对这一分工链条上的每一劳动环节进行如下批判研究：矿物开采劳动、泰勒制硬件装配劳动、发展中国家知识型劳动、发达国家高薪知识型劳动、呼叫中心不稳定服务工作、互联网产消者劳动的政治经济学批判和意识形态批判。具体包括如下数字劳动批判理论的统一，即数字劳动批判理论工具箱①。

互联网产消者（社交媒体用户）的数字劳动批判。这是一种玩劳动，互联网用户网络活动所生产的个人数据商品为平台所有者拥有并出售给广告商，这是一种剩余价值率为无穷大的极端剥削模式。

发达国家高薪知识工人的数字劳动批判。高薪、高压力的谷歌工人贵族的休闲和工作无边界，谷歌即生活，生活即谷歌。

发展中国家知识工人的数字劳动批判。以"猎身"和"虚拟移民"这样的种族主义剥削印度软件工程师，被哈维称为"剥夺式积累"。

高度不稳定的呼叫中心服务工人的数字劳动批判。低工资、高度泰勒制、女性化和家务化的不稳定劳动。

泰勒制硬件装配工人（富士康和硅谷的工人）的数字劳动批判。富士康的剥削采用了马克思所言的两种剩余价值的生产，但以剥削工人的绝对剩余价值为主；硅谷装配工从事着高度性别化（妇女）和种族主义的劳动（外来移民）。

奴隶矿井工人的数字劳动批判。这是一种类似于农业社会的劳动条件和奴隶制的生产方式。

---

① 〔英〕克里斯蒂安·福克斯：《数字劳动与卡尔·马克思》，周延云译，人民出版社，2020，第 381 页。

处理（运输和拆卸）电子垃圾工人的数字劳动批判。电子垃圾产生于发达国家却倾倒在贫穷国家，污染空气、土壤和水，危害自然和人类。

社交媒体作为一种新的资本积累模式，其兴起伴随一种社交媒体意识形态的产生。以 WEB2.0 为基础的社交媒体到底是孕育着一种参与式文化、经济民主的意识形态呢？还是隐藏在玩劳动背后新的剥削方式呢？当然是后者。

拥有苹果很"酷"，而这种"酷"掩盖了 ICT 产品的基本劳动条件。ICT 产品（例如苹果）往往具有一种商品美学意识形态，但这种美的"酷"文化欺骗、隐藏和重新编码了实际的血腥、汗水，使得"酷"的 ICT 产品变成具有娱乐性、充满欲望、吸引人的设计和生活方式的意识形态[1]。

总之，跨国信息资本主义是前资本主义生产方式（历史性生产方式）和资本主义生产方式的辩证统一，跨国 ICT 资本充分利用各种前资本主义剥削方式（历史性剥削方式）和资本主义的剥削方式 24 小时全天候剥夺全球各地数字劳工的生产性劳动。

据此，福克斯提出，此前数字劳动主要指社交媒体用户所从事的无酬劳动，其实这种劳动仅仅是数字劳动的一种形式，并与其他形式的数字劳动链接成为广义数字劳动网络，并构成数字媒体得以存在的全球剥削生态[2]。因此，需要拓展数字劳动术语，即广义数字劳动包括数字媒体生产、存在、传播和使用所需的所有形式的有酬、无酬劳动。

但是，福克斯用黑格尔唯心主义辩证法重建、重释马克思的劳动价值论和剩余价值论以及生产方式理论，还有他对马克思劳动概念抽象的人类学解读都是其理论的主要缺陷。此外，他把马克思的剩余价值论作为劳动价值的组成部分也是有问题的。

（作者单位：现为延安大学西安创新学院马克思主义学院，
原为西安交通大学马克思主义学院）

---

[1] 〔英〕克里斯蒂安·福克斯：《数字劳动与卡尔·马克思》，周延云译，人民出版社，2020，第 210 页。

[2] 〔英〕克里斯蒂安·福克斯：《数字劳动与卡尔·马克思》，周延云译，人民出版社，2020，第 387 页。

数字资本主义"中心-散点"
结构的政治经济学探析

邱卫东　　陈晓颜

引　言

　　经济结构是把握和理解社会发展的核心标尺，是深刻认识经济发展规律的基础性范畴。与大工业生产力相适应，资本主义建立起了超越民族和主权边界的分工合作体系，使全球成为紧密联系的整体。由于世界各民族经济社会发展水平存在一定差距，全球市场一度表现为典型的、稳态的，即以主要资本主义国家为中心和以广大发展中国家为外围的"中心-外围"结构。但随着 21 世纪互联网技术的广泛使用，主要资本主义国家凭借领先的技术、雄厚的资本实力，在世界范围内确立了数字资本主义的绝对霸权，以此创构了数字资本主义时代更具竞争力和控制力的"中心-散点"结构。[①] 在这一结构中，资本主义通过数字技术实现了对产业分工业态的整合，并以虚拟化市场实现了对国家和生产者角色的重新定义。概而言之，就是与"中心-边缘"结构依赖的资本、技术、管理等优势相比，"中心-散点"结构更侧重核心数字技术的创新：资本主义通过对数字核心技术的掌控，建立起全球范围内的数字生产分工结构，生产和服务外包重塑了附属数字国家和生产者。

　　对于资本主义在全球范围内形成的这一占有和分配剩余价值的经济结构

[①]　刘皓琰：《从"社会矿场"到"社会工厂"——论数字资本主义时代的"中心-散点"结构》，《经济学家》2020 年第 5 期。

新样态，近年来，学界既有侧重于由技术型核心企业与零散分布的边缘经济体共同组成的"中心-散点"数字资本主义总体分工结构[①]的研究；也有基于这一分工结构而来的，即对由数字生产和再生产样态所导致的生产领域的"节点控制"和分配领域的"全球套利"[②] 等垄断和不平衡发展新样态的分析解读。这些研究无疑在数字资本批判的视角上，为我们打开了数字资本主义"中心-散点"研究的新论域。这同时也启发我们，为了更为全面系统地阐述数字资本主义时代全球剩余价值生产和分配方式的新变化新发展，当代马克思主义者必须在整体把握资本主义"中心-散点"结构生成机理的基础上，进一步揭示数字资本主义的生产积累实质，并得出对新时代中国数字经济产业发展有益的现实启示。这也是关照社会主义现代化建设和重塑全球经济发展格局的内在要求。

一　数字资本主义"中心-散点"结构的形态演进

在资本主义主导的世界历史进程中，资本主义国家凭借先发积累的资本、技术、管理等优势确立了对发展中国家的强势支配权力，成为工业生产的中心。以原材料和劳动力为基础的发展中国家则沦为服务资本主义发展的外围。进入 21 世纪，资本主义以数字技术生产更加强化了自身的中心地位，发展中国家基于数字技术发展的差异则在更加面大量广的范围内形成了服务资本主义发展的散点。数字资本主义"中心-散点"结构的演进过程，是 21 世纪政治经济学批判的现实基础。

（一）资本主义"中心-外围"结构形态的形成

非新自由主义宣扬的自由平等那般，资本主义全球扩张进程并不是平等互利的。发展中国家因生产技术落后的掣肘，只能在全球分工体系中承担农副产品和初级工业产品生产任务，这在与资本主义国家工业品交换过程中明显处于劣势地位。资本主义凭借先发积累的技术、资本等优势，确立了世界经济发展中心地位。而发展中国家因为后发劣势，成为长期从事农副产品和

---

① 刘皓琛：《从"社会矿场"到"社会工厂"——论数字资本主义时代的"中心-散点"结构》，《经济学家》2020 年第 5 期。

② 高海波：《数字帝国主义的政治经济学批判——基于数字资本全球积累结构的视角》，《经济学家》2021 年第 1 期。

初级工业产品生产供应的外围。世界分工体系的"中心-外围"结构明显呈现出双重效应。一方面，资本主义国家以技术实现了对发展中国家的经济支配，在从发展中国家源源不断地占有维系自身发展的剩余价值的同时，也为发展中国家提供了参与世界分工的发展机会。另一方面，主要资本主义国家最大程度地占有发展中国家的剩余价值，造成了日益尖锐化的矛盾，阻碍了发展中国家人民美好生活需要的实现。尽管随着全球化进程的纵深推进，资本主义国家将生产加工制造环节转移到了发展中国家，但由于主要资本主义国家牢牢掌控着研发和销售等高附加值环节，之前确立的"中心-外围"分工结构依然没有得到实质性改变①。

　　经济发展中心起源于工业革命时期，它解释了现代工业生产的集聚效应②。马克思曾关注到城市在区域经济发展中的中心位置，指出利物浦、曼彻斯特等经济中心城市滥觞的产业发展成因。③问题是，随着生产力的进一步发展，科技、市场等因素介入使得"中心-外围"形成发展过程日趋复杂化。资本主义在全球寻求市场空间进行产业布局的过程，实际是将"中心-外围"复制拓展到世界各地的过程。资本主义通过全球产业布局，将高能耗、高污染和劳动力密集的生产加工环节转移到了发展中国家和地区。同时，凭借其在历史发展过程中积累的技术、资本、管理等优势，最大程度从发展中国家获取剩余价值，由此全球市场经济结构呈现出了"中心-外围"形态。资本主义对全球经济结构的形塑，既是对经济体系内部生产力比较优势的地理空间布局优化，也借助历史发展优势巩固了不同经济体之间的发展差异。以技术全球传播为例，在技术进步的原发地区，资本主义国家有明显的先发优势，他们通过各类手段逐步将新技术传播到全球分工环节，以中心地区技术生产的同质性实现了对社会中间产品和消费品的广泛影响，巩固了自身的强势竞争能力和全球中心地位。与此相反，发展中国家经济结构具有明显的异质性，产业发展水平、技术覆盖参差不齐等因素，使得其在承接资本主义国家新技术过程中呈现出多方面劣势。可以说，"中心-外围"结构是全球产业分工过程中典型的不平等形态。

　　"中心-外围"结构揭示了资本主义在全球产业布局中存在的形式趋同

---

①　邱卫东、胡博成：《列宁帝国主义论的时代困境：历史根源及当代启示》，《当代世界与社会主义》2016年第3期。

②　胡潇：《经济空间的"中心"与"外围"》，《学术研究》2019年第2期。

③　参见《马克思恩格斯选集》第一卷，人民出版社，2012，第93页。

但内在差异却极为明显的事实，为理解发达国家和发展中国家的产业分工合作提供了不可或缺的理论阐释视角。资本主义凭借率先发展积累的优势形成了经济发展中心，借助上层建筑的维护，使自身在全球分工体系中拥有了强大的市场竞争和获利能力。发展中国家由于落后的生产技术等原因，难以达到与资本主义国家相匹配的经济发展水平，只能从事廉价的农副产品和初级工矿产品生产。换言之，资本主义国家的中心位置是发展中国家支撑的，而"中心-边缘"利益不对等的产品交换则固化了发展中国家的落后状态，这一经济结构深刻揭示了全球产业分工体系失衡的根源，为理解国际政治经济秩序提供了理论支撑。需要指出的是，为维护资本主义国家的中心地位和利益，经济的"巧取"与军事的"豪夺"是同时出现的。改革开放以来中国主动融入世界产业分工体系，实现了经济的快速发展。在这一时期，中国以"外围"角色融入世界市场，又在 21 世纪的新科技浪潮中奋力突围，逐步成长为"利己与利他"并行不悖的、与资本主义存在质的差异性的中心国家，这意味着 21 世纪"中心-外围"结构虽然存在，但已悄然变构。

"中心-外围"结构造成的最大问题是世界经济体系的不平衡性，资本主义国家和发展中国家在产业分工和收益分配层面存在尖锐矛盾。资本主义要想继续在全球市场中攫取超额剩余价值，需要对"中心-外围"经济结构进行创新和升级。随着移动终端和互联网技术的普及，网络虚拟空间逐渐演化成为资本主义获利的重要空间，即数字资本主义日益成为对"中心-外围"经济结构升级发展和演化的关键推动力。

（二）资本主义"中心-散点"结构形态的形成

"中心-散点"结构意味着资本主义生产的中心和外围出现了新变化，由此深刻重塑和改变了全球经济结构的物质基础。"中心-散点"结构得以形成发展的基础是信息技术，即时性通信技术为中心国家掌控外围国家生产提供了必要技术支持，这也是重构全球经济结构的基础。一是数字技术迅速发展，社会生产和再生产形态出现了全新变化，这为数字资本主义的"中心-散点"结构形成提供了宏观环境。资本主义借助数字经济实现了对全球分工结构的升级，在数字技术领域"执牛耳"的大型平台企业，以先进的技术和高度集中的数字资源，获得了对发展中国家的支配权[①]。主要资本主

---

① 卢斌典、孙珮云：《数字资本主义的技术逻辑及其批判》，《社会主义研究》2023 年第 5 期。

义国家凭借巨型数字跨国公司将发展中国家纳入数据生产链，拥有一定技术的中小数字企业成为数字资本主义的价值生产节点。就现实来看，主要资本主义国家率先实现了经济的数字化转型，以数字经济发展的尖端技术、行业标准等获得了数字垄断优势，牢牢掌握了对发展中国家的技术和人才竞争优势。数字资本主义时代一切商品的流通都需要借助数字平台中介，这进一步确认了主要资本主义国家在全球网络发展中的绝对中心地位。二是数字资本主义并不意味着发达国家和发展中国家内部是同质的，这种内部分化是"中心-散点"结构得以形成发展的中观环境基础。不同国家之间的数字技术发展基础不同，他们既未处于同一起跑线，也不可能获得与发达资本主义国家相对称的发展数字信息技术的能力。即使是发达国家内部，也存在数字经济发展差异，后发国家更难以获得独立发展空间。如以资源为主的中东国家就属于典型的传统经济发展模式，无法离开数字资本主义获得交易发展空间。三是数字技术为国家间的数字生产分工提供了技术支持，这意味着"中心-散点"结构获得了微观层面的技术支持。数字技术的发展意味着国家之间的分工合作有了更为便捷的技术，即时性通信技术和完善的全球物流网络，为中心国家和核心企业提供了精简的物质基础。在只保留研发管理部门的基础上，资本主义国家和数字头部企业的中心位置得以进一步凸显。相应地，为中心提供服务的国家和企业的分布空间及生产活动也变得异常灵活。只要能为中心提供必要的增值服务，哪怕这种服务是即时的、偶然的、短期的，也丝毫不会影响它们在具备数字技术支持的国家和地区的存在。与传统的外围结构形态相比，数字资本主义的产业布局明显呈现出松散性特征，无论是承担生产的国家、企业还是个体都是散点式存在，零散化和灵活性成为数字资本主义全球分工布局的显著特征。

就上述来看，"中心-散点"结构意味着国家之间不必围绕同一产品进行分工合作，中心国家只需要提供数据平台和技术支持，而为中心服务的相关主体只需接受来自中心的指令进行相关生产即可。在这个过程中，发展中国家和企业可以自主从事生产活动，但由于缺少平台和技术的支持，难以获得商品消费者和销售网络支持，即资本主义通过对核心平台的控制决定了商品的"惊险跳跃"。以算法为例，跨国平台通过算法的垄断就可以实现对全球无数散点"不透明、规模化、毁灭性"的支配[①]。在这层语境中，传统经

---

① 〔美〕凯西·奥尼尔：《算法霸权》，马青玲译，中信出版社，2018，第21页。

济"中心-外围"的流水线和企业管理的重要性消失了，数字资本主义只需要为信息交换和管理提供支持就可以占有来自世界各地的剩余价值。在此过程中，因为数字劳动生产分工的成本大大降低，数字资本主义获得超额剩余价值的机会也随之变得更大。换言之，数字资本主义凭借"中心-散点"结构获得了在更大范围、更广领域获得剩余价值的机会，一切数字劳动工作者都被纳入了资本主义生产轨道，遍布全球角角落落的非雇佣数字劳动者源源不断地为资本主义平台贡献了劳动价值。可以说，"中心-散点"结构的形成大大突破了与资本增殖密切关联的时间和空间的限制，使全球市场在形式和内容上愈发成为数字资本主义占有剩余价值的场域。

二　数字资本主义"中心-散点"结构的本质透视

数字资本主义的强劲发展，意味着原本垂死的、腐朽的资本主义又探寻到了新的制造进而占有剩余价值的空间。一方面，它以数字技术实现了对数字劳动价值的最大化占有；另一方面，它以数字技术实现了对传统生产的数字化转型，为延缓自身消亡开辟了新空间。随着资本主义向数字资本主义过渡，全球经济结构也呈现出新变化，这集中反映在"中心-散点"结构中的生产与分配领域：生产领域的变化是数字资本主义形成发展的社会基础，分配领域的变化是澄清数字资本主义本质的核心论据。

（一）数字资本主义"中心-散点"结构的生产透视

数字资本主义的"中心-散点"结构得以形成发展的物质基础，在于整个世界市场都成为剩余价值生产的场域。借助互联网平台，主要资本主义国家可以收割世界任何地方的剩余劳动，这种生产领域的变化鲜明地体现在数字资本主义对传统生产的数字化改造和信息化生产的生产效率提高层面。数字资本主义不仅改变了传统的"中心-外围"结构，也实现了对传统生产分工体系的升级改造。数字技术的出现并不意味着传统生产走向了没落。恰恰相反，在数字技术的加持下，传统生产分工体系反倒呈现出旺盛生命力。数字化智能化设备的普及性应用，有效提升了传统生产的动能和效率，为数字资本主义从全球市场获利奠定了物质基础。物质生产方式的效能取决于生产方法和技术的进步程度，大机器时代受限于技术水平物质生产模式粗放，稀有矿产资源处于难以利用的洼地状态。进入数字资本主义时代，生产技术的迭代创新周期缩短，物质生产效率和质量得到了系统性提升，稀有矿产资源在高科技产业中得到了高效的开发利用。数字技术与新兴的生物、信息技术结合，实现了对众多领域技术障碍的突破，创造出更多第二自然的物质新材料。更为重要的是，借助先进的数字联通技术，世界市场形成了即时性技术合作机制，任何国家生产难题都可以借助全球合作来实现。数字化使得地球村获得了前所未有的技术协作开发能力，传统生产合作模式得到系统升级，新材料、新元素的研发应用能力不断提升，以此推动了更多的人工合成材料向着多功能定制化方向生产研发。数字资本主义的出现，还在微观层面实现了企业生产的变革，企业组织管理形态和资源利用效率得到了显著改善。拥有数字技术的企业获得了传统企业不具备的显著优势，生产合作过程中的众多问题得以解决；与此同时，还可以借助大数据进一步研判市场供需走向，实现对产品生产和产品销售的全过程优化。

除了对传统生产分工的效能提升，海量信息被纳入生产过程也是数字资本主义的显著特点。人类从事生产的资源并不仅仅是自然资源，劳动对象也随着社会生产发展进步而演化。大机器时代，从事人类智力开发的科学家可以将信息作为生产资料进行生产加工，但受限于信息量和传播渠道，绝大多数人只能从事重复性的生产劳动。这意味着虽然信息具有共享性，但生产力的落后则会导致社会利用信息效率不高。进入数字资本主义以来，"数据为王"的时代得以形成，一切能够在市场实现价值的信息和智力都以惊人的速度扩张并更新升级。数据上升为社会核心资源得益于社会整体技术水平的提升，智能技术和教育普及提升了社会整体创新能力，即使是在人们简单的数字化交流过程中，也都蕴含着具有重要价值的数据信息。更为重要的是，信息技术的持续发展使得人类拥有了处理庞大信息的设备基础，信息的生产流通速度得以全面加快：数字技术的普及发展实现了普通人群处理加工信息能力的质性跃升，互联网和智能设备为信息的量化和可读性提供了完备的工具。人们只要简单触碰智能化设备，就可以轻松获得想要的数据，并在此基础上进行相对独立的生产和创新。数字资本主义生产方式的这种变化，意味着全球都成为可以随时获取、采集信息的场域，海量的信息成为生产资料[1]。只要拥有能够抢占和加工信息的技术，就可以持续创造财富，而拥有

① 蓝江：《一般数据、虚体、数字资本——数字资本主义的三重逻辑》，《哲学研究》2018年第3期。

领先加工信息技术的国家和企业就成了中心，其他若干为中心提供基础性数据或者初加工数据的地方就成了散点性的存在。

数字资本主义不仅实现了对传统生产加工企业的数字化升级，也在将数据转换为生产资料的过程中加速了全球市场向数字资本市场的转变，这是"中心-散点"结构形成发展的社会基础。"中心-散点"结构实际是数字资本主义借助数字技术将全球市场转变为数字劳动价值矿场。其中，以数字技术和平台为基础建立的信息处理开发中心成了"矿源积聚场"，边缘国家和企业则沦为向"中心"输送"矿源"的若干散点。数字资本主义借助"中心-散点"结构，将全球使用网络的人民都链接到了数字劳动生产过程，技术的演绎升级使得服务中心的散点可能随时随地发生变化，中心获得了对散点的强势支配和控制。

（二）数字资本主义"中心-散点"结构的分配透视

数字资本主义以数据为核心生产资料，将全球使用网络的人们都变成了劳动者，将全球市场都演化成为数字资本的增殖场域。以往在工厂生产转变为整个社会都进行生产，此即国外学者提出"社会工厂"范畴的现实基础。在数字资本主义时代，劳动者不用集中在具体的时空范围内进行生产，中心国家借助数字技术和平台企业获得了对全世界散点的支配权限，这同时也意味着中心国家在分配领域确立了绝对控制权。尽管数字资本主义改变了劳动对象和生产工具，但其并未改变中心国家对发展中国家剩余价值的占有剥削实质。数字技术使得绝对剩余价值和相对剩余价值剥削程度都空前提升了，而发展中国家在数字资本财富积累方面呈现出了更明显的劣势。[①] 为中心提供剩余价值的国家难以抵御数字资本的入侵，原本处于企业和个人之间的不平等分配，进一步上升为国家间的分配失衡，数字资本主义借助"中心-散点"结构实现了跨国资本的快速积累。

数字资本主义跨国分配优势的根源在于先发优势。这使数字资本在传统生产优势的基础上，进一步形成了对发展中国家数字劳动的支配权。数字资本与金融资本、产业资本等结合，掌控了产品的数字化售卖权限，并使主要资本主义国家成为全球数字市场的最大受益者。全球化进程中的分工合作模式和劳动类型呈现出典型的多样化特征，各式各样的劳动合作建构了国际市

---

① 马嘉鸿：《对数字资本主义的政治经济学分析》，《当代世界与社会主义》2022 年第 6 期。

场上彼此相连接的产业链条。资本主义通过全球产业分工，不仅建立起服务资本增殖的产业链条，而且确立了对产业链的绝对控制。为进一步巩固对产业链的控制，主要资本主义国家最大程度地培育科技人才，为数字资本主义控制全球分工奠定了技术和人才基础。全球分工建构的核心产品和技术生产研发网络，在数字技术加持下实现了向全球的复制和扩展。一方面，主要资本主义国家对产业结构进行了长期调整和战略部署，知识密集型、技术密集型企业在经济社会发展中的作用远超发展中国家，由此进一步巩固了中心国家对发展中国家劳动价值分配的主导权。另一方面，主要资本主义国家为维持自身在全球市场的垄断地位，培育了横跨全球市场的数字企业，以此巩固对世界市场的绝对控制权。正是资本主义中心国家的这种"精心设计"，以所谓的"比较优势"跻身世界产业分工体系中的发展中国家，基本上都是以劳动或资源密集型优势从事科技含量低的生产加工环节。由此，数字资本主义凭借"中心-散点"结构进一步巩固了对发展中国家的产业控制，强化了资本的跨国输出和掠夺。

数字资本主义依托"中心-散点"结构进一步增强了中心国家的资本增殖优势。与"中心-边缘"结构类似，数字资本主义主要通过不平等分配关系、数字基础技术服务费和数字金融联姻从发展中国家获得利润。一是处于散点状态的发展中国家在全球生产分工体系中处于不平等地位，难以在分配中获得与其付出相匹配的收益，非雇佣劳动甚至连参与分配的机会都没有。由于原属于基础设施的网络被数字资本主义转化为获利工具，中心国家在此基础上还借助知识产权和网络工具进一步诱导数字劳动价值流向自身，借此建立起了雄厚的资本实力和支配权力。换言之，数字资本主义将原本具有公共属性的基础设施转变为从"散点"国家获取数字劳动价值的工具，以此确立了数字资本主义的全球霸权。[①] 二是中心国家借助数字基础设施，强力从发展中国家分割了数字劳动剩余价值，进一步巩固了数字资本主义的支配地位。如全球网络拥有13个域名根服务器，美国拥有其中唯一的主根服务器和9台辅根服务器，其他国家只要使用就需要付出信息费、租用费等。由此，中心国家获得了对发展中国家数字劳动的"宰治"权。三是数字化与金融化的内在联姻，为数字资本主义分割发展中国家剩余劳动价值提供了极

---

① 罗伯特·麦克切斯尼、约翰·福斯特：《互联网与资本主义（上）》，郭莲译，《国外理论动态》2012年第3期。

大便利。① 金融资本以虚拟资本周转满足了数字资本的增殖需要，即数字的便捷化提升了虚拟资本的交易效率，同时还以数字信息操控制造了有利资本流动的氛围。信息不对称和发展不平衡使得发展中国家既是中心国家获取免费劳动的来源地，也是容易被收割劳动价值的"韭菜地"。由此，"中心-散点"结构优势得以进一步彰显，数字资本主义获得了最便捷最快速的财富增长渠道。

三　数字资本主义"中心-散点"结构的现实启示

通过对数字资本主义"中心-散点"结构演化特别是生产和分配特征的剖析，可以发现看似没有组织的散点性存在，恰恰是数字时代主要资本主义国家在全球范围内攫取剩余价值的一种新样态。随着数字资本主义规模和控制程度的提升，数字帝国主义也在此过程中日益生成。作为散点存在的发展中国家要想避免陷入数字帝国主义的不利境遇，就必须积极参与世界新一轮产业革命升级，最大程度参与全球数字资本竞争。就此而言，当代中国数字经济虽然拥有良好的技术、庞大的市场，但与数字资本主义的中心地位相比，也面临尖端技术不足、话语权缺失的问题②。为此，中国需要在把握数字资本主义本质特征的基础上，秉持内外兼修思路，进一步发展壮大数字经济。

（一）坚持马克思主义立场认识和剖析数字资本主义实质

"中心-散点"结构并未改变资本主义本质，相反，它是资本主义从全球市场最大化占有剩余价值的最新表现。与"中心-外围"结构凭借技术、品牌等从全球市场分割剩余价值相比，"中心-散点"主要依靠关键数字技术从全球一切能够生产数字劳动剩余价值的节点获取剩余价值，其获取劳动价值形式的隐蔽性更强③。在此基础上，坚持劳动价值论立场认识和剖析数字资本主义实质就显得尤为重要。

---

① 刘皓琰、柯东丽、胡瑞琨：《当代资本主义"数字—金融"复合体的政治经济学分析》，《经济纵横》2023 年第 5 期。

② 邱卫东：《媒介帝国主义的时代生成、本质澄明及其应对》，《江苏社会科学》2022 年第 4 期。

③ 闫坤如、李翌：《西方数字资本主义的增殖逻辑及其批判》，《华中科技大学学报（社会科学版）》2023 年第 5 期。

数字资本主义通过"中心-散点"结构模糊了劳动边界,处于数字产业链条的节点上的劳动者很难确认工作空间、工作时间和休闲时间,传统的工厂模式消失了。数字资本无休无眠地从无数的数字散点上攫取剩余价值。这意味着在数字技术垄断的加持下,资本主义进一步强化了从全球市场获取剩余价值的能力。包括发展中国家和发达资本主义国家在内的一切劳动者都难以摆脱数字资本的剥削。借助大型数字平台,数字资本实现了对全球数字市场的支配垄断,并与技术合谋制造了大量相对剩余劳动人口。数字化智能化产业升级使得劳动人口过剩的"技术性失业"局面持续出现,同时过剩劳动人口在网络中消磨时间旋即又转化成数字产业分工中的散点。就此而言,决不能形而上学地认为数字资本主义分工克服了资本主义内在局限,要善于透过现象剖析"中心-散点"本质,并以马克思主义立场揭示其本质。

一是从历史维度来看,数字资本主义的"中心-散点"结构是资本主义进入数字经济时代获取剩余价值的新样态。资本在数字经济语境中以前所未有的速度和规模实现了对全球数字产业的掌控,全面加速了全球市场的数字化融合。尽管数字资本主义极大解放和发展了生产力,但其并未改变资本主义本质。凭借"中心-散点"结构,主要资本主义国家从全球市场获取剩余价值的形式更加隐蔽、范围更加广泛、程度更加深入。就此而言,必须坚持从马克思主义基本立场出发,充分认识和把握数字资本主义"中心-散点"结构的剥削属性,保持对数字资本主义最新经济结构变化的前沿关注,更好把握数字化时代的总体存在境遇。

二是从价值维度来看,数字资本主义的"中心-散点"结构沿袭了资本支配劳动进而占有剩余价值的一贯秉性,并通过散点结构最大程度占有了全球范围内的数字劳动价值。与传统生产劳动形式相比,数字劳动形式发生了重大变革,数字劳动主体既包括数字雇佣工人也包括一般数字用户,一切能够提供数字产品或者副产品的主体都成为数字劳动分工体系中的散点。数字资本只需要控制中心技术或平台,就可以对遍布全球的数字劳动进行分配和占有。数字雇佣劳动创造的剩余价值归数字资本所有,数字用户劳动受算法操控进行剩余价值生产,即数字用户生产的数字劳动副产品和数字雇佣劳动生产的剩余价值是数字资本主义剩余价值的来源[①]。可以说,"中心-散点"

---

① 蓝江:《从智能拜物教到算法价值——数字资本主义的生产方式及其内在矛盾》,《当代世界与社会主义》2023 年第 5 期。

结构以强中心态势形成了对遍布全球数字生产节点的强势控制，这是揭示数字资本主义"中心-散点"结构价值逻辑的现实依据。

（二）以制度优势塑造数字技术优势，全面建设数字强国

数字资本主义"中心-散点"结构的演化以及最大化地从世界市场收割数字劳动价值，给包括中国在内的广大发展中国家的数字经济可持续发展带来了严峻挑战。值得肯定的是，以中国为代表的新兴国家并未任由主要资本主义国家对本国数字劳动进行"掠夺"，而是主动融入数字经济发展潮流，在不断消除数字经济发展鸿沟的过程中，有力消除了数字资本主义"中心-散点"结构的负面影响[1]。中国在发展数字经济中有着更显著、更巨大的优势。其中，社会主义制度是新时代中国发展数字经济的最明显竞争优势。就世界发展潮流来看，无论是何种社会制度还是何种经济发展水平，数字经济已成为各国发展经济必须顺应的历史趋势[2]。人类技术发展的历史经验证明，一旦某个民族脱离数字技术就意味着其失去了未来的发展空间。数字经济核心基础来自数字技术，以制度优势塑造技术优势，不仅符合建设数字强国的要求，而且也契合社会主义经济高质量发展的要求。在蓬勃发展的数字经济潮流中，中国有着快速发展的数字技术，持续完善的数字基础设施以及庞大的数字市场，以社会主义制度优势塑造的数字技术符合中国和世界各国人民的美好生活愿景。[3] 社会主义数字经济发展的技术优势并不是为了获得与资本主义类似的中心地位，也不是为了单向度地从世界各国获取剩余价值，而是为了以数字经济优势打破资本主义不平等分配秩序，满足社会主义现代化建设和打造人类命运共同体的国际政治经济秩序需要。

以制度优势塑造数字技术优势，对社会主义现代化建设至关重要。一方面，新型数字技术可以全面实现产业结构升级改造，由此可以创造出全新的经济发展空间和动力。数字技术升级迭代优势可以最大程度转化为社会主义发展优势，为实现经济高质量发展，提升经济发展韧性做出积极贡献。新一

---

[1]　高海波：《数字帝国主义的政治经济学批判——基于数字资本全球积累结构的视角》，《经济学家》2021年第1期。

[2]　刘卓红、刘艺：《中国式数字文明的形成、特质与意义——基于历史唯物主义的视角》，《学习与探索》2022年第7期。

[3]　洪燕妮：《数字资本主义批判与中国式数字文明建构》，《毛泽东邓小平理论研究》2023年第3期。

轮数字产业革命为中国发展提供了前所未有的发展契机，同时关键技术的不足严重影响了中国数字产业发展。在此背景下发挥社会主义制度优势突破主要资本主义国家的技术围堵，突破关键技术受制于人的被动局面，塑造社会主义数字技术发展优势，可以全面实现数字经济的内涵式创新发展。另一方面，以新型数字技术创新为战略支点，可以进一步解决发展的不平衡不充分问题，实现人民群众对数字经济发展的期望。数字技术升级对化解传统生产不足具有显著优势，数字技术优势转化为发展优势，有助于解决经济发展的不平衡不充分问题。基于此，以社会主义制度优势塑造数字技术优势至少需要做到如下两点。

一是要锚定数字技术发展的价值立场，确保数字技术的社会主义方向。社会主义制度优势鲜明地体现在人民价值立场层面，只有实现数字技术与人民立场的连接，避免数字资本主义对人民价值的掠夺和剥削，才能确保数字技术发展的公共属性。数字资本主义以中心结构实现了对若干散点的控制，从根本上损害了广大人民群众的发展权益，严重限制了未来持续发展的空间。社会主义制度优势塑造数字技术发展，意味着数字资本主义对人民价值立场的偏离得到了制度性修正，技术真正回归到了为人民所用的轨道，以此为数字强国建设提供了坚强保证。

二是要善于发挥新型举国体制在数字尖端技术发展中的攻坚作用，实现制度优势和技术优势的同频共振。"中心-散点"结构得以建立的基础在于数字尖端技术，资本主义通过垄断核心技术建立起了分割剩余价值的绝对权力。尽管社会主义中国拥有数字经济发展的技术基础和庞大市场，但目前依然处于数字核心技术不足的困境。受制于"中心-散点"分工体系，中国难以进入高附加值的数字分工研发领域，同时在与数字资本主义竞争方面存在一定困难。新时代党和国家以新型举国体制集中力量开展科研攻关，为进一步突破"卡脖子"技术难题打下了坚实基础。

（三）以技术共享打破技术垄断格局，全面建设数字共同体

主要资本主义国家借助数字经济建立了对全世界劳动价值的强势占有和分配体系。因此，打破"中心-散点"结构对发展中国家的宰治，意在避免数字帝国主义对世界各国人民发展权益的侵蚀。这也意味着社会主义中国在数字经济发展中承担着更为重大的历史责任。一方面，社会主义中国承担着化解资本主义发展问题的历史使命和担当。社会主义在其形成发展的起始逻

辑中包含了对资本主义发展困境的回应和解决。就当下而言，克服和化解数字帝国主义在生产和分配中存在的矛盾和问题的同时实现数字经济健康发展，已成为新时代中国特色社会主义现代化建设的崭新时代课题。另一方面，社会主义中国也有着团结广大发展中国家科学应对数字帝国主义"掠夺"的责任和义务。与广大发展中国家共享数字经济发展红利，建构全球数字命运共同体，是数字经济可持续发展的必然要求。进入新时代以来，党和国家高度重视数字经济发展，同时以技术共享原则推进建构全球数字命运共同体，为破解数字资本主义的"中心-散点"结构中存在的矛盾问题贡献了智慧方案。

以数字命运共同体为指向，以技术共享打破数字资本主义对核心技术的垄断，摆脱中心国家对发展中国家的支配，是人类命运共同体理念在数字经济发展领域的生动表达。发展中国家在数字基础设施，数字经济发展水平等方面存在明显不足。以技术共享加强各国数字经济交流合作，协同研发惠及各国人民发展的数字底座技术，全面提升发展中国家数字经济发展水平，符合数字经济的世界历史发展趋势和要求。与数字资本主义强制发展中国家参与数字资本积累不同，数字命运共同体秉承的是平等共享原则，目的在以互利共赢原则普及数字技术，破除中心国家对数字发展红利的独享格局。只有在上述实践原则推动下，数字资本主义以技术强化剥削和霸权的局面才能被解构，数字技术才能真正成为改善发展中国家人民生活水平的核心技术，广大发展中国家也才能真正共享数字经济带来的发展红利。以技术共享打破垄断，建构数字命运共同体，不仅意味着中国在全球数字经济发展中的影响力得以进一步彰显，而且为提升中国数字经济的全球话语权奠定了基础。综合来看，以技术共享打破技术垄断，还需要从以下两方面持续发力。

一是要结合"一带一路"倡议，加强与发展中国家的数字经济合作，全面提升数字经济的基础设施建设水平。数字资本主义中心结构之所以能够长期维持，在于发展中国家的经济发展水平与资本主义国家存在较大差距。资本主义国家掌握了数字经济发展的尖端技术，而发展中国家数字经济发展的基础设施建设水平参差不齐。因此，共享数字技术，建构数字命运共同体离不开完善的数字基础设施。中国在数字基础设施建设方面积累了宝贵经验，结合"一带一路"倡议全面提升发展中国家数字基础设施建设水平，可以为建构数字经济命运共同体提供良好社会基础。

二是要创造适宜数字经济蓬勃发展的市场环境，为数字技术共享和创新提供友善的综合环境支持。在世界市场中，主要资本主义国家以技术垄断打造数字发展中心，抢占和压缩了发展中国家数字经济发展空间，这种霸权式做法不利于数字经济市场的公平有序发展。中国要与发展中国家一道创造有利于数字经济市场发挥积极正向作用的发展环境，以数字技术共享打破技术垄断。同时，积极探索建立新的全球数字产权保护管理体制机制，提升发展中国家对数字技术权利的认定和保护能力，为激活数字技术共享和创新发展提供坚实的体制机制保障。

（作者单位：华东理工大学）

本文原载于《经济学家》2024年第1期，收入本书时有改动

从智能拜物教到算法价值

——数字资本主义生产方式及其内在矛盾

蓝　江

　　从最初的网络购物，到现实中的外卖和网约车，再到 2023 年初红极一时的 ChatGPT 等生成式人工智能应用，以及无人驾驶、智能家居、智能环境的逐渐实现，我们看到的不仅是未来科技为人类生活带来的巨大便利，也看到了当代西方资本主义的发展并没有随着这些人工智能和数字技术的实现逐渐瓦解，并让位于更为平等和人性化的社会主义；相反，数字社会下的智能生活并不是为所有人服务的，只有那些"布尔乔亚们"才享受着美好的智能环境和智能服务带来的更为便利的生活，在这些美好的数字智能生活的背后，是越来越多的无产者无法找到稳定的工作，只能在零工经济和外包经济中沦为一种新的无产阶级：流众无产阶级①。

　　当代西方的数字资本主义社会将这些人工智能产品当成一种理所当然的社会服务，将之理解为通向未来智能社会的必经之路。但是，在它们的逻辑中，始终隐藏着一种看不见的智能拜物教，这与市民社会中重商主义对商品交换的崇拜一样，与产业资本主义初期的工业资本家和中产阶级对机器化大生产的崇拜异曲同工。在商品交换中诞生了商品拜物教和货币拜物教，在产业资本主义那里诞生了资本拜物教，在资本主义生产中仿佛有一个看不见的

---

① "流众无产阶级"（precariat）一词系英国伦敦大学教授居伊·斯坦丁（Guy Standing）创造的一个新词，他将"不稳定"（precarious）和"无产阶级"（proletariat）合并成这个概念，笔者在另一篇文章中曾经对这个概念进行过更详细的分析。参见蓝江《数字劳动、数字生产方式与流众无产阶级——对当代西方数字资本主义的政治经济学蠡探》，《理论与改革》2022 年第 2 期。

幽灵，在商品生产和交换中发挥着神秘的魔力，只有通过马克思主义政治经济学的探析，才能将隐含在这些拜物教背后的奥秘揭示出来。这些所谓拜物教的本质在于资本主义的生产方式对工人阶级的剥削与压迫。今天的数字资本主义显然让这些拜物教获得了最新的形式，即智能拜物教，在智能拜物教之下，平台资本掌握了出神入化的人工智能，仿佛成为智能时代的王者，开创这一神话的 OpenAI 公司以及创办人工智能绘画的 Midjourney 公司自然成为人们竞相膜拜的对象。

智能拜物教真的有那么神秘吗？这种神秘是不是智能时代的意识形态的产物？对于这些问题的分析，仍然需要回到马克思主义政治经济学的分析框架，对资本主义生产方式的解析和批判，对于更好地观察和辨析智能化时代资本主义的新发展具有重要的现实意义。

一　智能拜物教与数字产品

毫无疑问，我们已经进入大数据云计算的时代，一个逐渐人工智能化的时代。以色列的未来学家尤瓦尔·赫拉利在他的《未来简史：从智人到智神》一书中对今天被信息科学家和计算机专家广泛认同的数据主义做出总结："数据的流动量已经大到非人所能处理，人类无法再将数据转化为信息，更不用说转化成知识或智能。于是，处理数据的工作应该交给能力远超人类大脑的电子算法。"[①] 赫拉利和人工智能专家雷·库兹韦尔一样，相信随着大数据处理和人工智能的发展，会达到一个奇点。库兹韦尔在他的代表作《奇点临近》中指出："奇点指出，发生在物质世界里的事件不可避免地也会发生在进化过程中，进化过程开始于生物进化，通过人类直接的技术进化而扩展。然而，它就是我们所超越的物质能量世界，人们认为这种超越的最主要含义是精神。"[②] 库兹韦尔对奇点的表述是乐观的，他认为人类会在智能技术和数字技术的加持下，得到进一步的进化和提升。但是，人们更担心的是这样一个问题，即在这个奇点之上，人类的劳动成为一种赘余的劳动，重复程度较高甚至一些带有创造力的绘画、设计、写作等行业最终会被

---

① 〔以〕尤瓦尔·赫拉利：《未来简史：从智人到智神》，林俊宏译，中信出版集团，2017，第 333~334 页。

② 〔美〕库兹韦尔：《奇点临近》，李庆诚等译，机械工业出版社，2011，第 234 页。

广域的人工智能取代。仿佛在那个奇点来临的时候，人们已经不再思索人与机器、人与人工智能的差别，而是担心整个人类文明都会因为广域性的人工智能在世界上的普遍应用而遭到淘汰。

无独有偶，2023 年初随着 ChatGPT、Midjourney 等生成式人工智能应用的爆红，赫拉利和库兹韦尔的奇点论再次成为人们热议的焦点。此外，在国内一些城市逐步开始试点的无人驾驶，实际上也带来了同样的憧憬和恐慌，因为无人驾驶的关键并不在于车辆本身，而在于车辆的扫描系统对即时路况的扫描和辨析，从而让车辆清晰地辨别出哪些是建筑，哪些是移动的车辆，哪些是需要遵守的路标，哪些是生命体，以保障无人驾驶车辆行驶的安全和顺畅。换言之，让无人驾驶技术真正强大的并非那个物质性的外壳，而是里面的非物化的智能操作系统。而 ChatGPT 也仿佛存在于一块小小的人工智能芯片中，其中似乎存在一个幽灵，一个智能的幽灵。这仿佛映衬了本雅明在《历史哲学论纲》第一条中提到的那个隐藏起来操纵傀儡的驼背小人。"有一则故事讲一个机械装置。这机械装置制作得十分精巧，它能和人对弈，且棋艺高超，对手走一步，它就应对一步。对弈时，棋盘放在一张大桌子上，棋盘一端坐着一个身着土耳其服装，口叼水烟壶的木偶。一组镜子让人产生幻觉，误以为桌子每一面都是透明的。实际上，一个驼背侏儒藏在里面。这侏儒精通棋艺，用线牵动木偶的手，指挥它走棋……只要借助于神学之力，它轻而易举就堪与任何人匹敌——而神学，我们知道，今天已形容枯槁，不便再现身于人前了。"①

今天的人工智能芯片或人工智能驾驶的系统构成了智能时代的"驼背侏儒"，这种被神秘化的力量支配着人们对未来社会的无尽遐想，人们甚至将其神化为一种深不可测的末世力量——在人们的理智无法穿透的地方，即一旦我们无法从真正的智能算法和计算机科学的角度来理解人工智能，这种神秘力量立刻会被拜物教化。不过，今天的这种拜物教不再是马克思意义上的商品拜物教或货币拜物教，而是一种新的拜物教形式，即智能拜物教。

不过，对于人工智能时代的数字资本主义的探索，不仅需要指出智能已经成为一种新型拜物教，而且需要弄明白智能何以成为一种神秘的拜物教。

① 〔德〕瓦尔特·本雅明：《本雅明文选》，张旭东等译，中国社会科学出版社，2011，第422 页。

从《1844 年经济学哲学手稿》开始，马克思就从拜物教的角度剖析资本主义国民经济学的奥秘，他说道："国民经济学家把劳动和资本的原初的统一假定为资本家和工人的统一；这是一种天堂般的原始状态"①。马克思之所以批判国民经济学家，是因为他们并不是从历史实践来思考资本主义的生产来源，他们的起点是一个臆想出来的神话，这个神话就是资本与劳动两个要素的统一，而这两个要素在观念上的统一，在资本主义现实之中就变成一个具身化的神秘理论，即资本家与工人的统一。恰恰资产阶级的国民经济学家坚持一种观念的神话，所以他们从拜物教的角度来思考问题，忽略了真正的历史进程。这又是一个本雅明式的悲剧，人们希望弄明白的是资本主义生产背后的"驼背侏儒"，而国民经济学家只想让人们看到穿着土耳其衣装的傀儡，而工人和资本家的原初统一、劳动与资本的原初统一就是这个傀儡。对于这种庸俗的资产阶级国民经济学，马克思立即给出了无情的挞伐：从拜物教就可看出，理论之谜的解答在何种程度上是实践的任务并以实践为中介，真正的实践在何种程度上是现实的和实证的理论的条件。拜物教徒的感性意识不同于希腊人的感性意识，因为他的感性存在不同于希腊人的感性存在。

在这段话中，马克思明确指出，揭示资本主义拜物教的秘密并不是理论的任务，不是资产阶级国民经济学可以在观念的云端完成的任务；只有在具体的历史的劳动生产过程中，人的感觉才能被历史地创造出来；国民经济学家的劳动和资本的统一的拜物教幻象，实际上就是市民社会劳动生产的历史产物。也正是通过这种历史唯物主义的方法，马克思才一步步从费尔巴哈的唯物主义走向了更为具体的历史唯物主义批判，进而转向了探索资本主义生产内部肌理的政治经济学批判，只有在这一刻，马克思才真正洞悉了资本主义的商品拜物教和货币拜物教的秘密。正如有学者曾指出："马克思通过一种政治经济学的话语方式所构建的对资本主义的批判，在我看来，就包含着对传统哲学的一种批判性的改造。拜物教总被视为是其经济学话语中所包含的最具哲学味道的理论，绝非偶然。这是马克思用他独特的哲学—经济学语言所完成的一次哲学改造，而'拜物教'是这一哲学改造的核心观念。"换言之，马克思的政治经济学批判之所以是拜物教批判，恰恰在于马克思用资本主义生产实践的手段（政治经济学的实

---

① 《马克思恩格斯全集》第三卷，人民出版社，2002，第 346 页。

践）破除了资产阶级庸俗国民经济学的拜物教神话（即劳动和资本原初统一的神话），从而为真正理解资本主义生产和利润来源奠定了基础，进而让哲学的观念真正降临到实践的层面上，让我们可以从实践的历史维度参透其中的秘密。

因此，当马克思强调"真正的实践在何种程度上是现实的和实证的理论的条件"① 时，他已经为我们在今天探索数字资本主义时代的人工智能的智能拜物教指明了道路。比如，我们现在阅读的大量关于 ChatGPT 之类的人工智能的文章，大多是从人工智能与人的关系出发来探索人工智能时代的本体论、认识论和伦理学等。需要注意的是，这里的人是抽象的人，而不是历史中具体的人，换言之，是自资本主义启蒙以来设定的理性人的形象，这种理性人是以俄狄浦斯弑父的形象出现在唯心主义历史观中的，因为市民社会的理性人似乎感觉他们用理性的科学和经验彻底地将上帝放逐了，现代人完全可以在理性科学的基础上重塑一个市民社会，这个市民社会就是马克思谈到的国民经济学下的拜物教神话的产物。不过，在今天，这个理性人会遭遇另一场弑父，即人类创造出来的人工智能反过来会将人类驱逐出去，坐上那个曾经被神灵和大写的人掌控的铁王座，成为智能时代的王者。然而，无论是这种理性人还是那个取代理性人的人工智能，都是在一些唯心主义的观念中杜撰出来的神话形象，他们看到了俄狄浦斯弑杀了拉伊俄斯，也似乎像先知忒瑞西阿斯一样再次宣告了作为理性人的俄狄浦斯的命运，忒瑞西阿斯指出，俄狄浦斯"将从明眼人变成瞎子，从富翁变成乞丐，到外邦去，用手杖探着路前进"②。他指出的不仅是俄狄浦斯的命运，也是启蒙以来的理性人的命运。在 ChatGPT 之类的人工智能的推动下，人类被包裹在算法的迷雾之中，也"从明眼人变成了瞎子"，仿佛与俄狄浦斯一样最终落得被流放的命运。

问题在于，这种叙事就如同庸俗的国民经济学一样，它们首先相信另一个根本不存在的启蒙的理性人的观念。能真正破解智能拜物教的奥秘存在于数字资本主义时代的历史生产之中，这就是马克思交给我们的钥匙，而我们需要在历史实践层面上才能发现被这种神话般的拜物教所遮蔽的东西。首

---

① 马克思：《1844 年经济哲学手稿》，人民出版社，2014，第 259 页。
② 〔古希腊〕埃斯库罗斯、索福克勒斯：《罗念生全集第二卷：埃斯库罗斯悲剧三种、索福克勒斯悲剧四种》，罗念生译，上海人民出版社，2007，第 358 页。

先，无论是 ChatGPT 还是智能驾驶都没有脱离的一个背景是这些看起来高深莫测的人工智能实际上仍然是人类生产的产物。那么，问题在于，这些人工智能产品是如何被生产出来的？人工智能事实上包含三大要素：算力、算法、数据库。算力属于硬件层面，包括核心的中央处理器，这些是最纯粹的物质产品。算法属于软件层面，无论是神经网络算法，还是边缘计算或深度学习，其底层逻辑都是由人类设计师设定的。因此，在人工智能与人类社会的生产之间，构成智能拜物教的东西只能是数据库或语料库。但是，数据库是从观念和神话中来的吗？当然不是。数据库是由每一个参与到讨论和应用中的用户生产出来的数据构成的，每一个同 ChatGPT 对话并对之下达命令的用户都直接成为数据库的来源，而这些数据库帮助生成式人工智能的机器学习，让其不断地生成和生产数据。在这个意义上，数据库是所有智能应用用户的数据库生产出来的，我们与其在其中寻找一个看不见的"驼背侏儒"，不如将生成式人工智能看作一种数字产品，它是对作为新生产要素的数据①进行加工生产的结果。从历史唯物主义的角度来看，我们之所以能够感受到今天的智能社会并产生所谓的智能拜物教，恰恰是数据成为生产要素、人类社会的历史生产实践逐渐数字化和算法化的历史结果。不同于物质产品和软件产品，数字产品的出现依赖于大量收集和分析用户在互联网的各种应用软件中所形成的数据。计算机算法对数据进行分析并形成一定的函数关联，构成了人工智能产品最重要的基础。

　　人工智能并不是由"驼背侏儒"操纵的傀儡，在智能化和数据化的帆布下面，并没有掩藏一个带着自我意识的幽灵，相反，只要我们拨开迷雾就会明白，数字时代不仅开辟了数字化和智能化的生产方式和交往方式，也开辟了高度依赖于这种生产方式的智能化感觉，也就是说，我们今天体会到的便利的数字化生活以及 ChatGPT 之类的神秘化的人工智能，实际上是被这种历史实践生产出来的，掩藏在人工智能背后的智能拜物教的奥秘就是：人工智能就是一种数字化生产方式的产品。

---

① 对于数据作为关键生产要素的问题，习近平提出"构建以数据为关键要素的数字经济，推动实体经济和数字经济融合发展"。参见习近平《不断做强做大我国数字经济》，《求是》2022 年第 2 期。

二　算法价值的诞生

尽管我们将人工智能看作一种在数字时代的生产方式下的产品，但这种产品与化妆品和燃油车不同，它是一种个体化的产品。然而，无论是 ChatGPT 这样的交互型人工智能产品，还是未来的智能家居或无人驾驶之类的人工智能产品，其关键都不在于个体化的外表，而在于一个看不见的数字产品。以无人驾驶为例，它最为重要的是看不见的数据交换和分析系统。车辆的传感器和红外扫描设备不断地扫描周围环境，这些信息扫描后被综合到一个总体系统之中，表面上彼此分离的个体化的车辆，实际上被整合到一个巨大的数据网络系统之中，除了车辆可以扫描环境，智能化的环境也扫描着车辆，两者获得的数据同时上传到巨大的数字网络体系中进行分析并给出适当的行驶策略，从而保障智能交通的整体安全性。换言之，未来的智能系统不是个体化的系统，一方面，它们需要大量的数据库和语料库作为其生产实践的要素；另一方面，经过算法分析的数据和策略，将数据库、算法和算力整合到一个巨大的数字产品之中，后者为人类提供有效便利的服务。这里没有唯心主义的学者幻想出来的人工智能的自我意识和自我情感的觉醒，更不能将人工智能转化为个体化的智能机器人形象，至少在现阶段，人工智能的生产都是高度数控化的，也就是说，它们必须被整合到一个巨大的全球性的计算和数据分析体系之中，其智能性才能得到充分体现。美国人工智能研究学者本杰明·布拉顿在其《堆栈》（The Stack）一书中将这种程度的数据计算形式称为"行星规模的计算整体"（planetary-scale computation as a whole），他指出："作为政治地理学形态和整个行星规模计算的整体架构，堆栈是一个巨型基础设施，我们正在有意无意地建造它，并且反过来以它自己的形象塑造我们。虽然它命名了一个行星规模的计算整体的基础设施，但我的目的是利用它来实现一个更广泛的平台设计计划。在对这一初具规模的基础设施的描述中，我们不仅可以看到新的机器，还可以看到仍处于胚胎期的政治地理学的社会系统。"[1]

由此可见，数字资本主义的智能生产方式与以往的生产方式的不同并不

---

[1]　Benjamin Bratton, *The Stack: On Software and Sovereignty*, Cambridge: The MIT Press, 2015, p. 5.

在于采用何种智能化的设备，也不在于大量的数据上传和分析，而在于这种看不见的"行星规模的计算整体"的基础设施的建立并被某些数字资本主义平台占有或垄断。布拉顿尽管将其视为胚胎期的政治地理学的概念，但准确来说，这个"行星规模的计算整体"的应用范围要远远大于政治地理学的范畴。未来，任何智能设备的使用和链接只有当其连接到了这个"行星规模的计算整体"才是有效的，正如我们的智能手表以及用来监控犯人的电子镣铐，它们的威力并不在于眼下可见的个体设备，而是在于它们可以通过全球定位系统精准定位个体所在的位置、在干什么事情，并判断使用这些设备的个体是否具有商业价值，是否会产生危险等。智能手机就是一种"行星规模的计算整体"的设备，它能够在主体有意或无意的情况下进行大量的数据交换和处理。如果一台手机无法联网，那么它几乎与废品无异，所以，我们可以清晰地看到，手机之所以成为一个有效的设备，正是因为它可以将手机主体承载的大量信息上传到"行星规模的计算整体"的基础设施之上，并通过一定的算法和通信链接与整个世界连通起来。这是我们今天使用各种智能设备的价值所在。正如法国社会学家吉尔·利波维茨基和让·塞鲁瓦所言："今天和明天的人类，由于有了手机和电脑，与一切屏幕随时都保持着联系，处于一个网络的中心，这个网络的外延标记着他日常生活的行为。"①

　　我们可以发现，这种智能设备的价值直接变成了在数字时代生活的每一个人的价值，也就是说，我的价值取决于我手中的智能设备对我自己的价值赋值，我不是以自己的身体参与到数字交换中的，而是以智能手机或其他智能设备中注册的用户身份在互联网和数字交换的过程中获得一定的价值。以网约车为例，网约车平台并不是用户和司机之间的中立的媒介，相反它是一个庞大的"行星规模的计算整体"，将所有参与到这个平台上的个体都纳入它的算法体系之中。问题的关键在于，算法不仅吸纳了用户，而且对用户进行了分级和匹配，这个分级系统不仅面对提供服务的司机，也面对预订服务的用户。对于司机来说，他们有一个分值系统，例如某平台在 2023 年对司机设定的口碑值满分是 450 分，只有达到这个分数，司机才能接到那些单次行程价格在 200 元以上的"优质单"。所以，该平台的所有网约车司机为了

---

① 〔法〕吉尔·利波维茨基、让·塞鲁瓦：《总体屏幕：从电影到智能手机》，李宁玥译，南京大学出版社，2022，第 220 页。

得到更多的"优质单",不得不用各种方式提高自身分数。比如,在堵车高峰期的拥堵路段接一个只有几公里的订单,这个订单对于司机来说几乎无利可图,在前数字平台时代,司机会直接拒载。但在网约车平台上,平台算法通过奖励分数的方式来鼓励低分司机接单,对于司机来说,这个订单可以提高分数,分数提高之后就可以接到平台更多的"优质单",如此往复。细心考察一下这个情景就会发现,这里面的逻辑出现了一个不同于早期资本主义的形态,因为在马克思描述的市民社会的市场交换逻辑中,起支配作用的是交换价值。然而,在智能分配的网约车系统中,有一种神秘的力量支配着网约车司机可以牺牲自己的交换价值,去换取更高的价值,这个价值并非市场交换赋予的价值,而是在网约车的智能平台通过算法赋予的价值,而一旦被赋予了这个价值,司机必须按照算法制定的规则而不是按照市场交换的盈利逻辑去选择自己的行为。换言之,在智能时代,出现了一个凌驾在市场交换价值之上的新的价值,可以将之称为算法价值(algorithmic value)。有趣的是,不仅对于网约车司机群体来说有算法价值,对于用户来说也有算法价值。平台会隐匿地给用户打分,只是用户自己不清楚而已,但是一些经常带来"优质单"的忠诚用户(所谓的忠诚用户,指不会跑单且只使用某一个网约车平台的用户)会获得高分,能够在高峰期比低分用户更优先地约到车。这样看来,所谓的算法价值不仅是一个打分系统,在智能算法平台内部,它有一个根据高低分值进行合理算法匹配的系统。如果在马克思的市民社会中,交换价值是在商品进入市场后,被市场赋值,并按照一定的货币价格进行交换的系统形成的价值,那么算法价值就是将数字用户(包括司机和顾客、甲方和乙方、买家和卖家等)纳入平台系统,平台根据一定的算法赋值,并按照算法底层协议和设定的基础规则对之进行交换的系统形成的价值。

随着大规模的数据化以及"行星规模的计算整体"的基础设施的出现,智能化成为日常生活的新形式。在这个过程中,人们通过注册用户的方式加入算法平台,并被智能算法赋予一定的算法价值。在马克思的分析中,交换价值是市民社会的重要概念,也是诞生商品拜物教和货币拜物教的关键。在数字资本主义时代,交换价值的支配性地位受到动摇,取而代之的是智能平台下的算法价值。但是算法价值并不是独立的价值,它高度依附于那个数据化的"行星规模的计算整体",就像交换价值高度依附于市场的货币交换的整体一样。

可以对四种价值形式即使用价值、交换价值、符号价值和算法价值，分别做如下表述。

一是使用价值。在前资本主义时代，人类通过自己的劳动将一定的自然物变成自己的对象物，并与之形成主体—对象的关系配对，在劳动过程中，主体具有一定的自主性，而生产出来的对象物对于主体而言具有使用价值。黑格尔和马克思将这种劳动类型称为对象化（Vergegenständlichung）劳动，其过程是生产出具有使用价值的对象物。

二是交换价值。在市民社会或产业资本主义时代，对象化劳动让位于通过雇佣关系生产的用于市场交换的产品，在这个过程中，工人生产将无差别的人类劳动凝结在商品中，并成为衡量商品交换价值的尺度。因此，这种劳动被马克思称为物化劳动（Versachlichung）。物化劳动体现的是商品的价值量，同时商品也从一般意义上的对象物变成了可以在市场上交换的商品物。

三是符号价值。消费资本主义时代的符号价值是法国社会学家让·鲍德里亚提出来的概念。在《符号政治经济学批判》中，鲍德里亚提出了用于象征交换物的符号价值。他说："在整个交换行为中，在交换所建构的与他者的不同关系中，设定了另外一种价值类型。符号交换的区分功能总是凸显了用以交换的东西的功能。"① 这种商品生产出来就不是直接用于消费的，而是用来炫耀社会地位的。炫耀是通过作为商品的符号物显现出来的，于是用来作为象征交换凸显消费主体地位的符号物，就具有了特定的符号价值。

四是算法价值。在数字资本主义时代，对象化劳动和物化劳动并没有消失，但这些劳动形式与"行星规模的计算整体"的算法系统连接起来，并在算法系统中进行数据交换和运行，这样，在数字化的智能算法体系下，所有参与到"行星规模的计算整体"之中的用户、数据和物都被赋予了全新的算法价值，算法价值成了可以被"行星规模的计算整体"的算法系统分析和运算的智能物，只有获得智能物的地位，才能在未来的智能环境、智能城市的设计中存在。

这四种价值之间的承袭和关联见表。

① 〔法〕让·鲍德里亚：《符号政治经济学批判》，夏莹译，南京大学出版社，2009，第62页。

表：四种价值的承袭与关联

历史时代	劳动形式	过程	价值	产品
前资本主义时代	对象化劳动	主体—对象的功用关系	使用价值	对象物
产业资本主义时代	物化劳动	交换价值对工人劳动的物化	交换价值	商品物
消费资本主义时代	象征化劳动	消费主体为了体现社会地位而消费物	符号价值	符号物
数字资本主义时代	智能化劳动	主体智能的数据化并生成巨大的幽灵智能	算法价值	智能物

这四种价值并不是线性的历史关系，即便在智能化时代，前三种价值也并未消失。但唯有在"行星规模的计算整体"的基础设施被建立之后，才能形成最新的算法价值。算法价值一出现就凌驾在其他价值之上重新整合各种平台上的数据资源，甚至在万物互联的背景下整合通过传感器和智能设备加入"行星规模的计算整体"的各种现实世界中的物。

三　流众的哀歌：数字生产关系及其内在矛盾

算法价值的出现必然会挑战传统的资本主义生产关系，形成服从于算法价值的数字生产关系，这种生产关系也改变了无产者的形态。斯坦丁将这种新的无产阶级形态称为流众无产阶级，他十分正确地观察到了数字化的智能终端与流众无产阶级的出现有着密切的联系："越来越多的证据表明，渗透到我们生活方方面面的电子产品正在影响人类的生活，以及我们的思维方式，更重要的是，它也深刻影响了我们的思考能力。这种影响的方式，与流众无产阶级的观念十分近似。"① 斯坦丁是对的，因为正是数字化的智能设备产生了流众无产阶级，但他并没有继续解释掩藏在这个关系下面的东西。换言之，流众无产阶级来源于一个更深层的基本问题：数字资本主义下的生产关系的变革。

从物的角度来说，智能设备的出现，是因为各种物进入了万物互联的

---

① Guy Standing, *The Precariat：The New Dangerous Class*, London：Bloomsbury Academic，2011，p. 18.

"行星规模的计算整体"，所以加入这个算法系统中的物都被算法赋予了一定的值，用来标定其数据的价值。但使用这些智能应用和算法的人往往会忘掉，其实人本身也被数据化，成为数字网络中的一个变动不居的变量了。在使用智能应用时，人们可以轻松地感受到智能设备的链接打破了传统地域的限制，例如在 Zoom 会议中，来自巴西、肯尼亚、伊朗、日本、德国的学者可以同时聚集在一起开学术会议，实时讨论问题。整个世界已经通过各种设备和云端计算连为一个整体。

但人本身的情况，尤其作为劳动者的情况又如何呢？在马克思的《资本论》中，劳动者并不是直接交换自己的劳动，而是将其物化为劳动力进行交换，马克思说道："可见，使用价值或财物具有价值，只是因为有抽象人类劳动对象化或物化在里面。"① 在劳动力的交换过程中，资本主义生产关系通过将对象化或物化为劳动力的部分与工人身体剥离开的方式，让工人得以实质从属于（real subsumption）工业生产过程。在产业资本主义的实质从属过程中，工人的生物性生命和具体形态不再重要，他们被一种看不见的计量方式换算成可以交换的劳动力，出现在劳动力市场和资本主义的工厂车间里。在数字资本主义时代，流众无产阶级仍然出卖着劳动力，但是这种劳动力的出卖方式已经与马克思的产业资本主义时代有着云泥之别。

例如，传统工业生产体系依赖于商品交换市场，但工人与资本家之间是一种相对稳定的雇佣关系，尤其在各个国家的劳动法逐渐健全之后，资本家不能随意地清退或解雇工人和员工。这意味着，雇佣制的剥削关系是一种长期稳定的资本主义生产关系，资本家必须按照劳动法规定的最低工资标准为工人发放工资，这成为资本家的固定开销。但是，问题在于，工厂所能接到的订单是波动的，有时候有忙不完的订单，但有时候会遇到好几个月甚至更长时间接不到任何订单的情况。在这种情况下，工人工资便成为资本家沉重的负担。但算法平台下的生产已经没有了这种忌惮，因为很多资本家摇身一变成为数据平台的掌控者，他们的任务仅仅是在需求的订单和真正的生产者之间充当看似中立的媒介，但实际上和网约车平台一样，他们通过对不同的订单的预订方和各个具体的生产者进行算法赋值，使后者在平台的算法体系下获得一定的算法价值，从而可以在智能平台上完成价值匹配。而原先进行生产的工厂变身为平台，将具体的生产劳动外包出去，让更小规模的生产者

① 《马克思恩格斯全集》第四十四卷，人民出版社，2001，第 51 页。

依附于这样的平台。一个订单可以分解给不同的小生产者完成，而小生产者与智能平台之间没有任何雇佣关系，二者只是在有订单需求时才偶然形成生产和供货协议，二者之间的协议关系也仅仅在某一次的订单上有效，不存在长期关联，也就是说，一旦出现了订单大规模减少的风险，面临风险的不是智能平台，而是处于下游的小生产者。在订单充沛的情况下，小生产者成为被智能平台拼命压榨的对象，为了尽快完成订单，获得智能平台的高分价值，进而在下次竞争平台订单时更有优势，小生产者会自动加班加点地完成订单。与之相反，一旦遇到产业风险，订单数量下滑，首先被抛出去、不具有任何劳动保障的也是这些小生产者，在这个时期，平台只会将为数不多的订单派给那些获得较高算法价值的小生产者，其他的小生产者则被抛弃，沦落为不稳定的流众无产阶级。这些小生产者看起来似乎与平台之间不存在任何劳动契约关系，但实际上他们已经被智能平台牢牢掌控。

这就是所谓的数字资本主义时代的外包经济（outsourcing economics）和零工经济（part-time economics）。数字资本主义时代根本没有什么产消者（prosumer）和玩劳动（play-work），这些都是庸俗的数字政治经济学编造出来的未来学神话。在骗取所有劳动者进入数字平台、展现了引人入胜的数字时代美景之后，数字资本主义迅速向这些对智能平台的算法懵懂无知的劳动大军露出了其狰狞的獠牙。人们进入数字世界，的确看到了地理边界被打破，仿佛吉尔·德勒兹和费利克斯·加塔利在《资本主义与精神分裂（卷2）：千高原》中描述的解域的无器官身体在数字世界中的实现①。但他们忘记了自己并不是支配性的主体，他们本身就是被解域化，他们的劳动力、他们的智能以及他们的任何数据都在互联的数字世界中不断运转，这导致他们不可能以稳定的方式进行生产，而只能在不断流变和外包的不稳定状态下生存。换言之，数字资本主义的生产关系已经从传统资本主义的稳定的雇佣生产关系，变成了不稳定的外包和零工经济式的流动关系。在今天的背景下，稳定性的、具有长期雇佣劳动合同的工作越来越少；相反，只能在平台上按照算法价值来分配的零工工作和外包工作越来越多。为了在数字资本主义社

① 吉尔·德勒兹和费利克斯·加塔利对解域的描述为："根茎只由线构成：作为其维度的节段性和层化之线，以及作为最高维度的逃逸线和解域线——正是根据、沿着这些线，多元体才得以在改变自身本质的同时使自身变形。"参见〔法〕吉尔·德勒兹、费利克斯·加塔利《资本主义与精神分裂（卷2）：千高原》，姜宇辉译，上海人民出版社，2023，第18页。

会生存下去，劳动者就必须在数字资本主义的智能算法中提升自己的算法价值以得到智能算法更多的分配、更多的绩效以及更好的生存条件。

这就是流众无产阶级的哀歌，数字资本主义下的劳动绝不是轻轻松松的鼠标点击就可以完成最后的生产，恰恰相反，智能平台对流众无产阶级进行了最后的压榨。这很容易让人们想起德勒兹晚年写作的《控制社会后记》。在这篇文章中，他提到了分体化（dividuation）现象，阐述了以前工厂劳动和公司劳动的区别。以前的工厂雇佣劳动是分配制的，工人可以联合起来，抵抗资本家的控制。但在分体化的公司体制中，"公司不断地表现出最激烈的竞争，这是一种健康的竞争形势，一种优秀的动员力量，让每一个人都与其他人对立，穿透每一人，在内部发生分裂"①。那么，在今天的数字资本主义的智能平台下，德勒兹描绘的分体化现象直接体现为劳动者和员工被算法价值赋值，对于平台来说，一个人是否能获得订单或利润，取决于算法规定的一系列的值的高低，而只有获得了这些值的用户和员工才能继续在平台上活下去。由于算法价值的存在，个体变成了德勒兹意义上的分体，在算法平台上，他们真实的肉身存在不再重要，最重要的是打分系统和算法规则，他们也在这个算法价值系统的评价下与其他劳动者竞争，外卖送餐员和网约车司机与前文提及的生产平台下的小生产者一样，他们对于平台的依附是单向度的，平台无法给予他们有力的劳动保障，只有不断地积累算法价值，他们才能活下去，他们被无情地抛入流众无产阶级的大军之中。

算法价值带来的生产关系的变化，不仅体现在传统的雇佣生产关系转化为临时性的零工和外包经济上，还体现在现在的流众已经不能像马克思时代的工人阶级一样团结起来，组成工会，通过集体罢工和斗争方式同资本家做斗争。因为在产业资本主义时代，工人和资本家之间是直接的雇佣关系，工人可以通过团结起来斗争的方式为自己争取更好的薪资待遇、缩短劳动时间以及创造更好的劳动环境。但是今天数字资本主义下的平台并不是工厂资本家，所有参与外包和零工经济的员工并不是直接从平台获取利润，而是从预定的用户那里获取订单而赚得微薄的收入，平台只是在每一个订单上抽成。除非平台抽成过于苛刻，否则这些外包的员工不会团结起来与平台资本进行斗争。相反，在绝大多数时候，员工之间在不停地"内卷"，只有拿到更多的订单，才能赚更多的钱，而要想拿到更多的订单，就必须得到平台赋值的

---

① Gilles Deleuze, *Pourparlers, 1972-1990*, Paris: Les Éditions de Minuit, 1990, p.244.

更高的算法价值。平台跟他们之间不具有劳动雇佣关系，加上员工和小生产者之间的"内卷"，使得他们无法组织起来与平台斗争，他们也无法与用户斗争，因为用户实际上与他们一样被平台算法化了，用户也只是另一个层面的流众而已。由此可见，对数字资本主义导致的生产关系的变革，即算法价值下的临时性和不稳定的个体关系和流众化的无产阶级，源自马克思在《资本论》中谈到的资本主义根本矛盾，也就是说，在资本主义内部，或者说，在数字资本主义的内部，它不可能得到根本解决。唯一解决的方式，正是在马克思主义下的社会主义价值观念，以及以人类命运共同体为目标的社会主义制度的设计和建设。在今天，这种设计和建设，已经演变成中国式现代化的中国特色社会主义建设的具体实践，通过与中国的具体现实相结合，与中国优秀的传统文化相结合，中国式现代化正在积极探索一条走出数字资本主义的内在矛盾、将流众从算法价值及其不稳定的生产关系中解放出来的途径，这或许是解决数字资本主义带来的一系列问题的唯一可靠的路径，也是未来人类命运共同体的坚实基础。

（作者单位：南京大学哲学系）

图书在版编目（CIP）数据

中国经济哲学评论. 2024：数字经济的哲学大视野 /
张雄，鲁品越主编. --北京：社会科学文献出版社，
2024.12. --ISBN 978-7-5228-4720-7

Ⅰ. F0

中国国家版本馆 CIP 数据核字第 202485GA60 号

中国经济哲学评论 2024·数字经济的哲学大视野

主　　编／张　雄　鲁品越

出 版 人／冀祥德
责任编辑／周雪林
责任印制／王京美

出　　版／社会科学文献出版社（010）59367126
　　　　　地址：北京市北三环中路甲 29 号院华龙大厦　邮编：100029
　　　　　网址：www.ssap.com.cn
发　　行／社会科学文献出版社（010）59367028
印　　装／三河市东方印刷有限公司

规　　格／开 本：787mm×1092mm　1/16
　　　　　印 张：18.25　字 数：311 千字
版　　次／2024 年 12 月第 1 版　2024 年 12 月第 1 次印刷
书　　号／ISBN 978-7-5228-4720-7
定　　价／128.00 元

读者服务电话：4008918866